아시아 한류의 현재

일상과 정동

아시아 한류의 현재
일상과 정동

초판 1쇄 펴냄 2025년 8월 28일

번역·책임편집 이기웅
지은이 메이청 쑨 · 웨이시엔 판 · 누룰 아크미 바드룰 히샴 ·
압둘 라티프 아흐마드 · 푸 기옥 훈 · 나즈라 알리프 나즈리 ·
파테마 바이스헤브 · 니디 센두르니카르 · 시쥔 센 ·
토마스 보디네트 · 루이스 주리엘 P. 도밍고 · 김도온 · 팡 우
펴낸이 조대웅
펴낸곳 도서출판 지금풍류
등 록 제2015-000009호
주 소 (14557) 경기도 부천시 양지로 234-9, 205동 1201호
이메일 b612piano@hanmail.net

ISBN 979-11-91408-25-6 (93330)
ⓒ 성공회대학교 산학협력단, 2025

무단전재 및 무단복제를 금합니다.
잘못된 책은 구입하신 곳에서 바꾸어 드립니다.
책값은 뒤표지에 있습니다.

이 저서는 2018년 대한민국 교육부와 한국연구재단의 지원을 받아 수행된 연구임
(NRF-2018S1A6A3A01080743)

성공회대학교
동아시아연구소
학술총서____7

아시아 한류의 현재

일상과 정동

이기웅 번역 및 책임편집

메이청 쑨 · 웨이시엔 판 · 누룰 아크미 바드룰 히샴 ·
압둘 라티프 아흐마드 · 푸 기옥 훈 · 나즈라 알리프 나즈리 ·
파테마 바이스헤브 · 니디 센두르니카르 · 시쥔 셴 ·
토마스 보디네트 · 루이스 주리엘 P. 도밍고 · 김도온 ·
팡 우 지음

The Korean Wave in Asia Now
The Everyday and Affect

지금풍류

차례

서장 아시아 일상문화로 한류를 재조명하다

이기웅 __ 5

1장 이동매체와 중국 케이팝 팬덤

메이청 쑨 __ 19

2장 필리핀에 불시착하다
- 초국적 한국 드라마와 인터넷 인프라에 대한 욕망

웨이시엔 판 __ 43

3장 미디어화, 문화적 협상, 그리고 말레이시아 청년들의 일상적 한류 실천

누룰 아크미 바드룰 히샴 __ 69
압둘 라티프 아흐마드
푸 기옥 훈
나즈라 알리프 나즈리

4장 케이팝 팬덤과 뷰티 트렌드: 인도 젊은 도시여성의 BTS 팬덤 연구

파테마 바이스헤브 __ 95
니디 센두르니카르

5장 상이한 미디어 관리의 핵심 요소로서의 상업화 잠재성
- 중국의 먹방 규제와 온라인 섭식장애 커뮤니티에 관한 문화구획 연구

시쥔 셴 __ 117

6장 한류를 통한 한-일 관계의 성찰
- 팬 욕망, 국민적 공포, 초문화적 팬덤

토마스 보디네트 __ 139

7장 한국 대중음악은 현대 필리핀 정체성에 대한 위협인가?
- 지구화, 국민, 그리고 필리민 문화와 정체성에 대한 탐구

루이스 주리엘 P. 도밍고 __ 165

8장 의미있게 재미있게
- 한국과 중국 팬덤 문화에서의 젠더, 섹슈얼리티, 시민적 상상력

김도온 __ 183
팡 우

출처

이 책은 기존에 출간된 글들을 포함하고 있다. 그 원본의 출처는 다음과 같다.

1장. Sun, M. (2024). Mobile Media and Chinese K-Pop Fandom. In: Yee, A.Z.H. (eds) Mobile Media Use Among Children and Youth in Asia. Mobile Communication in Asia: Local Insights, Global Implications. Springer, Dordrecht. https://doi.org/10.1007/978-94-024-2282-5_2

2장. Pan, W. (2024). Crash Landing on the Philippines: Transnational Korean Drama and Internet Infrastructural Desires. Television & New Media, 25(8), 869-886. https://doi.org/10.1177/15274764241242403 (Original work published 2024)

4장. Bhaisaheb, F., & Shendurnikar, N. (2024). K-Pop Fandom and Beauty Trends: Investigating the Engagement of Young Urban Indian Women with BTS. Bodhi: An Interdisciplinary Journal, 10(1), 17-42. https://doi.org/10.3126/bodhi.v10i1.66930

5장. Shen, S. (2022). Commercialising potential as a critical factor of differential media management: a cultural zoning study of China's regulation of mukbang and online eating disorder communities. Media, Culture & Society, 45(2), 373-387. https://doi.org/10.1177/01634437221111950 (Original work published 2023)

6장. Baudinette, T. (2021). Reflecting on Japan-Korea relations through the Korean wave: Fan desires, nationalist fears, and transcultural fandom. Transformative Works and Cultures, Vol. 36 (2021): General.

7장. Luis Zuriel P. Domingo. (2021). Korean Pop Music a Threat to Contemporary Filipino Identity? Globalization, Nation, and Interrogation in Philippine Culture and Identity. 『아시아리뷰』 11(2), 247-265. 10.24987/SNUACAR.2021.8.11.2.247

8장. Kim, D. O. (Donna), & Wu, F. (2025). Meaningfully playful: Gender, sexuality, and civic imaginations in Korean and Chinese fandom cultures. International Journal of Cultural Studies, 0(0). https://doi.org/10.1177/13678779251351997

서장
아시아 일상문화로 한류를 재조명하다

이기웅

　1990년대 말부터 동아시아 및 동남아시아 각국을 중심으로 확산된 한류는, 2000년대 이후 이 지역 학계를 중심으로 본격적인 연구 대상이 되었다. 한류 초기 담론은 주로 동아시아와 동남아시아 권역 내에서의 문화적 근접성 및 지배적 서구문화와의 혼종성 개념을 중심으로 논의되었으며, 이는 한류의 지역적 성공이 어떻게 가능했는지, 그리고 한류 대중문화의 성격은 무엇인지에 관한 문제의식에 추동되었다. 그런데 이러한 관심은 한류를 아시아 내부의 문화 순환 및 소비 양상을 표상하는 현상으로 정립했고, 이러한 아시아 중심성은 한류를 철저히 아시아 권역에 가두는 결과를 초래했다.

　그러나 2010년대 중반 이후, BTS, 블랙핑크와 같은 케이팝 아티스트들의 세계적 인기, 영화 〈기생충〉(2019)의 아카데미 수상, 그리고 한식, 패션, 뷰티 등 한국 문화 전반의 급격한 지구화에 힘입어 한류는 '지구적 문화 현상'으로 빠르게 재규정되었다. 이에 따라 학계에서도 한류를 더 이상 아시아의 문화적 맥락에 한정하여 분석하는 접근은 구시대적이라는 비판이 제기되었고, '문화적 근접성' 같은 초기의 개념은 실질적으로 폐기되었다(Hong, 2017).

　그런데 이와 같은 한류의 '지구화'는 한류연구 및 담론의 지구화를 촉발했다. 북미와 유럽에 기반을 둔 연구자들이 한류 담론의 생산에 적극적으로 참여하면서, 국제적 수준에서 지배적 담론은 서구로 그 주도권이 옮겨가는 추세다(대표적으로 Jin, 2016; Kim, 2013). 나는 과거 한 글에서 한류의 지구화가 심화될수록 한국과의 연관에서 분리되어 독자적인 글로벌 문화로 진화해 나갈 것이라 예상한 바 있다(이기웅, 2022). 그런데 최근의 경향은 이러한 발전이 보다 구체적으로 디아스포라 문화의 형태를 띄는 양상으로 나타나는 듯하다. 단적으로 영화 〈기생충〉(2019)의 성공은 〈미나리〉(2020)를 비롯한 디아스포라 영화에 대한 지구적 관심으로 이어졌고, 이는 2025년에 넷플릭스를 통해 공개되어 세계적 선풍을 일으킨 〈케이팝 데몬 헌터스K-pop Demon Hunters〉(2025)를 통해 정점에 달했다. 이러한 추세는 한류연구에서도 발견된다. 앞서 한류 담론의 주도권이 서구로 넘어가고 있다고 했는데, 현재 그 핵심 행위자들은 재외한인 학자들이다. 이처럼 21세기 한류는 실물과 담론 모두에서 서구화/디아스포라화가 빠른 속도로 진행되고 있다.

    그런데 이러한 변화는 불가피하게 한류연구의 거점 이동을 동반한다. 디아스포라 학자의 위치성은 이들의 연구가 북미나 서유럽의 시좌perspective 및 경험에서 자유롭지 못하게 한다. 나아가 북미 담론의 우세화는 과거 한류의 '본토'였던 아시아를 시야에서 멀어지게 만드는 효과를 생산한다. 그리고 이와 함께 아시아가 주도하던 초기 한류연구의 문제의식과 아젠다 또한 망각된다. 이 책은 이러한 문제의식에 근거하여 기획되었다. 한류의 지구화로 우리의 시선이 온통 북미와 유럽으로 향한 현재 처음부터 한류를 이끌어 온 아시아에서는 어떤 일이 벌어지고 있을까? 한류의 지구화는 여전히 적극적인 아시아의 한국 대중문화 소비에 어떤 변화를 가져왔을까? 한류의 지구화에도 불구하고 초기 한류연구의 성과 중 되살릴 수 있는 것은 없을까?

    모든 사회변동은 시간이 지남에 따라 일상화, 정상화되는 경향이 있다. 아시아는 오랜 세월 한류와 함께 했기에 최근 서구에서 나타나는 "발견의 경이the wonder of discovery"(Goldberg, 2017: 128)는 더 이상 찾아보기 어렵다. 그 대신 한류는 아시아인의 일상 속으로 깊이 침투했고, 다양한 방식으로 현지화되어 새로운 변화를 만들어내고 있다. 이는 아직 한류가 새롭고 한정된 '서브컬처'에 머물고 있는 서구에 비해 아시아에서 한류의 수용은 이미 고도화의 단계에 접어들고 있음을 시사한다. 그렇다면 '고도화된 한류 수용'의 모습은 어떤 것일까? 한류는 아시아인의 일상에 얼마나, 어떤 방식으로 통합되어 어떤 결과를 만들어내고 있을까? 즉 아시아에서 한류는 어떻게 전유되며 재창조되고 있을까? 아마도 전 세계적으로 이러한 질문에 답을 제공할 수 있는 곳은 아시아가 유일할 것이다. 물론 아시아는 균질하지 않고 각국이 한류를 전유하는 방식 및 한류와 맺는 관계의 심도는 천차만별이다. 그럼에도 불구하고 이 책은 아시아에서 한류의 현황에 대한 해외 연구자들의 작업을 소개함으로써 한류연구에서 아시아에 대한 관심을 재환기하고, 가려져 온 한류의 양상을 가시화하려 한다.

이론적 배경

한류 담론의 초창기 논의에서 핵심 개념은 '문화적 근접성cultural proximity'과 '문화 할인cultural discount'이었다. 스트로바Straubhaar(1991)가 제시한 문화적 근접성은 소비자들이 지리적·문화적으로 가까운 콘텐츠를 선호한다는 이론으로, 한류가 일본, 중국, 동남아시아 등 아시아 지역에서 성공한 배경을 설명하는 데 주요한 틀이 되었다. 이와 유사하게, 호스킨스와 마이러스Hoskins and Mirus (1988)의 문화 할인은 외국 콘텐츠가 자국 문화에 비해 낮은 가치를 갖는다는 가정 하에, 왜 미국 이외의 문화 콘텐츠가 국제 시장에서 열위에 놓이는지를 설명하였다.

이러한 이론들은 2000년대 초반에 긴급하게 제기된 질문, "한류는 어떻게 가능했는가?"에 답하기에 유용한 장치였다. 그러나 여기에는 한류가 결코 아시아를 벗어나지 못할 것이라는 확신에 찬 전제가 함축되어 있었다. 그리고 이들 이론은 한류의 지구적 확산이 가속화되면서 신뢰를 상실했고, 이제는 거의 논의되지 않기에 이르렀다. 이러한 변화를 초래한 것은 무엇보다 양방향성과 개인 미디어를 특성으로 하는 디지털 미디어의 부상이었다. 디지털 미디어 중심의 새로운 매체 환경에서 이들 이론을 대체할 총아로 떠오른 것은 헨리 젠킨스 Henry Jenkins(2006)의 '참여적 팬문화participatory fan culture' 개념이었다. 이는 한류가 앞선 항류港流나 일류日流에 대해 질적 차이를 나타내는 부분이다. 디지털 미디어를 통한 참여적 팬문화의 위력은 싸이의 "강남스타일"(2012) 사례에서 극적으로 드러난 바 있다. "강남스타일"의 지구적 성공은 생산자 중심의 공식 경로를 통해 세계 시장 진출을 꾀하던 한국 음악산업의 전략을 순식간에 파괴해 버렸다.

한류 연구에 있어 이론적 전환은 같은 현상을 어떻게 바라볼까 하는 단순한 틀의 변화를 넘어서, 문화의 소유자와 생산자를 새롭게 정의하는 문제로 이어진다. 한류가 단순히 한국 콘텐츠를 수동적으로 소비하는 것이 아니라, 팬들과 수용자들이 능동적으로 문화 의미를 재생산하는 실천의 장이 되었기 때문이다(Sung, 2013; Sun, 2020). 이는 한류의 작동 방식을 극도로 복잡하게 만든다. 한류는 컨트롤 타워로서의 문화산업이 막강한 권력을 행사하던 과거의 엔터테인먼트와 달리 적극적이면서도 예측 불가능한 팬들의 참여로 추동되는 "아래로부터의" 문화이기 때문이다. 나는 이러한 한류의 동학을 "리좀적"이라 표현한 바 있다(Lee, 2021). 한류의 리좀적 성격은 이를 우연적이고 예측 불가능하며 끊임 없이 형성되는 현상으로 만든다. 이는 한류의 '한', 케이팝의 'K'에 대해서도 안정성을 허락하지 않는다. 존 리John Lie가 2012년에 던진, "케이팝의 케이는 무엇인가What Is the K in K-pop?"라는 질문이 현재에도 여전히 되물어지는 것은 그 문제가 해결되지 않아서라기 보다 한류의 국면이 변화할 때마다 그 의미에 대한 지속적 재정의와 재확인이 요구되기 때문이다. 이러한 방식으로 한류는 단일한 국가 정체성을 넘어 다양한 지역적, 사회적 맥락에서 탈영토화된 문화 실천de-territorialised cultural practice으로 진전되고 있다.

한류의 지구화와 '아시아성'의 위축

사회학자 추아벵홧Chua Beng Huat은 일찌기 세계 대중문화 산업의 중심이던 앵글로-아메리칸 문화권의 영향력이 약화되고, 다극화된 글로벌 문화생태계가 형성되었다고 선언한 바 있다(Chua, 2012). 그러나 이는 아시아 대중문화가 중심부의 영향을 덜 받으면서 독자화/블록화되고 있다는 것이지, 중심부의 인정을 획득하고 공간적으로 확장됨을 의미한 것은 아니었다. 이러한 '아시아주의'는 2010년대 중반을 넘어서면서 뚜렷하게 지구화의 방향으로 재편되었다. 앞서 언급했듯 BTS와 블랙핑크를 비롯한 케이팝 아티스트들의 세계적 활약, 영화 〈기생충〉(2019)의 아카데미 4개 부문 석권, 드라마 〈오징어 게임〉(2021)의 지구적 열풍 현상은 한류를 더 이상 "아시아의 권역적 대중문화"로 한정하기 어렵게 만들었다.

그런데 이와 같은 한류의 '서구적 전회'에는 간과하기 어려운 이론적 편향이 발견된다. 지구화 담론의 초창기부터 문화의 문제는 글로벌 대 로컬이라는 이항대립적 개념으로 이해되었다. 한류 역시 이러한 개념 속에서 설명되었고, 문화적 혼종성에 대한 논의는 글로벌과 로컬의 틀이 적용된 대표적 사례에 속한다. 그러나 라투르(Latour, 2005)와 데란다(DeLanda, 2002)는 서로 다른 방식으로 글로벌과 로컬의 대립이 가상에 불과하다고 비판했다. 이러한 이분법은 실상 과거의 중심-주변, 나아가 제국-식민지의 이항대립을 새로운 용어로 치장한 것일 뿐, 그로부터의 의미 있는 개념적 혁신이 성취된 것은 아니었다.

글로벌과 로컬은 상상의 구성물을 현실로 물화하는 효과를 발휘한다는 점에서 문제적이다. 이 개념은 공간 메타포이면서 상호 외적이고 위계적인 관계를 가정한다. 이 틀에서 글로벌은 로컬의 상위에 존재하며 로컬을 지배 혹은 위협하는 것으로, 로컬은 글로벌의 위협에 저항하거나 순응할 수밖에 없는 것으로 각각 나타난다. 글로벌의 자리에 미국, 서구, 혹은 중심지metropole가 들어서면서 이 도식의 중심-주변 모델로의 회귀는 완성된다. 이러한 정식화는 수많은 문제를 불러 일으킨다. 마치 영화 〈인디펜던스 데이Independence Day〉(1996)에 나오는 거대한 우주선처럼 글로벌은 로컬의 위에 존재하는 거대한 힘으로 나타나게 된다. 아울러 글로벌과 로컬 간의 외적 관계에 대한 가정은 둘 사이의 절대적 차이와 단절을 개념화한다. 이제 로컬과 글로벌은 서로 넘나들 수 없다. 로컬은 글로벌이 될 수 없고 그 역도 마찬가지다. 단적으로 앞서 언급한 존 리의 질문은 미국 대중음악에 대해서 성립하지 않는다. 미국 대중음악은 그냥

"팝"이지 "에이팝"으로 특수화되지 않기 때문이다.

그러나 한류가 보여준 것은 로컬도 글로벌이 될 수 있고, 둘 사이의 절대적 단절은 존재하지 않는다는 것이다. 라투르와 데란다가 역설했듯이 로컬과 별도로 존재하는 글로벌은 없다. 흔히 글로벌로 통용되는 미국, 서구, 중심지 등도 실상은 로컬이다. 이 점은 봉준호가 아카데미 시상식에서 "아카데미는 로컬 영화제"라는 말로 예리하게 지적한 바 있다(고경석, 2020). 글로벌과 로컬의 공간적 위계를 해체하고 모든 것을 로컬로 재정위하는 방식은 데란다가 제안한 "평평한 존재론flat ontology"의 핵심 내용이다(Ash, 2020: 347). 이러한 전환을 통해 지구화는 "저 멀리서out there"가 아니라 "이 안에서in here" 일어나는 현상으로 재의미화된다. 즉 지구화는 로컬의 외부가 아니라 내부에서 발생하는 사건이다. 여기서 핵심 개념으로 등장하는 것은 관계와 흐름이다. 글로벌이 사라진 평평한 세계에서 지구화는 로컬들 간의 관계와 흐름으로 새롭게 이해되는 것이다.

이런 관점에서 볼 때, 한류는 북미와 서유럽에서 각광받기 전부터 이미 지구적 현상이었다. 다만 글로벌-로컬이라는 기존의 어법에 따라 중심부가 빠진 지역들을 차마 '글로벌'로 명명할 수 없던 것뿐이다. 한류의 지구화, 즉 서구화에 대한 감격과 환희는 이러한 위계적 범주에 입각한 지위 상승의 열망을 표현한다. 서구의 인정을 획득해 '글로벌'의 일원이 된 한류는 과거와 같이 아시아에 연연하지 않는다. 한국 대중문화에 대한 아시아 각국의 열광에 민감하게 반응하던 시절은 이미 오래 전에 끝났다. 서구, 특히 미국은 사업적으로 "큰 물"일 뿐 아니라 문화적으로도 보편성을 보증하는 존재로 받아들여진다. 이에 비해 아시아 문화로서의 한류는 뭔가 불완전하고 불만족스러운 느낌을 풍긴다. 이제 한류의 아시아성에 집착하는 것은 한류의 지리적 확산을 이해하는데 방해가 된다는 주장이 제기된다(Kim, 2018). 아시아가 한류의 "극복해야 할 과거"가 되면서 한류를 아시아 문화공동체 형성의 자원으로 활용하려 한 정치·문화적 프로젝트 역시 동력을 상실했다.

일상문화로서의 한류: 아시아적 실천

지구화에도 불구하고 아시아의 한류는 정지하거나 쇠퇴하지 않았다. 아시아는 여전히 한류의 핵심 소비지이자 재생산의 장이다. 그럼에도 불구하고 아시아 한류는 그리 가시적이지 않다. 태국에서 한국식 카페와 음식점이 일상적 공간으로 자리잡은 사례, 베트남에서의 한류 기반 화장품 브랜드의 성장, 일본에서 한국어 학습 열풍이 지속되는 현상 등 관련 소식들이 심심치 않게 들려오기는 하지만 대부분 단편적이어서 그 의미와 실상을 제대로 파악하기는 어렵다. 이는 아시아 한류에 관한 연구가 국내에 활발하게 소개되지 않는 탓도 크다. 학계를 포함한 일반의 관심이 미국과 서유럽에 쏠려있는 상황에서 아시아에 관한 연구는 그리 매력적으로 다가오지 않는다. 아울러 한류에 관한 많은 연구가 현지어로 쓰여지고 현지에서 유통된다는 점도 문제를 어렵게 만든다.

보다 근본적으로 한류에 대한 관심은 어느 나라에서 어떤 드라마가 인기를 얻고, 어느 나라에서 어떤 그룹이 히트를 쳤는가의 수준을 훨씬 넘어선다. 앞서 언급한 사례들에서 알 수 있듯, 이제 한류는 대중문화상품의 인기 여부보다 현지 일상생활에의 통합 정도와 그 양상으로 초점이 이동하고 있다. 이를 관찰하기 위한 최적의 장소는 동아시아와 동남아시아다. 이 지역을 배경으로 한 연구들 중에는 한류가 더 이상 '외래 문화'로 인식되지 않고, 생활양식의 일부로 흡수되는 현상을 보고한 것들이 있다(Zhou et al., 2022; Abdul Razak et al., 2024; Odron and Trumapon, 2025). 일례로 케이팝 팬덤은 한국의 팬 실천을 그대로 복제하기 보다 다양한 형태의 현지화된 실천 방식들로 나타난다(Sun, 2020). 이는 한류의 지구화라는 변화된 국면에서 아시아 한류에 접근하기 위한 한 방식을 시사한다. 아시아 한류는 아시아를 가로지르는 일상 문화에 초점을 맞춰야 하는 것이다.

이는 다시금 한류연구의 초기 문제의식을 환기시킨다. 돌이켜 볼 때, 인터아시아 대화를 촉진하고 아시아를 문화적으로 구성하기 위한 공유 문화자산cultural commons으로서 한류의 역할은 대체로 충족된 것으로 보인다(Benhabib, 2002). 물론 바람이 바람대로 이루어지는 경우는 극히 드물다. 케이팝에 영향받은 아이돌 팝 형태의 음악이 다양한 지역에서 생산되고, 한국 연예산업의 미적 기준에 따라 젊은 여성들의 화장법이 변화하는 것을 '아시아적 정체성'으로 명명할 수 있을지는 확신하기 어렵다. 아마도 이는 애초 아시아 정체성 구성에 골몰하던 지식인과 실천가의 예상과는 다른 결과일 것이다. 그럼에도 불구하고 분절되고 동떨어진 아시아의 국가들이 30년을 바라보는 한류의 역사를 통해 한층 가까워졌고 소통할 거리가 많아졌으며 일상의 공통점이 늘어났다. 원대한 정치적 이상이나 경제적 공동 번영과는 별도로 한류는 일상의 공간에서 혈관처럼 흐르며 아시아를 연결하고 있다.

이 책의 구성

앞서 언급한 바와 같이 이 책은 아시아 각국에서 한류가 일상과 교차하고 전유되는 광경을 포착하고 그 의미를 성찰하기 위한 목적에서 기획되었다. 이에 따라 각 장은 한 편으로 한류에 관한 연구지만, 다른 한 편으로는 아시아의 일상에 관한 연구로도 읽힐 수 있다. 이 책에 수록된 많은 연구가 디지털 미디어에 관한 것이라는 점은 21세기 아시아의 일상이 디지털화로 인해 근본적으로 변화하고 있음을 알려준다. 그러나 디지털이 일상의 모든 것을 포괄하지는 못한다. 이 책의 후반부에서는 디지털 세계 밖에서 펼쳐지는 일상의 다양한 광경이 보여짐으로써 아시아에서 한류의 다층적 양상이 전달된다.

메이청 쑨은 중국의 K-pop 팬들이 지리적, 언어적, 문화적 경계를 넘나들며 팬덤 활동을 실천하기 위해 다양한 모바일 미디어 애플리케이션을 어떻게 활용하는지 고찰한다. 중국 팬들은 K-pop 콘텐츠와 커뮤니티에 참여하기 위해 번역 및 다중 문해력을 활용한다. 이들은 소셜 네트워킹, 인스턴트 메신저, 전자상거래, 음악, 동영상, 팬덤 전용 앱 등 다양한 모바일 앱을 이용해 콘텐츠를 공유하고, 공동구매를 조직하며, 서로 연결된다. 팬들은 외국어 용어를 음역하여 자신들만의 팬덤 용어를 만들어낸다. 또한 여러 앱에서 집단적으로 데이터 부스팅 활동을 펼쳐, 자신이 응원하는 아이돌의 조회수와 판매량을 올린다. 더불어 중국 팬들은 번역과 자막 제작을 통해 언어 장벽을 극복하고, 팬덤 활동을 통해 점차 이중 또는 다중 문해력을 갖추게 된다. 이 장은 모바일 미디어 시대의 트랜스내셔널 대중문화 팬덤의 다양성과 역동성, 그리고 문화 흐름의 복합성을 조명한다.

웨이시엔 판은 필리핀의 인터넷 서비스 제공업체들이 인터넷 속도에 관한 글로벌 스트리밍 담론과 한국 TV 드라마의 초국적인 문화적 영향력을 수용함으로써 국가의 인프라적 욕망을 생성하고 구체화한다고 주장한다. 그는 또한 글로벌 스트리밍 플랫폼과 국내 인터넷 서비스 제공업체가 필리핀의 고속 인터넷 상상과 인프라 개발 실현을 어떻게 촉진하는지 그 역할을 분석한다. 이 과정에서 그는 한국 드라마와 같은 초국적 스트리밍 콘텐츠가 글로벌 남반구에서 디지털 현대성에 대한 이러한 얽힌 열망을 어떻게 번역하는지 조명한다. 저자는 글로벌 스트리밍 연구에서 문화적 분석과 인프라 갈등을 분리하는 기존 접근과, 문화적 근접성에 의해 추진되는 초국적 미디어 소비에 대한 이론화를 비판적으로 재구성한다.

누룰 아크미 바드룰 히샴 등은 한류 현상과 미디어 및 대중문화의 영향이라는 맥락에서 말레이시아 청년들의 사회적 결속력에서 나타나는 역동성을 조명한다. 저자들은 청년들이 팬덤 활동을 통해 문화적 게이트키퍼이자 문화 간 대화의 적극적 참여자로서, 글로벌 미학과 지역적 규범의 균형을 이루는 역할을 한다고 주장한다. 팬 모임은 비공식적인 시민적 공간으로서 다문화 간 조화와 집단적 자긍심의 가치를 강화하는 역할을 한다. 팬덤의 감정적 강도는 세대의 경계를 넘어 나타나며, 팬들은 매개된 감정적 소속감을 통해 정체성을 탐색하는 정서적 노동에 참여한다.

파테마 바이스헤브와 니디 셴두르니카르의 연구는 인도 바도다라에 거주하는 젊은 성인들 사이에서 케이팝, 특히 BTS가 미美에 대한 인식에 어떤 영향을 미치는지를 탐구한다. 18세에서 24세 사이의 케이팝 팬 15명을 대상으로 한 포커스 그룹 토론을 통해, 이들은 BTS가 패션 트렌드에 영향을 미치고 한국식 피부 관리와 뷰티 기법에 대한 관심을 불러일으키지만, 미에 대한 가치관에는 큰 변화를 가져오지 않는다는 결과를 제시했다. BTS를 열렬하게 따름에도 불구하고, 참가자들은 자신의 피부 타입과 환경에 더 잘 맞고 익숙하다는 이유로 인도산 스킨케어 제품을 선호한다고 밝혔다. 이는 한류 문화가 현지의 문화 및 상황과 어떻게 협상하는지 그 한 사례를 보여준다.

시쥔 셴의 연구는 중국의 먹방 콘텐츠와 온라인 섭식장애 커뮤니티에 대한 차별적 관리 방식을 분석한다. 중국은 먹방 콘텐츠가 조절되고 수익화되는 범위 내에서는 이를 허용하는 반면, 온라인 섭식장애 커뮤니티는 완전히 근절하였다. 셴은 네 개의 사례 연구를 통해 먹방의 상업화 과정을 분석하며, 인기 먹방 방송인들이 최근 규제에 대응하여 제품 홍보에 초점을 맞추거나, 푸드 인플루언서가 되거나, 폭식 퍼포먼스에 대한 정당성을 제공하는 방식으로 변화해 온 과정을 보여준다. 그의 연구 결과는 중국 검열의 다층성 및 적응성을 조명하고, 유사한 콘텐츠를 생산하는 미디어 형태의 차별적 관리 방식을 고찰함으로써 문화적 구획화 연구에 새로운 시각을 더한다.

토마스 보디네트의 장은 한류가 일본에서 수용되는 복잡하고 다층적인 양상을 보여준다. 다양한 일본인 케이팝 팬들과의 인터뷰와 도쿄 코리아타운인 신오쿠보에 대한 민족지학적 연구를 통해 저자는 한류가 일본 대중 사이에 욕망과 두려움을 동시에 생산하고 있다고 주장한다. 젊은 일본 여성들이 점점 더 케이팝 아이돌에 매료되고 있지만, 여성화된 팬덤은 종종 보수적 비평가들에 의해 평가절하된다. 일본과 한국 사이의 포스트식민적 관계는 계속되는 긴장과 영토 분쟁으로 특징지워져, 한국 대중문화의 수용을 더욱 복잡하게 만든다. 일본 팬들의 열정적인 참여에도 불구하고, 저자는 일본 사회의 뿌리 깊은 한국 혐오의 영향으로 인해 한류가 한일 관계를 실질적으로 개선할 가능성에 대해 회의적 입장을 유지한다.

루이스 주리엘 도밍고는 케이팝이 현대 필리핀 문화와 정체성에 미친 영향을 분석한다. 그는 케이팝이 필리핀 정체성을 위협할 수 있다는 우려에도 불구하고, 케이팝은 영향은 오히려 지구화 시대에 새로운 형태의 필리핀 문화 민족주의의 발전을 촉진했다고 주장한다. 그에 따르면 필리핀은 케이팝의 요소를 흡수하고, 이를 현지 맥락에 맞추어 혁신해왔으며, 이는 현지 언어와 개념을 케이팝 스타일에 접목한 P-팝의 탄생으로 이어졌다고 주장한다. 그는 현지화를 통한 케이팝의 재발명은 세계화로 촉진되는 문화의 초국적 흐름 속에서 필리핀 문화 정체성을 약화시키기보다는 강화하는 데 기여했다면서 케이팝에 대한 '위협' 담론을 비판한다.

김도온과 팡 우는 대화 형식의 논문을 통해 한국과 중국의 팬덤 문화에서 대중문화 팬과 관객의 의미 있는 놀이적 특성에 대해 논의한다. 저자들은 이러한 행위가 시민적 참여와 얽혀 있으며, 젠더와 섹슈얼리티가 이 과정에서 중요한 역할을 한다고 주장한다. 한국 내란 국면의 탄핵 시위, 연예인 스캔들, 팬덤 규범, 전복적인 팬 활동 등 여러 사례를 통해 국가 차원의 정치와 일상 속 정치가 팬과 관객의 의미 생성 과정에서 어떻게 연결되는지 조명한다. 이들은 중국과 한국 사이의 맥락적 공명과 차이점도 다루며, 관객과 팬의 즐거움이 각자의 문화적 맥락에서 어떻게 해석되고 번역되는지 이해하는 것이 중요하다고 강조한다.

참고문헌

고경석 (2020). 〈"아카데미는 로컬" "트로피 5등분"… 오스카 울리고 웃긴 봉준호 명대사〉, 한국일보 2020. 2.11.
이기웅 (2022). 「포스트지구화와 한류 어셈블리지」, 『황해문화』115호, 95-113.
Abdul Razak, N. A., N. A. Rozekhi, S. Hussin. (2024) "Acceptance of Korean Food Culture among Young Generations in Malaysia: Health and Authentic Taste Perspectives", Information Management and Business Review 16(3) Sep.: 1-15.
Ash, J. (2020). "Flat ontology and geography", Dialogues in Human Geography 10(3): 345-61.
Benhabib, S. (2002). The Claims of Culture: Equality and Diversity in the Global Era. Princeton University Press.
Cho, Y. (2011). "Desperately seeking East Asia amidst the popularity of South Korean pop culture in Asia". Cultural Studies 25(3): 383–404. https://doi.org/10.1080/09502386.2010.545576
Chua, B. H. (2012). Structure, audience and soft power in East Asian pop culture. Hong Kong University Press.
DeLanda, M. (2002). Intensive Science and Virtual Philosophy. London: Continuum.
Goldberg, M. (2017). Arts Integration: Teaching Subject Matter through the Arts in Multicultural Settings (fifth edition). New York and London: Routledge.
Hong, Seok-Kyeong. (2017). 'Hallyu beyond Asia: Theoretical investigations on global consumption of Hallyu' in Yoon T. J. and D. Y. Jin (eds.) The Korean Wave: Evolution, Fandom, and Transnationality. Lanham; Boulder; New York; London: Lexington Books
Hoskins, C., & Mirus, R. (1988). "Reasons for the US dominance of the international trade in television programmes". Media, Culture & Society 10(4): 499–515.
Jenkins, H. (2006). Convergence Culture: Where Old and New Media Collide. New York University Press.
Jin, D. Y. (2016). New Korean Wave: Transnational Cultural Power in the Age of Social Media, Urbana, Chicago, and Springfield: University of Illinois Press.
Jin, D. Y., & Yoon, K. (2016). "The social mediascape of Korean pop culture: Hallyu 2.0 as spreadable media practice". New Media & Society 18(7): 1277-1292. https://doi.org/10.1177/1461444814554895

Jung, S. (2011). "K-pop, Indonesian fandom, and social media". Transformative Works and Cultures 8. https://doi.org/10.3983/twc.2011.0289

Jung, S., & Lee, S. (2022). "The Korean Wave in the pandemic era: Digital fandom, global platforms, and cultural resilience". Media, Culture & Society 44(8): 1591-1607. https://doi.org/10.1177/01634437221105732

Kim, Y. (2013). The Korean Wave: Korean Media Go Global, London and New York: Routledge.

Latour, B. (2005). Reassembling the Social: An Introduction to Actor-Network-Theory. Oxford: Oxford University Press.

Lee, K. W. (2021). "The BTS phenomenon and digital cultures", Metamorphosis vol. 1: The March First Movement Revisited: from the Global Perspective on Decolonization and Democracy June.

Odron, R. and T. Tumapon. (2025). "Students' Lifestyle, Personal Behavior, and Korean Pop Culture Influence", Psychology and Education: A Multidisciplinary Journal, 39(3): 294-324

Oh, I. (2020). "From regional to global: The changing face of the Korean Wave". Pacific Affairs 93(4), 631-654. https://doi.org/10.5509/2020934631

Straubhaar, J. (1991). "Beyond media imperialism: Asymmetrical interdependence and cultural proximity". Critical Studies in Mass Communication 8(1): 39-59.

Sun, Meicheng, (2020) "K-pop fan labor and an alternative creative industry: A case study of GOT7 Chinese fans", Global Media and China 5(4): 389-406.

Sung, Sang-Yeon, (2013) 'K-pop Reception and Participatory Fan Culture in Austria', Cross-Currents: East Asian History and Culture Review 9: 90-104.

Zhou, Z., X. Ding, X. Tang, and Y. Chen. (2022) "'I Prefer an Everyday Style and Dislike Big Food Fighters': Integrating Foodshow into Everyday Life", Paper presented at the 55th Hawaii International Conference on System Sciences.

1장
이동통신 매체와 중국 케이팝 팬덤

메이청 쑨 Meicheng Sun

서론

중국의 인구는 약 14억 명에 달한다. 2022년 말 기준으로 중국의 인터넷 보급률은 75.6%에 이르렀으며, 중국 인터넷 이용자의 99.8%가 스마트폰을 통해 인터넷에 접속하고 있다(CNNIC, 2023). 중국의 인터넷 이용자 중 32.9%는 30세 미만이다(CNNIC, 2023). 이는 수억 명에 이르는 중국의 아동과 청소년이 스마트폰을 통해 인터넷을 이용하고 있음을 의미한다. 중국 내 다양한 사회·문화적 환경으로 인해, 방대한 아동 및 청소년 이동통신 매체 이용자층은 동질적이지 않고 다양한 특성을 보인다. 유튜브, 페이스북, 인스타그램 등 세계적으로 널리 이용되는 이동통신 매체는 중국에서 차단되어 있는 반면, 위챗We Chat과 웨이보微博 등 중국의 이동통신 매체는 중국 내외의 모바일 인터넷 이용자들 사이에서 일반적으로 활용되고 있다. 이처럼 중국은 다른 많은 국가들과 구별되는 독특한 이동통신 매체 이용 행태를 나타낸다. 따라서 중국 청년들이 이동통신 매체를 어떻게 활용하며, 이들의 이용 행태가 특정 문화적 맥락에서 어떤 의미를 가지는지 탐구하는 것은 큰 의의가 있다.

2010년대 이후 한국 대중음악(이하 케이팝)은 전 세계적으로 인기를 얻고 있다. 이동통신 매체는 케이팝의 글로벌 확산에 중요한 역할을 하고 있다. 한편, 해외 팬들을 겨냥한 케이팝 그룹이 한국인뿐 아니라 다양한 아시아계 멤버로 구성되는 것은 흔한 일이다. 케이팝 업계는 다문화적이고 다언어적인 배경의 지원자들을 포용한다. 케이팝 그룹에 중국인 멤버를 기용한 사례는 2005년 SM 엔터테인먼트가 데뷔시킨 남성 아이돌 그룹 슈퍼주니어로 시작되었으며, 이 그룹에는 중국 본토 출신의 한경이 포함되어 있었다. 슈퍼주니어의 성공 이후 많은 그룹들이 동일한 전략을 활용했다. 1990년대부터 중국에서 케이팝이 인기를 끌어온 만큼(Sun & Liew, 2019), 현대 중국 팬들이 케이팝 팬덤을 위해 다양한 이동통신 매체 애플리케이션(앱)을 어떻게 활용하고 있으며, 그들의 이러한 실천이 어떤 의미를 지니는지 살펴보는 것은 의미 있는 일이다. 본 연구는 젊은 중국 케이팝 팬들의 이동통신 매체 활용에서 나타나는 독특한 특성을 보여줌으로써 아시아 청년들의 이동통신 매체 사용에 관한 학문적 논의에 기여할 수 있을 것으로 생각한다.

기존 연구 검토[1]

중국의 이동통신 매체와 팬덤

아시아에서 이동통신 매체와 팬덤에 관한 연구는 다수 존재하지만, 기존 문헌들은 주로 이동통신 매체가 팬들의 다양한 친밀감을 형성하는 방식에 초점을 맞추는 경향이 있다. 싱가포르에 관한 기존 연구에서는 와츠앱WhatsApp의 팬 채팅방과 같은 폐쇄형 소셜 네트워크가 팬들의 사적 공간으로 활용된다는 점을 밝힌 바 있다(Liew, 2020). 케이팝 스타 지드래곤의 베트남 페이스북 팬 커뮤니티는 이동통신 매체를 매개로 한 케이팝 아이돌, 팬들의 감정과 느낌, 팬 친밀감이 어떻게 형성되는지 보여준다(Hoang, 2020). 그러나 이동통신 매체에서 팬들의 언어 사용에 관한 연구는 거의 부재하다. 인과 시(Yin and Xie, 2021)는 중국 소셜 미디어 웨이보의 팬 커뮤니티에서 중국 팬들의 언어게임을 연구했다. 본 연구 역시 이동통신 매체에서의 중국 팬들의 언어 사용에 초점을 맞추지만, 동시에 초국적 대중문화를 소비하는 팬들에게도 주목할 것이다. 이를 통해 독특한 팬 실천들이 드러나고, 웨이보를 넘어선 이동통신 매체 사용이 논의될 것이다.

중국의 현재 환경에서 모바일 엔터테인먼트 앱은 전체 이동통신 매체 앱 중 상당한 비율을 차지하고 있으며, 업계가 정주형 인터넷에서 모바일 인터넷으로 전환하고 저작권 관련 정부 방침이 변화한 후 빠르게 발전해왔다. 모바일 엔터테인먼트 앱은 음악, 동영상, 게임, 문헌의 네 가지 주요 유형으로 분류할 수 있다(CNSA, 2016). 2010년부터 2015년까지 가장 많이 사용된 엔터테인먼트 앱은 음악 앱이었다. 2015년, 중국국가저작권국NCAC은 인터넷 음악 서비스 제공업체와 웹하드 제공업체에 불법 복제 콘텐츠를 삭제하라는 통지를 발령했다(CNSA, 2016). 이는 불법 복제 음악을 제공하던 서비스들에 큰 타격이었다. 2016년에는, 정부의 불법 복제 단속과 2010년 이후 인터넷 이용자들의 웹사이트에서 모바일 앱으로의 이동에 따라 동영상 앱이 가장 많이 사용되는 엔터테인먼트 앱으로 부상했다. 2018년 6월 기준, 전체 인터넷 이용자의 약 3분의 2가 음악 및 동영상 서비스를 이용하고 있으며, 그 대부분은 스마트폰을 통해 접속하고 있다. 페이스북, 트위터, 유튜브, 인스타그램은 중국에서 차단되어 있지만, 사람들은 모바일 기기에서 가상사설망VPN을 사용해 이러한 앱에 접속한다. 2013년 이후 중국 내 인터넷 이용자들은 정주형 인터넷에서 모바일 인터넷으로의 전환을 완료하며, 엔터테인먼트에 대한 지속적인 관심을 보여주고 있다. 이는 음악과 동영상 경험이 이용자들 사이에서 보편화되었음을 나타낸다. 젊은 인터넷 이용자 수의 증가로 인해 업계는 이들을 위한 더 많은 콘텐츠를 제공하게 되었다.

중국에서의 케이팝

서구와 아시아의 대중문화 모두 아시아 내외로 흐르고 있다. 아파두라이(Appadurai, 1990: 296)는 지구적 문화경제를 "복잡하고", "중첩되며", "비연속적"이라고 주장하였는데, 이는 문화의 흐름이 중심-주변의 이분법을 따르지 않기 때문이다. 아파두라이는 이러한 초국적 문화 흐름을 더 면밀히 탐구하기 위해 에스노스케이프ethnoscapes, 미디어스케이프mediascapes, 테크노스케이프technoscapes, 파이낸스케이프financescapes, 이데오스케이프ideoscapes라는 다섯 가지 차원의 이론 틀을 제안했다. 이 다섯 가지 차원은 각기 제약이 있고 단절되어 있지만, 서로 긴밀하게 의존한다. 이는 문화 흐름의 동질성과 이질성이 급격한 단절과 불확실성이 존재하는 풍경 속에서 서로 경쟁하기 때문이다(Appadurai, 앞의 글).

아파두라이의 생각은 초국적 맥락에서 아시아 대중문화를 연구하는 데 유용하다. 인도의 디지털 콘텐츠 제작에 관한 한 조사에 따르면, 미디어 지구화는 아마추어가 만든 콘텐츠와 현지인을 위해 제작된 콘텐츠를 포함한 미디어 콘텐츠가 경계 또는 미디어스케이프를 넘어 배포될 수 있게 만들었다(Mehta & Kaye, 2019). 이혜경은 일본 애니메이션의 영어 팬 자막 사례 연구를 통해 팬들이 시간, 공간, 언어의 경계를 넘나드는 외국 문화 상품을 점점 더 많이 재생산하고 유통해 왔음을 지적했다. 이러한 행위들은 문화 상품의 글로벌 유통에 영향을 미쳤을 뿐만 아니라 전 세계 미디어스케이프의 불연속성을 심화시킨다(Lee, 2011). 문화 상품의 지구적 유통은 또한 호주 멜버른에서 스리랑카 드라마 동호회에 참여하는 신할라Sinhalese 이주 여성들의 사례에서 보듯 정체성, 소속감, 자기 표현의 형성을 가능하게 한다(Gamage, 2020). 아파두라이의 아이디어는 중국의 케이팝 팬들이 초국적 팬덤 내에서 이동통신 매체 앱을 어떻게 능동적으로 활용하고, 그들의 실천이 어떤 의미를 가지는지 탐구하는 데 적용될 수 있다.

기존 문헌들에 따르면, 케이팝은 1990년대 후반 중국의 청소년을 비롯한 폭넓은 대중 사이에서 폭발적 인기를 얻기 시작했다. 1997년 중국에서 가장 인기 있었던 케이팝 그룹은 H.O.T.였다(Jung & Hirata, 2012). 2000-2001년 중국에서 H.O.T.의 인기가 높아진 것 외에도(Jung, 2015), 클론의 1999년 콘서트, H.O.T.의 2000년 콘서트, 그리고 베이비복스의 2000년 콘서트 등이 중국 내 초기 케이팝 붐의 주요 순간들로 꼽힌다(Shin, 2013). 이 시기 중국에서 케이팝에 대한 관심이 급증하면서 한류 팬 커뮤니티 역시 크게 성장했다(Pease,

2006). 이 점으로 미루어 볼 때 케이팝은 1990년대 후반과 2000년대 초반 이후 중국 많은 도시 지역의 젊은 중국인들 사이에서 인기가 높았다고 할 수 있다(Sun, 2022). 그러나 2016년 중국과 한국 간의 정치적 갈등으로 인해 이른바 '한한령'이 발생했다. 2016년 미국과 한국은 북한의 탄도미사일 위협으로부터 한국을 보호하기 위해 '사드(THAAD, 고고도 미사일 방어 체계)'를 한국에 배치하기로 합의했다(Panda, 2016; Yonhap, 2017). 이에 대해 중국 정부는 사드의 레이더 시스템이 중국의 일부 지역을 탐지하여 국가 안보를 위협한다고 주장하며 강력하게 반대했다(Panda, 2016; Yonhap, 2017). 그럼에도 불구하고, 사드 배치는 2017년에 강행되었다(Yonhap, 2017). 2016년 이후, 중국은 한국에 대해 비공식적인 경제 제재를 시작했다(Volodzko, 2017). 이러한 환경 속에서 케이팝 관련 콘텐츠의 유통과 중국 내 케이팝 팬들의 팬 활동 역시 영향을 받았다. 이 장은 아파두라이(1990)의 이론을 바탕으로, 한한령 시행 이후 중국 팬들이 다양한 이동통신 매체 앱을 케이팝 팬 활동에 어떻게 활용하는지, 그리고 그들의 활동이 가지는 의미가 무엇인지에 대해 연구 질문을 제기하고자 한다.

방법론

이 글에서는 중국 케이팝 팬들의 이동통신 매체 활용 방식을 조사하기 위해 사례연구 방법을 채택한다. 사례 연구는 연구자가 통제할 수 없는, 현재 진행 중인 현상을 분석하는 방법으로, 다양한 증거 자료에 의존하며 연구 질문으로 "어떻게"와 "왜"라는 질문을 던져야 한다(Yin, 2009: 3-24). 이 글에서 사례 연구는 중국 팬들이 케이팝 팬덤을 위해 여러 이동통신 매체 앱을 어떻게 활용하는지, 그리고 그들의 실천이 어떤 의미를 갖는지 이해하는 데 도움을 줄 것이다. 본 사례 연구에서는 2018년 3월부터 10월까지 웨이보, 빌리빌리哔哩哔哩, 큐큐QQ, 오왓Owhat, 트위터(현재 X) 등 다양한 모바일 앱을 관찰하고 참고하였다.

이 장에서는 케이팝 남자 아이돌 그룹 갓세븐GOT7의 중국 팬덤을 사례 연구로 사용한다. 그들의 중국 내 커리어 발전은 한한령의 영향을 크게 받았다. GOT7은 대한민국의 연예기획사 JYP 엔터테인먼트가 관리하는 7인조 케이팝 그룹으로, 2014년 1월에 데뷔했다. GOT7은 네 명의 한국인(JB, 진영, 영재, 유겸), 한 명의 중국인(잭슨), 한 명의 중국계 미국인(마크), 한 명의 태국인(뱀뱀)으로 구성되어 있다. GOT7은 결성 후 처음 3년 동안 중국에서 공연을 하기도 했지만(표 2.1 참조), 큰 인기를 얻지는 못했다. 한한령 이후, GOT7의 중국 공연은 중단되었다. 하지만 중국인 멤버 잭슨은 2015년 12월 솔로 아티스트로 중국 시장에 진출한 이후, 큰 인기를 얻었다. 그의 연예 활동은 한한령의 영향을 받지 않았기 때문이다. 이후 잭슨은 중국에서 솔로 아티스트로 활동하며, 다른 지역에서는 GOT7의 멤버로 활동해왔다. 한한령이 시행된 지 2년 후인 2018년 8월, 마크가 중국의 한 상업 행사에 등장했다. 나의 관찰에 따르면, 중국 내 GOT7 팬의 대부분은 대도시에 거주하는 청소년들로, 주로 고등학생, 대학생, 사회초년생 직장인들로 이루어져 있다.

중국에서 케이팝 이동통신 매체의 정경

2012년은 중국에서 모바일 기기를 통한 인터넷 접속자가 개인용 컴퓨터 이용자 수를 처음으로 넘어선 해였다(Sun, 2022). 이 해는 중국 이용자들이 이동통신 매체 앱을 더 많이 사용하기 시작한 시기이기도 하다. 이러한 추세는 현재까지 계속되고 있다. 중국의 케이팝 팬들은 다양한 이동통신 매체 앱을 이용하여 케이팝 콘텐츠, 상품, 그리고 관련 정보를 공유한다. 여기에는 소셜 네트워킹 앱, 인스턴트 메신저 앱, 이커머스 앱, 음악 앱, 동영상 앱, 팬덤 앱, 라이브 스트리밍 앱, 그리고 결제 서비스, 호텔 및 여행 예약 앱, 검색 엔진 등과 같은 지원 앱들이 포함된다. 이들 앱 중 다수는 다양한 기능을 갖추고 있어 중국 팬들에게 애용된다.

소셜 네트워크 앱[2]

웨이보는 2009년 8월 시나그룹新浪이 출시한 소셜 네트워킹 및 마이크로블로깅 플랫폼이다. 웨이보에서는 사용자가 연예인 및 다른 사용자들과 직접 소통할 수 있다. 이 플랫폼은 갈수록 엔터테인먼트 중심으로 변화하고 있다. 사회적으로 격렬한 논쟁 주제들은 민감한 것으로 간주되어 웨이보나 이용자 자신들의 검열이 강화되고 있기 때문이다.

웨이보에서 "GOT7"을 검색하면 사용자, 기사, 동영상, 사진, 토픽 등 4,400만 개의 결과가 나타난다. 이들 검색 결과 중 2만 5천 개는 사용자 계정으로, 인증 여부와 무관하게 기관 및 개인 사용자 계정으로 이루어져 있다. 주목할 점은 GOT7으로 분류되지 않았지만 GOT7과 관련된 계정이 다수 존재한다는 것이다. 이러한 계정들은 공식계정, 팬덤계정, 미디어계정으로 분류할 수 있다 (표 2. 참조).

공식계정: GOT7의 공식 계정과 잭슨의 솔로 활동을 관리하는 팀 왕Team Wang은 각각 약 100만 명과 25만 6천 명의 팔로워를 보유하고 있다. 반면 GOT7 멤버 잭슨과 마크는 각각 1,400만 명과 229만 명의 팔로워를 갖고 있다. GOT7, 잭슨, 마크와 관련된 모든 공식 계정들은 그들이 중국 시장에서 활동을 시작할 무렵에 만들어졌다. 일곱 멤버 중 오직 두 명만이 개인 웨이보 계정을 보유하고 있다.

표 1. 중국 본토에서 GOT7의 활동

활동유형	연도	이름	매체 채널	위치
출연 프로그램	2014	케이팝 아이돌 버라이어티 쇼 〈I★GOT7〉	유쿠, 투도우	
	2015	버라이어티 쇼 〈출발 드림팀〉	션전 위성 TV, 텐센트, 아이치이, 유쿠, 투도우	
	2016	〈BTV 글로벌 스프링 페스티벌 갈라쇼 北京广播电视台春节联欢晚会〉	베이징 위성 TV, 베이징 인터넷 스테이션	
	2016	〈The Show〉	유쿠, 투도우	
	2016	버라이어티 쇼 〈대학생들이 온다 大学生来了〉	아이치이	
	2016	〈냉장고를 부탁해 중국어판 시즌2 拜托了冰箱第2季〉	텐센트비디오	
드라마	2015	〈Dream Knight〉	유쿠, 투도우	
공연	2015	GOT7 1st Asian Tour 쇼케이스		상하이
	2015	GOT7 팬미팅		광저우
	2015	GOT7 팬미팅		상하이
	2016	GOT7 1st Concert *Fly* World Tour		상하이
	2016	GOT7 1st Concert *Fly* World Tour		광저우
수상	2015	〈29회 골든디스크 어워즈〉 신인상, 음원차이나 굿윌스타상	아이치이	베이징
	2015	아시아 신인 그룹상, *Youku All-Video Night*	유쿠, 안휘 위성 TV	베이징
	2015	아시아 패션 파워 그룹상, *Fashion Power Awards*		총칭
	2015	제15회 중국최고음악상 音乐风云榜年度盛典 해외신인상 最具潜力海外新人组合奖		션전
	2016	인웨타이 주간 *V Chart* (Week 26) 1위	인웨타이	
브랜드 광고	2017-2018	패션브랜드 潮流前線		중국

비고: 유쿠优酷, 투도우土豆, 아이치이iQiyi, 그리고 텐센트 비디오腾讯视频는 중국에서 가장 인기 있는 동영상 스트리밍 앱이다. 인웨타이音悦台는 중국에서 가장 유명한 뮤직비디오 공유 앱이다. 이 목록에는 GOT7 멤버들의 개인 활동은 제외하고, 중국 본토에서 그룹의 단체 활동만 포함되어 있다.

표 2. 웨이보 계정 유형

계정 유형	계정 하위유형
공식계정	케이팝 기획사
	케이팝 그룹
	케이팝 아티스트
팬덤계정t	통합 팬 조직
	특수 팬 조직
	개인 팬
미디어계정	

팬덤계정: GOT7을 검색하면 나오는 대부분의 계정은 팬덤계정으로, 개인 팬이나 팬 조직이 운영하는 경우가 많다. 통합적 팬덤 계정과 특정 역할에 중점을 둔 팬덤 계정도 있다. 각 계정은 여러 팬들이 함께, 혹은 한 명의 팬이 단독으로 운영할 수 있다.

바이두 GOT7 Bar 계정은 통합 팬 조직 계정의 한 사례다. 이 계정은 팔로워가 백만 명에 달한다. JYP 엔터테인먼트가 GOT7의 데뷔를 발표한 후인 2014년에 첫 게시물이 등록되었다. 지난 4년 9개월 동안 이 계정은 3만 개 이상의 웨이보 게시물을 작성했으며, 하루 평균 거의 18개의 게시물을 올렸다. 이 계정은 공식 GOT7 계정과 웨이보 및 해외 앱들(트위터, 인스타그램, V라이브 등)에 있는 기타 GOT7 관련 계정들의 최신 소식을 포함하여, GOT7과 관련된 모든 정보를 게시한다. 또한 GOT7 앨범 및 기타 상품의 공동 구매 정보, 팬 크라우드펀딩 소식도 전한다. 이 웨이보 계정은 위임 구매와 크라우드펀딩 페이지에 사용할 수 있는 오왓, 팬 채팅방을 위한 QQ 등 다른 앱으로 연결되는 링크도 공유한다.

많은 팬 계정들은 자막 및 번역, 차트 투표, 주로 해외 팬 제작 상품의 대리 구매(타오바오淘宝网 온라인 샵을 통한), 이모티콘, 팬카메라 사진(팬캠이라고도 불림), 응원곡 제작, 정보 전달 등 다양한 역할에 집중하고 있다. 이러한 계정들 중 다수는 앨범 대리 구매와 팬 응원 굿즈 제작 및 배포에도 참여한다.

미디어 계정: 많은 한류 또는 케이팝 미디어 계정들이 웨이보에서 케이팝 관

련 콘텐츠를 유통하고 있다. 예를 들어, 韩国me2day는 한류 뉴스, 특히 케이팝 뉴스를 중점적으로 다루는 온라인 미디어 계정이다. 이 계정은 16만 6천 개의 게시글과 100만 명이 넘는 팔로워를 보유하고 있다. 이 미디어 계정은 한국 언론에서 발표된 뉴스와 연계하여 사진을 게시하고 공식 뉴스를 중국어로 번역해 올린다.

슈퍼토픽: 슈퍼토픽(중국어로 超级话题 또는 超话)은 해시태그와 유사하다. 하지만 해시태그와 달리 폐쇄형 커뮤니티의 성격이 더 강하며, 일반 웨이보 사용자보다는 팬들이 직접 관리한다. 슈퍼토픽은 연예인의 소셜 미디어 활동 소식을 업데이트함으로써 사용자들의 지속적인 참여를 유도하도록 설계되어 있으며, 활동 수준 등에 따라 멤버십 등급이 올라간다.

음악 앱과 동영상 앱

2015년 7월, 중국 저작권국(NCAC, 2015; Qingmei, 2017)의 "검망剑网 2015" 특별 조치에 따라 저작권법을 위반한 것으로 판단된 220만 개의 음악 파일이 중국 인터넷에서 삭제되었다. 그 이후 중국 사용자들은 QQ뮤직, 넷이즈뮤직 网易云音乐과 같은 저작권 보호 음악 앱을 사용하기 시작했다. 이러한 앱들은 음악 스트리밍 기능 외에도 사용자가 댓글을 작성하고 음악 앱을 공유할 수 있는 소셜 기능을 제공한다. 음악 제작사는 디지털 앨범 구매자와 음악 앱 회원 중에서 누가 자신의 음악에 접근하고 다운로드할 수 있는지 선택할 권리가 있다. 이러한 음악 앱들은 멜론, 스포티파이와 같은 한국 및 국제 음악 앱과 동기화된 일정에 맞춰 케이팝 앨범을 출시한다. 또한 곡 제목과 가사에 대한 중국어 번역도 제공한다.

빌리빌리는 2010년에 출시된 중국 기반의 동영상 공유 플랫폼이다. 이 플랫폼은 동영상 내에서 볼 수 있는 탄막(弹幕, 동영상 화면에 실시간으로 표시되는 사용자 코멘트)로 유명하다. 빌리빌리에는 케이팝 관련 영상들이 다양하게 있으며, 팬들이 직접 중국어 자막을 넣어 제작한 전문 영상부터 팬이 제작하거나 편집한 영상까지 다채로운 콘텐츠를 제공한다. 2014년부터 2016년까지 방영된 GOT7의 그룹 예능 모음집(총 러닝타임 38시간 이상)이 GOT7 관련 모든 영상 중 가장 많은 조회수(210만 회)와 가장 많은 탄막(118,000개)을 기록했다(2018년 10월 3일 기준 데이터).

팬덤 앱

중국에는 팬덤을 위한 다양한 이동통신 매체 앱이 있다. 대표적으로 Oops偶扑, Idol愛豆, Ali Planet阿里星球, Super Star Fandom超级星饭团, Wefans喂饭, 그리고 오왓 등이 있다. 이 앱들에서 팬들은 좋아하는 스타를 팔로우하여 관련 정보를 뉴스 피드로 받을 수 있다. 이러한 앱들은 주로 중국어권 스타, 한국 스타, 일본 스타에 집중하는데, 이들 팬덤은 유사한 팬 문화를 공유하기 때문이다. 오왓은 주로 케이팝 굿즈 판매와 팬 크라우드 펀딩에 사용된다. 굿즈 판매에는 공식 상품의 대행 구매와 팬 제작 상품이 포함된다. 케이팝 기획사들도 팬덤 플랫폼과 협력하고 있다. 예를 들어, YG 엔터테인먼트는 오왓을 중국에서 비공개 오디션 지원이 가능한 유일한 앱으로 지정한 바 있다.

메신저 앱

1999년에 출시된 텐센트 QQ는 중국에서 가장 널리 사용되는 인스턴트 메시징 플랫폼 중 하나다. 텐센트 QQ에서 GOT7을 검색한 결과, 그룹 이름에 GOT7이 포함된 QQ 채팅 그룹이 352개 존재했다(2018년 10월 4일 기준). 그룹 이름과 소개에 따르면, 이 QQ 채팅 그룹들은 팬들이 대화를 나누거나, 대리 구매, 공동 구매, 굿즈 교환 및 판매, 미발송 앨범 구매, 크라우드펀딩, 차트 투표 등의 목적으로 사용되고 있다. GOT7 관련 QQ 그룹은 최소 3명에서 최대 2000명까지 구성원이 될 수 있다. 하지만 대부분의 그룹은 200명 미만의 구성원을 보유하고 있다.

중국 젊은이들이 단 하나의 모바일 앱에만 의존하여 케이팝 팬덤 활동을 한다는 것은 불가능하다. 중국 케이팝 팬들이 자신이 속한 팬 커뮤니티 및 사랑하는 아이돌과의 친밀감을 형성하고 유지하기 위해서는 다양한 이동통신 매체 앱들이 함께 작용하여야 한다. 한편, 국제적 케이팝 팬덤의 모습을 보다 완전하게 보여주기 위해서는 다양한 이동통신 매체 앱에서 중국 케이팝 팬들이 사용하는 언어에 주목하는 것도 의미가 있다.

중국 케이팝 팬 번역과 팬덤 용어

언어학 전문가들의 번역과 달리, 음역Transliteration의 사용이 증가하는 것은 팬 자막 그룹과 온라인에서 생성되는 사용자 제작 콘텐츠UGC가 늘어나고 있기 때문이다. 팬들은 팬 문화에서 유래한 용어나 속어를 만들고 사용하는 것을 즐긴다. 또한, 이런 용어와 속어가 자신들의 팬 집단에서만 이해될 수 있기 때문에 더욱 즐겨 사용한다. 중국 팬들은 외국어의 용어를 자주 음역한다. 음소문자인 영어나 한국어와 달리, 중국어는 표의문자이다. 각 한자는 고유의 의미를 지닌다. 이런 점에서, 팬 음역에서 사용되는 단어들은 팬 문화 외부의 사람들이 이해하지 못할 새로운 의미를 전달한다. 영어 단어 'fan'은 중국어 '미迷'로 번역되며, 이는 특정 인물이나 사물에 극도로 빠져있는 사람을 의미한다. 최근 들어 중국인들은 '판饭'이라는 단어를 사용하기도 하는데, 이는 문자 그대로 밥이나 식사를 뜻하지만, 여기서는 영어 'fan'과 한국어 '팬'을 의미하는 용어로 쓰인다. 중국어에서 판은 누군가나 무언가의 팬이 되는 상태를 나타내는 동사로도 사용될 수 있다. 영어 'fan'의 중국어 음역은 '펀쓰粉丝'로 쓰이는 경우가 많은데, 이는 원래 유리당면을 의미한다. 영어에서 음역된 '펀쓰'와 달리, '아이도우爱豆'는 한국어에서 온 음역어로, 여기서 '아이돌'은 영어 'idol'을 한글로 적고 발음한 것이다. 예전에는 영어 'idol'을 중국어로 번역할 때 '우시앙 偶像'을 사용했는데, 이는 원래 숭배의 대상을 가리키는 조각상을 의미한다. 팬덤 문화에서는 연예인과 아티스트가 숭배와 동경의 대상이기 때문에 우시앙이 'idol'의 번역어로 쓰였다. 그러나 케이팝의 인기로 인해 팬들은 자신들이 동경하는 연예인과 아티스트를 지칭할 때 우시앙 대신 '아이도우(爱豆: 사랑할 愛,

콩 豆)'라는 음역어를 더 많이 사용하게 되었다. 이러한 현상은 주로 비공식적이고 비정형적인 초국적 문화의 전파에서 기인한다고 볼 수 있다. 이동통신 매체를 사용하는 팬들은 자신들 마음대로 단어를 번역, 음역할 자유를 가진다. 중국 팬들이 사용하는 언뜻 이해할 수 없는 단어들은 팬 내부와 외부의 언어 사용 차이를 잘 보여준다. 팬덤 내부와 외부에서 동일한 단어를 다르게 사용함으로써, 팬들은 자신이 특정한 팬 문화의 일원임을 드러낼 수 있게 된다.

한국어를 중국어로 음역하는 과정은 중국과 한국 간의 문화적 번역을 내포한다. 중국 내 케이팝 팬덤에서는 취구脆骨, 친구亲故, 망내忙內와 같은 음역된 한국어 단어들이 많이 사용된다. 막내에서 유래되어 '가장 어린 사람'을 뜻하는 忙內와 달리, 취구와 친구는 중국어에서 유래한 표현이다. 취구는 문자 그대로 '연골'이라는 의미이지만, 한국어의 최고에서 음역된 것으로, 최고는 'the best'를 의미한다. 최고는 본래 중국어의 最高에서 유래하였다. 친구는 한국어 친구의 음역이다. 한류 팬덤 바깥의 중국에서는 친구를 뜻할 때 펑유朋友를 쓴다. 친구는 고대 중국어의 친주亲旧 혹은 친구에서 유래했으며, 이는 '친척'이나 '오랜 친구'를 뜻한다. 이 어휘는 현대 한국어에서 '친구'로 의미가 바뀌었고, 중국어로도 음역되어 사용되고 있다. 주목할 점은, 한국어 '친구'는 주로 또래를 가리킨다는 점이다. 친구와 막내는 유교의 엄격한 연령 서열 문화를 내포하고 있다. 비록 현대 중국과 한국에서 유교적 문화가 두드러지진 않지만, 유교 사상 자체는 고대 중국에서 비롯되었다. 한류와 케이팝 팬덤을 통해 한국식 유교 연령 서열 개념이 다시 중국으로 전해지는 셈이다. 처음에는 중국 케이팝 팬들 사이에서 쓰이던 여러 용어들이 이후 중국 대중 연예매체와 케이팝 팬덤 밖의 관객들 사이에서도 사용되기 시작했다. 예를 들어, 중국어의 화루花路는 한국어 꽃길이 번역된 것으로, 문자 그대로는 '꽃이 핀 길'이란 의미이다. 케이팝 맥락에서는 '밝고 번영하는 미래'를 의미하는 말로 사용된다. 중국어 우타이舞台는 본래 '무대'라는 뜻이나, 아이돌 음악 공연을 뜻하는 용어로 쓰이기도 한다. 이는 한국 연예계에서 무대라는 말을 아이돌 음악 무대를 지칭하는 데 사용하면서 비롯된 것인데, 실제로 무대라는 단어 또한 중국어 舞台에서 유래한 것이다. 이처럼, 팬덤 문화에서 한국어가 현대 중국어에 미친 영향과, 한국어가 고대 중국어에서 차용된 사실은 한중 간 문화적, 언어적 교류가 상호적임을 보여준다.

특정 케이팝 그룹의 멤버들과 팬들은 다른 그룹의 케이팝 멤버들과 팬들이 잘 모를 수도 있는 용어나 은어를 공유한다. 즉, 더 넓은 케이팝 팬덤 안에 존재하는 소규모 그룹들은 각자 고유한 규칙을 가지고 있으며, 이러한 규칙을 통해 나름의 즐거움을 얻는다. GOT7 팬들의 공식 명칭은 GOT7과 소속사가 정한 "I GOT7"이다. "I GOT7"은 한국어로 발음할 때 '아가새'로 들리기 때문에, GOT7 팬들은 영어로 자신들을 ahgase라고 부르기도 한다. 한국어 의미에 따라 GOT7 팬들은 스스로를 아기새라고 칭한다. GOT7과 소속사는 이 용어를 인정하여 그룹의 공식 응원봉을 새 모양으로 디자인했다.

또한 GOT7 팬덤 내에는 특정 멤버의 팬들이나 특정 국가 출신 팬들로 이루어진 하위 커뮤니티가 존재한다. 일부 팬덤 용어는 특정 언어나 특정 국가에서만 사용된다. 예를 들어, GOT7 멤버들이 중국 팬들에게 중국어로 인사할 때는 '냐오 바오바오鸟宝宝'라는 용어를 사용하는데, 이는 문자 그대로 '아기새'라는 뜻이다. GOT7의 중국 팬들은 GOT7 팬 서클을 '냐오췐鸟圈', 즉 '새 서클'이라고 부른다. 이처럼 팬들은 GOT7 및 멤버들에게 별명을 붙이기도 한다. 이러한 별명은 팬들이 있는 지역에 따라 고유한 경우가 많다. 예를 들어, 중국 팬덤에서는 GOT7 멤버 뱀뱀을 '왕원왕王文王'이라고 부른다. 이는 뱀뱀이 중국어로 보통 '반반'으로 음역되기 때문이다. '斑'이라는 한자는 '王', '文', 또 다른 '王' 세 글자의 결합으로 쓰여진다. 게다가 '王'은 흔한 중국 성씨이기도 하다. 이렇게 해서 이 별명이 중국 GOT7 팬덤 내에서 일종의 유행어가 되었다. 뱀뱀 본인도 중국 팬들이 자신에게 이런 별명을 붙였다는 사실을 알고 있으며, 중국 팬들을 만날 때면 스스로 이 별명으로 자신을 소개하곤 한다. 이처럼 팬덤 용어는 팬들의 케이팝 경험, 음역, 번역 속에 내재된 다양한 층위와 뉘앙스를 잘 보여준다.

중국 케이팝 팬들의 트랜스리터러시

트랜스리터러시는 음역이라는 행위에서 유래되었다(Thomas 외, 2007). 토마스 등(2007)은 트랜스리터러시를 "수화와 구두 의사소통, 손글씨, 인쇄물, TV, 라디오, 영화, 디지털 소셜 네트워크에 이르기까지 다양한 플랫폼, 도구 및 미디어를 통해 읽고, 쓰고, 상호작용할 수 있는 능력"으로 정의했다. 트랜스리터러시가 새로운 연상은 아니지만, 인터넷 시대에 들어 두드러지게 나타났다(Thomas 외, 2007). 트랜스리터러시는 언어의 음역에서 미디어까지 확장되었으며, "읽기, 쓰기, 상호작용, 문화와 관련된 모든 문해력을 통합"하려는 목적을 지닌다(Thomas 외, 2007).

중국의 케이팝 팬들은 다양한 목적을 위해 여러 앱을 함께 사용하며 서로 소통한다. 현재 세대의 케이팝 팬들은 인터넷 및 이동통신 매체와 함께 성장했기 때문에 이러한 앱들을 능숙하게 다룰 수 있다. 다시 말해, 팬들은 다양한 이동통신 매체 앱에서의 복합적인 문해력을 가지고 있다. 예를 들어, 웨이보의 많은 GOT7 팬 단체는 빌리빌리 계정도 보유하고 있다. 이는 웨이보가 정보 허브 역할을 하는 반면, 빌리빌리는 팬 단체의 영상 공유 플랫폼이기 때문이다. 또, 오왓에서 활발하게 활동하는 계정들은 다른 앱에서도 팬 단체로 존재한다. QQ 채팅 그룹과 다른 앱 간에도 이와 유사한 연결이 가능하다. 아이돌 또는 오왓에서 앨범을 구매하면, 공지 업데이트와 고객 지원을 위해 QQ 채팅 그룹에 반드시 가입해야 한다. 소셜 네트워킹 및 통합 팬덤 앱이 가장 최신의 정보를 제공하는 반면, 크라우드펀딩과 온라인 쇼핑 앱은 상품 소비와 팬 응원에 필요한 공간을 제공한다. 결제 서비스는 이러한 소비를 지원한다. 한편, 음악 및 영상 앱은 케이팝 콘텐츠를 무료 또는 유료로 제공한다.

비록 트위터와 인스타그램이 중국에서 공식적으로 차단되어 있지만, 이들은 여전히 중국 내 케이팝 팬덤에게 중요한 플랫폼이다. 중국 팬들은 VPN을 이용하거나, 누군가 이러한 콘텐츠를 중국의 정보 공유 앱으로 옮겼을 때 이 플랫폼들에 접근할 수 있다. 일부 중국 팬 조직은 이들 차단된 국제 플랫폼에서도 활발히 활동하고 있는데, 잭슨의 중국 웨이보 게시물을 영어로 번역해 트위터에 올려 국제 팬들에게 공유하는 것은 그 한 사례다. 일부 중국 팬 조직은 웨이보와 트위터 계정을 모두 운영하며, 최신 팬캠을 제공한다.

팬 활동은 단순히 팬덤을 큐레이션하고 팬 정체성을 구축하는 것 이상의 역할을 한다. 이러한 활동은 아이돌의 인기를 높이는 데도 기여한다. 이동통신 매체는 팬들에게 정체성을 구축할 수 있게 할 뿐만 아니라, 아이돌의 이미지를 관리하고 전파할 수 있게도 한다. 현대 사회와 엔터테인먼트 산업이 빅데이터 시대에 접어들면서 수치 지표를 매우 중시하기 때문에 케이팝 팬들은 데이터에 영향을 미침으로써 자신의 아이돌을 스타로 만들려 한다. 팬들은 다양한 앱에서 아이돌의 조회수와 판매량을 높이는 데 기여한다. 이러한 집단적 실천은 아이돌의 이미지를 인기 있고 성공한 아티스트로 관리하려는 목적을 지니며, 팬덤 커뮤니티가 크고 강력하다는 인상을 남긴다. 이러한 활동이 때로는 데이터 조작으로 흐르거나 수행자들의 피로를 초래하기도 하지만, 이를 실천하는 팬들은 대개 힘을 얻는다고 느끼는 경향이 있다(Sun, 2020). 팬이 조회수 데이터 부스팅 활동에 참여하는 것은 자신의 미디어 복합 역량 수준에 달려 있다. 중국 케이팝 팬들은 데이터 부스팅 이벤트를 주로 QQ나 웨이보의 단톡방에서 조직한다. 웨이보에서는 데이터 부스팅 가이드도 확인할 수 있다. 이후 이벤트는 팬들이 중국, 한국, 그리고 해외의 마이크로블로깅, 음악, 영상 등 다양한 앱에서 반복적으로 게시, 스트리밍, 시청을 수동으로 수행하며, 때로는 치팅 도구나 방법을 동원하기도 하면서 진행된다.

한국 음악 차트 쇼에서의 성공 기준에는 많은 소셜 미디어 게시물 수, 긴 음악 스트리밍 시간, 높은 동영상 조회수, 많은 실물 앨범 판매량, 온라인 및 오프라인 투표 수치 등이 포함될 수 있다. 케이팝 팬덤 내에서는 시청률과 판매 수치를 높이는 이러한 방식이 여러 국가의 팬들 사이에서 널리 공유되고, 집단적으로 그리고 국가를 초월해 실천된다. 예를 들어, GOT7이 한국 TV 채널의 음악 차트 쇼에 출연할 때, 위챗(GOT7 팬덤 투표용 웨이보 계정)은 해당 차트 쇼를 위한 투표 안내서를 공개한다. 안내서에는 한국 웹사이트에서 회원에 가입하고 투표하는 방법, 특정 전화번호로 투표를 위해 문자메시지를 보내는 방법 등에 관한 정보가 포함되어 있다.

데이터 부스팅은 실물 앨범 판매량을 올리는 것 또한 포함한다. 케이팝 기획사들은 해외에서는 주로 디지털 채널을 통해 앨범을 발매하지만, 해외 팬들은 소장이나 판매량 증가를 목적으로 한국에서 실물 앨범을 구매하곤 한다. 중국 팬들은 중국 내에서 한국 온라인 쇼핑몰 이용이 어려워 주로 공동 구매에 참여한다. 중국의 케이팝 팬 조직들은 웨이보와 오왓을 통해 공동 구매 정보를 공지하고 구매를 주도한다. 팬들은 오왓에서 앨범을 구매한 뒤 알리페이나 위챗페이로 결제할 수 있다. QQ 채팅방은 고객 서비스 지원에 사용된다. 팬들은 오왓과 QQ 채팅방을 이용해 특정 앨범에 포함된 굿즈를 교환하고 재판매하기도 한다. 판매량을 더 늘리기 위해 '미출하 앨범'unshipped album의 구매도 이루어진다. 미출하 앨범 구매는 일종의 크라우드펀딩이다. "미출하不运回"는 말 그대로 "돌려보내지 않는다"는 뜻이다. 한국 내 앨범 판매량을 늘리기 위해 중국 케이팝 팬들은 자신의 수요를 초과하여 앨범을 크라우드펀딩 형식으로 구매한다. 한국에서 앨범을 사고 중국으로 배송하지 않음으로써 배송비를 아끼고, 그만큼 더 많은 앨범을 구매할 수 있게 된다. 이러한 미출하 앨범들은 주로 한국 내 자선단체, 카페, 기타 단체에 기부되어 아이돌을 홍보하는 데 쓰인다. 인위적으로 판매량을 부풀리고 자원을 낭비한다는 비판에도 불구하고, 많은 팬들은 계속해서 이 활동에 참여하고 있다. 참여자들은 팬 조직에 일정 금액을 납부해 미출하 앨범 구매에 동참한다. 예를 들어, 2018년에는 GOT7의 *Present: YOU* 앨범을 위해 다섯 개의 팬덤 계정이 오왓에서 미출하 앨범 공동 구매 이벤트를 개최했다. 총 4360명이 참가해 228,489위안(약 4천4백만원)이 모였고, 7777위안(약 150만원)을 기부한 팬이 기여도 1위를 차지했다.

*Present: YOU*의 선주문은 9월 4일에 시작되었고, 앨범은 2018년 9월 18일에 발매되었다. 중국 팬 조직들은 2018년 8월부터 앨범의 단체 구매와 미출하 앨범 구매를 조직하기 시작했다. 최소 28개의 팬 조직과 13명의 개인 팬이 대리 구매를 주최했다(Gaolaigaoquhaishigaojibar, 2018). 9월 16일까지 중국 팬들과 타오바오 온라인 샵이 주관한 단체 및 미출하 앨범 구매 주문량은 87,032장에 달했다(Gaolaigaoquhaishigaojibar, 2018). 9월 23일까지, 앨범이 발매된 지 1주일 만에 221,874장이 판매된 것으로 보고되었다(Gaolaigaoq uhaishigaojibar, 2018). 반복적인 감상과 청취로 인해 앨범의 타이틀곡 'Lullaby'는 발매 초 2주 동안 한국 음악 차트 쇼에서 7개의 트로피를 수상하는 성과를 거두었다.

이중 언어 문해력과 팬들의 초국적 소비

중국의 케이팝 팬들은 초국적 대중문화를 소비하면서 상당한 언어 장벽을 경험한다. 대리 구매 및 팬자막 작업을 담당하는 팬 그룹을 포함하여 팬 조직들은 이중언어 능력을 갖춘 경우 다른 팬들을 돕기 위해 노력한다. 팬들은 GOT7에 대한 정보를 포괄적으로 수집한다. 이는 그들이 모으고 싶어하는 모든 GOT7 관련 정보를 수집하고, 번역하며, 중국 팬들과 공유한다는 의미이다. GOT7 관련 빌리빌리 계정 중에서 GOT7 유비지 자막 번역 그룹Youbige Subtitle Translation Group은 328개의 업로드, 6만 6천 명의 팔로워, 700만 조회수로 두 번째로 많은 팔로워 수를 자랑한다. 이 팬자막 그룹은 웨이보에서 60만 명의 팔로워를 보유한 HEY-GOT7 팬 조직의 일부이다. GOT7은 한국을 기반으로 하여 전 세계적으로 활동하는 그룹이기 때문에, GOT7 유비지 자막 번역 그룹은 원래 한국어, 일본어, 태국어, 영어로 된 GOT7 관련 영상에 중국어 자막을 제작했다. 그러나 현재 중국 팬들은 외국어를 중국어로 번역할 뿐만 아니라, 중국어를 다른 외국어로도 번역한다. 예를 들어, 트위터의 잭슨 팬 계정인 Tianxia_JacksonW는 중국어로 된 잭슨 관련 웨이보 게시물을 영어로 번역한다.

하지만 번역 서비스가 항상 제공되는 것이 아니기 때문에 많은 개별 팬들은 스스로 언어 장벽을 극복하려고 노력한다. 중국 인터넷에서는 두 가지 용어가 사용되는데, 바로 썽로우生肉와 수우로우熟肉이다. 썽로우는 "날고기"라는 뜻이다. 이 용어는 영어 팬덤에서 자막이 없는 영상을 가리키는 "raw"의 직역이다. 중국 케이팝 팬덤에서 썽로우는 중국어 자막이 없는 외국어 프로그램을 의미한다 (Zhihu, 2013). 반면, 수우로우는 "익힌 고기"로, 중국어 자막이 있는 외국어 프로그램을 뜻한다(Zhihu, 2013). 어떤 한국 프로그램이 TV나 온라인에서 방영되면, 곧바로 중국 이동통신 매체 앱에 쌩로우 버전으로 업로드된다. 나의 관찰에 의하면, 다듬어진 중국어 자막이 추가된 수우로우 버전은 이틀 안에 온라인에서 볼 수 있다. 케이팝 아이돌이 출연하는 예능 프로그램은 한국에서 가장 인기 있는 프로그램이 아니어서, 대형 자막 팀에 의해 빠르게 팬자막으로 만들어지지 않을 수 있다. 이러한 프로그램들은 주로 해당 아이돌 그룹의 팬들이 자막을 제작한다. 팬이 좋아하는 아이돌의 프로그램을 최대한 빨리 보고 싶다면, 쌩로우 버전을 볼 수밖에 없다. 이런 식으로 팬들은 한국 예능을 시청하고, 한국어 가사를 듣고 배우는 과정에서 자연스럽게 한국어를 익히고 이중 언어 문해력을 갖춰가게 된다. 또한, 중국의 한국 아이돌 팬은 팬레터 가이드에 따라 영어 혹은 한국어로만 편지를 쓸 수 있다. 이런 상황에서 중국 케이팝 팬들은 점차 이중 언어 문해력을 갖추어 가는 것으로 보인다. 나아가 케이팝 팬들은 여러 기회를 통해 한국인, 한국 사회, 그리고 다른 외국 환경과 직접적으로 접촉하게 되는데, 이는 많은 팬들이 케이팝 공연이나 팬 활동을 위해 한국이나 다른 나라를 방문하기 때문이다. 이처럼 글로벌 현상인 케이팝을 최대한 즐기기 위해서는 중국 팬에게 이중 언어, 삼중 언어 또는 다중 언어 능력이 요구된다.

결론: 이동통신 매체에서의 번역, 트랜스리터러시, 초국적 팬덤

결론적으로, 중국의 케이팝 팬들은 이동통신 매체에서 다양한 방식으로 팬덤 활동을 실천하며, 케이팝 팬덤과 관련된 여러 가지 능력을 발휘한다. 구체적으로 중국 팬들은 음역 및 번역 능력을 활용해 케이팝 팬덤 용어로 놀이를 하거나, 트랜스리터러시를 통해 아이돌의 음악 차트 및 판매 실적 향상을 위한 각종 데이터 부스팅 활동에 참여한다. 또한, 이들은 이중문해력, 삼중문해력, 또는 복수문해력을 활용해 국가를 넘어 케이팝을 소비하고 즐긴다. 이러한 활동들은 초국적 대중문화 팬덤의 다양성과 역동성, 그리고 초국적 문화 흐름의 복잡성을 보여준다. 문화 생산자와 공연자, 그리고 소비자들 모두 미디어 환경, 언어, 문화를 넘나들고 있다. 이와 같이 케이팝과 같은 초국적 대중문화는 팬들에게 인간의 이동성, 정보 이동성, 그리고 글로벌 금융 이동성이 매우 높고 빠른 환경을 제공한다. 이는 아파두라이가 제안한 에스노스케이프, 미디어스케이프, 테크노스케이프, 파이낸스케이프, 이데오스케이프와도 맞닿아 있다. 이혜경(2011)의 이전 연구 결과들과 유사하게, 중국의 케이팝 팬들은 지속적으로 케이팝 콘텐츠를 재생산하고 유통해왔다. 이동통신 매체 앱에서 팬들이 발휘하는 다양한 능력을 통해 초국적 대중문화의 유통 방식에도 변화가 일어났다. 이 연구는 중국 젊은 세대가 어떻게 케이팝의 초국적 팬덤을 실천하고, 그 실천의 의미가 무엇인지 더 잘 이해하는 데 기여한다. 중국을 중심으로 한 이 연구는 이전 문헌에서 충분히 다루어지지 않았던 중국 이동통신 매체 내 한류에 대한 상세한 데이터를 제시한다.

참고문헌

Appadurai, A. (1990). Disjuncture and difference in the global cultural economy. *Theory, Culture & Society, 7*(2-3), 295-310. https://doi.org/10.1177/026327690007002017

CNNIC. (2023). 第51次中国互联网络发展状况统计报告 [The 51st statistical report on China's internet development]. https://cnnic.cn/NMediaFile/2023/0322/MAIN16794576367190GBA2HA1KQ.pdf

CNSA. (2016). 2016年中国网络视听发展研究报告[2016 China netcasting development research report]. http://www.cnsa.cn/index.php/industry/industry_week.html

Gamage, S. (2020). Migration, identity, and television audiences: Sri Lankan women's soap opera clubs and diasporic life in Melbourne. *Media International Australia, 176*(1), 1-14. https://doi.org/10.1177/1329878X20916946

Gaolaigaoquhaishigaojibar. (2018). GOT7正规三《PRESENT: YOU》天朝代购不完全统计 [GOT7 the third album PRESENT: YOU, the incomplete statistics of Chinese delegated purchases]. https://www.weibo.com/3980697915/GzFQZzMjd?from=page_1005053980697915_profile&wvr=6&mod=weibotime&type=comment#_rnd1539326641508

Hoang, H. (2020). K-pop male androgyny, mediated intimacy, and Vietnamese fandom. In J. V. A. Cabañes & C. S. Uy-Tioco (Eds.), *Mobile media and social intimacies in Asia* (pp. 187-203). Springer, Netherlands.

Jung, E.-Y. (2015). New wave formations: K-pop idols, social media, and the remaking of the Korean Wave. In S. Lee & A. M. Nornes (Eds.), *Hallyu 2.0: The Korean Wave in the age of social media* (pp. 73-89). University of Michigan Press.

Jung, S., & Hirata, Y. (2012). Conflicting desires: K-pop idol girl group flows in Japan in the era of Web 2.0. *Electronic Journal of Contemporary Japanese Studies, 12*(2). https://www.japanesestudies.org.uk/ejcjs/vol12/iss2/jung.html

Lee, H.-K. (2011). Participatory media fandom: A case study of anime fansubbing. *Media, Culture & Society, 33*(8), 1131-1147. https://doi.org/10.1177/0163443711418271

Liew, H. (2020). Fandom in my pocket: Mobile social intimacies in WhatsApp fan groups. In J. V. A. Cabañes & C. S. Uy-Tioco (Eds.), *Mobile media and social intimacies in Asia* (pp. 77–93). Springer, Netherlands.

Mehta, S., & Kaye, D. B. V. (2019). Pushing the next level: Investigating digital content creation in India. *Television & New Media, 22*(4), 1–19. https://doi.org/10.1177/1527476419861698 NCAC. (2015). Notice of ordering internet music service provider to stop unauthorized dissemina-tion of music works. http://www.ncac.gov.cn/chinacopyright/contents/483/255725.html Panda, A. (2016, February 25). What is THAAD, what does it do, and why is China mad about it? *The Diplomat*. https://thediplomat.com/2016/02/what-is-thaad-what-does-it-do-and-why-is-china-mad-about-it/

Pease, R. (2006). Internet, fandom and K-wave in China. In K. Howard (Ed.), *Korean pop music: Riding the wave* (pp. 176–189). Global Oriental.

Qingmei. (2017). 腾讯阿里互换在线音乐版权：一场针对网易云音乐的狙击战? [Tencent and Alibaba swap online music copyright: A sniping battle against NetEase Cloud Music?]. http://www.tmtpost.com/2798131.html

Shin, H. (2013). Transnational K-pop machine searching for "Asian" model through crossbreeding? In N. Otmazgin & E. Ben-Ari (Eds.), *Popular culture co-productions and collaborations in East and Southeast Asia* (pp. 136–149). National University of Singapore Press.

Sun, M. (2020). K-pop fan labor and an alternative creative industry: A case study of GOT7 Chinese fans. *Global Media and China, 5*(4), 389–406. https://doi.org/10.1177/2059436420954588

Sun, M. (2022). *From H.O.T. to GOT7: Mapping K-pop's fandom, media, and performances in China* [Doctoral dissertation]. Nanyang Technological University, Singapore. https://hdl.han dle.net/10356/154690

Sun, M., & Liew, K. K. (2019). Analog Hallyu: Historicizing K-pop formations in China. *Global Media and China, 4*(4), 419–436. https://doi.org/10.1177/2059436419881915

Thomas, S., Joseph, C., Laccetti, J., Mason, B., Mills, S., Perril, S., & Pullinger, K. (2007). Translit- eracy: Crossing divides. *First Monday, 12*(12). https://firstmonday.org/ojs/index.php/fm/article/view/2060/1908

Volodzko, D. J. (2017, November 18). China wins its war against South Korea's US THAAD missile shield—Without firing a shot. *South China Morning*

Post. https://www.scmp.com/week-asia/geo politics/article/2120452/china-wins-its-war-against-south-koreas-us-thaad-missile

Yin, R. K. (2009). *Case study research: Design and methods* (4th ed.). Sage.

Yin, Y., & Xie, Z. (2021). Playing platformized language games: Social media logic and the mutation of participatory cultures in Chinese online fandom. *New Media & Society.* https://doi.org/10.1177/14614448211059489

Yonhap. (2017, September 6). Chronology of events leading to THAAD deployment. *Yonhap News Agency.* https://en.yna.co.kr/view/AEN20170906009800315

Zhihu. (2013). 动画「生肉」是什么意思? [What's the meaning of "shengrou" in comics?]. https://www.zhihu.com/question/22351890

---

1) 이 장에서 출처에 대한 언급 없이 인용된 데이터는 중국 국가통계국NBS, 중국 인터넷정보센터CNNIC, 중국넷캐스팅서비스협회CNSA에서 수집된 데이터를 종합한 것이다.

2) 모든 자료는 2018년 9월 3일에 수집되었음.

2장

필리핀에 불시착하다
초국적 한국 드라마와 인터넷 인프라에 대한 욕망[1]

웨이시엔 판 Weixian Pan

비록 북미, 서유럽, 그리고 호주에서 구독형 주문 비디오SVOD 서비스의 성장이 둔화되었지만, 동남아시아는 광대역 이동통신 이용자와 온라인 비디오 소비가 빠르게 증가함에 따라 글로벌 및 지역 SVOD 플랫폼 모두에서 "가장 치열하게 경쟁하는 시장 중 하나"로 떠올랐다(Shackleton, 2022).

홍콩과 싱가포르에 기반을 둔 컨설팅 업체 미디어 파트너 아시아Media Partner Asia는 2022년 1분기에 동남아시아에서 280만 개의 신규 SVOD 가입이 추가되어 총 3,950만 건에 달했다고 추정했다(Media Partners Asia, 2022). 필리핀의 전체 비디오 스트리밍 수익은 2017년 2,622만 달러에서 2022년 1억 1,023만 달러로 증가했으며, 2027년에는 1억 7,000만 달러에 이를 것으로 전망된다(Statista, 2023). 이러한 인상적인 수치에도 불구하고, 넷플릭스와 디즈니+ 같은 글로벌 스트리밍 플랫폼과 아이치이iQiyi, 뷰Viu 등의 지역 경쟁자들은 2016년 이래 동남아시아 전역에 고르지 않게 분포된 불충분한 인터넷 인프라로 인해 제약을 받고 있다. 예를 들어, 넷플릭스가 2016년 필리핀에 처음 진출했을 당시, 이 나라의 평균 인터넷 속도는 5.5 Mbps에 불과해 아시아-태평양 지역 전체에서 가장 낮았다(Akamai Technologies, 2017). 2020년 COVID-19 봉쇄 기간에는 필리핀 내 인터넷 혼잡을 완화하기 위해, 비슷한 인프라 병목 현상을 겪는 다른 국가들에서처럼 넷플릭스가 영상 화질을 낮추라는 정부의 압력을 받기도 했다. 그럼에도 불구하고 팬데믹 이후 경기 침체에도 불과 3년 만에 필리핀은 넷플릭스의 인터넷 서비스 제공업체 속도 지수에서 글로벌 북반구 및 APEC 국가들과 어깨를 나란히 하며 상위권에 올랐다(Netflix 2023).

동남아시아에서 비디오 스트리밍의 가속화된 성장과 이에 따른 도전 과제들은 비즈니스와 업계의 큰 관심을 받고 있지만, 최근의 발전이 아시아에서의 문화 제국주의와 플랫폼 제국주의(Jin 2015; Mazur et al. 2022), 현지 시장에서의 국제화 전략(Putri and Paksi, 2021), 현지 TV 및 영화 산업에 미치는 영향(Asmar et al. 2023; Scott 2019), 인터넷 검열과 감시(Hanchard, 2016), 그리고 새로운 규제 담론과 정책 결정(Ramasoota and Kitikamdhorn, 2021) 등에 관한 기존의 논의들을 어떻게 심화 발전시키는지에 대해 보다 체계적인 조사가 필요하다. 이 장에서 나는 기존의 논의들을 바탕으로, 종종 넷플릭스의 글로벌 확장의 또 다른 사례로만 간주되는 필리핀의 디지털 도약에 관해 새롭게 고찰하고자 한다. 나는 오히려, 고속 인터넷 비디오 스트리밍에 대한 열망으로 표현되는 디지털 연결성에 대한 필리핀의 꿈이 동남아시아 전역의 미디어 인프라 발전에 내재된 복합적인 기업적·문화적 전략을 어떻게 드러내는지 보여주려 한다(Fünfgeld, 2019).

이러한 사회문화적 역학을 자세히 설명하기 위해, 이 장은 두 가지 상호 연결된 질문을 탐구한다. 첫째, 글로벌 스트리밍 플랫폼과 국내 인터넷 서비스 제공업체는 필리핀의 초고속 인터넷에 대한 상상과 전국적인 인프라 개발의 실행에서 각각 어떤 역할을 하고 있는가? 둘째, 초국적 스트리밍 콘텐츠가 이러한 디지털 근대성에 글로벌 남반구의 얽혀 있는 열망을 설명해낼 수 있는가? 이 질문들은 필리핀과 같은 동남아시아 국가들이 단순히 글로벌 자본에 의해 마지막으로 점령되는 시장이 아님을 강조한다. 오히려 나는, 국가 주도의 인프라 프로젝트가 더디게 진행되는 상황에서, 필리핀의 인터넷 서비스 제공업체들이 앞장서서 글로벌 스트리밍 담론(예: 인터넷 속도, 한류 TV 드라마 등 콘텐츠에서 드러나는 초국적 문화 권력)을 적극적으로 받아들이고, 이를 통해 국가적 인프라에 대한 열망을 촉진하고 실현해왔다고 주장한다. 이러한 문화적·산업적 전략은 급속도로 재구성되고 있는 글로벌 스트리밍 경제의 신자유주의적 논리와 일치할 수 있으나, 동시에 필리핀과 같이 아시아 태평양 지역의 경제 및 지정학적 미래에서 우위를 점하고자 하는 국가들에게 실질적인 협상력을 제공하기도 한다. 이러한 논의는 글로벌 스트리밍 연구에서 문화적·담론적 분석과 인프라적 긴장을 방법론적으로나 개념적으로 분리하는 시각에 저항한다. 또한 여전히 문화연구와 지역연구에서 공유된 문화적·종교적·인종적 가치에 기반한 '문화적 근접성'(Berg 2017; Iwabuchi 2007; Jalli and Setianto 2020; Straubhaar 1991)으로 초국적 미디어 유통과 소비가 이뤄진다는 이론화에 도전한다. 대신, 이 연구는 한국 TV 드라마의 인기가 1990년대 미국 미디어 상품의 지배를 넘어 현지화된 프로그램을 찾고자 했던 필리핀 TV 방송국의 노력, 그리고 2000년대 이후 디지털 근대성을 추구하는 국가적 흐름의 일환으로 역사화한다. 방법론적으로는 필리핀의 인프라 열망을 활성화하고 구체화하는 초국적 인터페이스 중 하나로 케이드라마를 살펴보며, TV 드라마, 소셜 미디어 게시물, 산업 데이터, 무역 및 저널리즘 자료, 기업 자료 등 다양한 매체 간 소통을 분석했다.

이 글은 필리핀에서 넷플릭스의 발전을, 필리핀 통신산업의 역사와 디지털 인프라 개발을 위한 지속적 노력의 맥락에 위치지우는 것으로 논의를 시작한다. 2020년 초 넷플릭스가 필리핀에서 영상 품질을 낮추는 데 동의했을 때, 이는 북미나 한국(Kim 2021)에서처럼 망 중립성이나 적극적 플랫폼 규제에 대한 논쟁을 촉발하지는 않았다. 오히려 필리핀의 인터넷 서비스 제공업체ISP와 정부 부처는 글로벌 플랫폼의 '고속 인터넷'과 '고화질 영상 스트리밍'이라는 언어를 차용해, 아시아 태평양 스트리밍 경제의 유망한 일부로 자리잡기 위한 전략으로 삼았다. 이에 이어 나는 필리핀의 주요 이동통신 사업자인 스마트 커뮤니케이션스Smart Communications Inc.가 대중적으로 고속 인터넷과 광대역 인프라를 옹호하는 문화적 역할을 어떻게 수행했는지 분석한다. 이 역할은 현대 소비자 라이프스타일에서의 선택지를 넘어서, 필리핀의 "불가피한 운명"으로 간주되기도 했다. 스마트 커뮤니케이션스는 2020년 넷플릭스를 통해 스트리밍된 한국 로맨스 드라마 〈사랑의 불시착〉의 성공을 토대로, 고속 인터넷 서비스에 대한 집단적 문화 상상력을 만들어 내는 방식으로 이 역할을 수행했다. 또한 필리핀 내 케이드라마의 초국적 유입과 소비의 역사, 〈사랑의 불시착〉이 지닌 독특한 문화적 특성과 미학, 그리고 드라마의 두 주연 배우가 출연한 스마트 커뮤니케이션스의 3부작 TV 광고를 분석한다.

궁극적으로, 나는 한국 드라마와 같은 문화 콘텐츠의 국가 간 소비가 인프라 현대성에 대한 열망을 공개적으로 드러내는 창구로 기능함을 보여준다. 이때, 스트리밍 대기업의 글로벌 확장 목표는 보다 공격적인 인프라 개발을 추진하려는 국가의 목표와 맞물린다. 이 장은 이러한 복잡한 문화-경제적 전략들이, 공공 소비자들을 위한 네트워크 접근성 확대보다는 개발도상국들을 지역 경제 및 글로벌 디지털 경제와 인프라 정치 내에서 전략적으로 재배치하는 데 더 초점을 맞추고 있음을 경고하는 목소리로 마무리된다.

인프라에 대한 필리핀의 열망을 보다: 국가 광대역 계획부터 넷플릭스의 ISP 속도지수

7,600개가 넘는 섬으로 이루어진 필리핀은 2022년 말 기준 7,600만 명의 활발한 인터넷 사용자를 보유하며 아시아 태평양 지역에서 5위를 차지했다. 그러나 글로벌 네트워크 분석 기관인 오픈 시그널Open Signal의 2018년 보고서에 따르면, 필리핀의 인터넷 가용성과 속도는 여전히 전 세계적으로 낮은 수준에 머물러 있다. 4G LTE 네트워크 가용성은 63.73%에 불과하고, 4G 속도는 고작 9.49MBPS에 그쳤다(Open Signal 2018). 필리핀의 인터넷 접근성은 국가가 군도 지형이라는 점과 분열된 사회경제적 인구 분포에 크게 영향을 받는다. 2016년 정보통신부DICT가 발표한 지도를 보면, 국가의 기존 광대역 인프라는 주로 루소Luzon, 비사야Visayas, 민다나오Mindanao의 세 군도와 그 대도시 지역들을 연결하고 있다. 그러나 외딴 지역과 개발이 덜 된 지역에서는 광섬유 인터넷망의 품질과 수신 상태가 여전히 균일하지 않으며, 이러한 국가 인터넷 서비스의 격차를 "임시방편"으로 채우기 위해 이동통신 기지국이 활용되고 있다(그림 1).

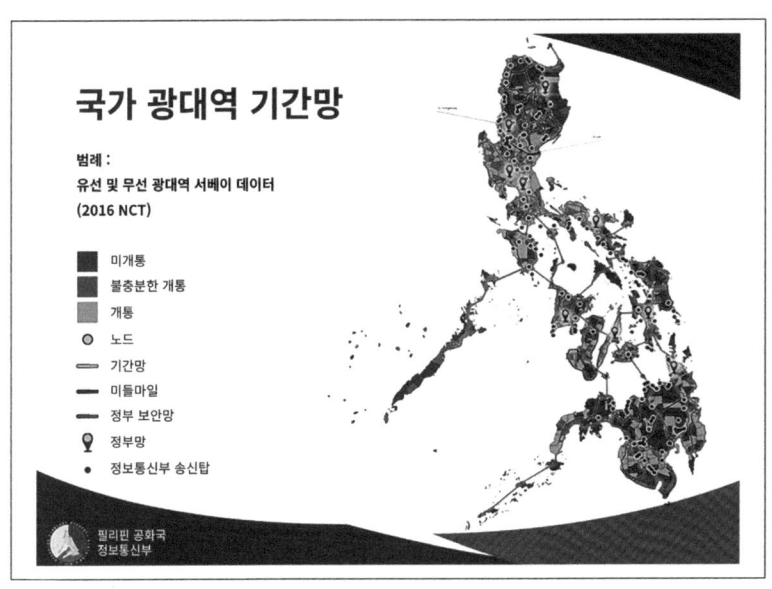

그림 1. 2016년 필리핀 정보통신부에서 발간한 고정 및 무선 광대역 인터넷 서베이 자료

군도 전역에 걸친 이러한 네트워크 격차는 필리핀 정부가 외딴 지역에 인터넷 보급을 확대하고 네트워크의 접근성을 개선하려는 노력에서 주요 동기이자 장애물이 되었다. 2017년, DICT는 국가 광대역 계획NBP을 발표하며 "디지털 경제 속 필리핀 국민들에게 보편적이고 빠르며 신뢰할 수 있고 저렴한 광대역 인터넷 서비스를 제공하기 위한 정책, 규제, 인프라 개입을 마련하는 것"을 목표로 삼았다(DITC 2017). 정부 주도의 이 인프라 비전은 국가 광대역 생태계의 청사진을 포괄적으로 제시하며, 인프라 개발을 위한 국내 공공 및 민간 부문의 투자를 촉진했다. 아울러 오버레이 네트워크 구축과 더욱 강력한 공공 네트워크 역량 확보를 통해 디지털 연결성을 실현하고자 했다. 그러나 정부의 NBP 추진 속도는 더뎠고, 그러면서도 DICT 연간 예산의 20% 이상을 차지했다고 강한 비판을 받았다(Bacelonia 2022). 국가 광대역 계획의 다섯 단계 중 첫 번째 단계—주요 도시 전역에 국가 광섬유 광대역 기간망을 활성화하고 강화하는 것을 목표로 한 단계—는 2017년 최초 제안 후 2년이 지난 2019년에 시작되었으나, 2023년 말까지도 약 73%만 완료된 상태였다.

인터넷 사용자와 비디오 스트리밍 시장이 계속 성장하고 더 많은 경쟁자들이 필리핀에 진출함에 따라, 느리게 진행되는 정부의 인프라 개발 계획만으로는 급격히 증가하는 데이터 수요를 충족하기에 턱없이 부족했다.2) 넷플릭스의 필리핀 초기 진출은 국가의 불충분하고 고르지 못한 인프라에 크게 제약을 받았다. 현지 인터넷 서비스 제공업체들과 기업들은 이러한 개발 공백을 신속하게 메우며, 국가 광대역 기간망을 강화하고 모바일 송신탑을 구축하는 데 선도적인 역할을 하게 되었다. 2016년, 넷플릭스는 필리핀에서 서비스를 시작하며 국내 두 대형 통신사인 필리핀 원격 전화회사Philippine Long Distance Telephone Company(PLDT) 산하 모바일 네트워크 기업인 스마트 커뮤니케이션스 및 글로브 텔레콤Globe Telecom과 협력했다. 이 파트너십은 인프라상의 필요에서 비롯된 것으로, 넷플릭스가 현지 네트워크를 활용해 콘텐츠 라이브러리를 호스팅하고, 기존 결제 시스템과 가입자 기반을 활용할 수 있게 해주었다. 미디어 학자 마이클 코 림Michael Kho Lim은 스트리밍 서비스를 통신사의 기존 요금제에 부가 서비스 형태로 묶어 제공하는 것이 필리핀 내 스트리밍 플랫폼의 일반적인 접근 방식이 되었다고 설명한다(Kho Lim, 2018). 그러나 대중적으로는 이 전략이 고품질 디지털 엔터테인먼트와 도시적 라이프스타일에 대한 소비자의 손쉬운 접근으로 "번역"되었다. 글로브 텔레콤의 최고 상업 책임자Chief Commercial Officer인 알버트 데 라라자벨Albert de Larrazabel은 공식 성명에서 "필리핀 사람들이 디지털 라이프스타일에 빠르게 적응하고, 스마트폰으로 전환함에 따라 엔터테인먼트를 즐기는 방식도 변화하고 있습니다. 넷플릭스와의 파트너십을 통해, 우리는 고객들이 집에서든 이동 중이든 오래 기다려온 TV와 영화 타이틀을 즐길 수 있도록 방대한 라이브러리를 제공할 수 있게 되었습니다"라고 말했다(Globe Newsroom 2016).

넷플릭스의 필리핀 내 빠른 성장은 "디지털 라이프스타일"이라는 기업 담론의 전환에 힘입었을 뿐만 아니라, 지난 10년간 글로벌 미디어 시장을 지배하기 위해 축적해온 전략들 위에 기반을 두고 있다. 문화적, 종교적, 언어적으로 매우 이질적인 시청자들을 마주하면서, 넷플릭스는 한국 멜로드라마와 필리핀 영화 같은 인기 장르로 천천히 자사의 콘텐츠를 확장해 나갔다(Chua 2021).

2022년 4월 기준, 필리핀은 7,125편의 타이틀을 보유해 아시아 태평양 내 다른 국가들을 능가했다(Moody 2023). 2022년 10월, 넷플릭스 동남아시아 콘텐츠 디렉터 말로비카 바네르지Malobika Banerji는 "플랫폼에서 이제 필리핀 인터페이스를 제공하고, 사용자들이 현지 더빙 파트너사인 히트 프로덕션HIT Productions, Inc. 등과 협력해 전 세계 넷플릭스의 인기 콘텐츠를 필리핀어 자막과 더빙으로 즐길 수 있게 됐다"고 발표했다(Soliman 2022). 넷플릭스는 또한 동남아시아 각국의 방송작가와 프로덕션 인재를 지원하는 독점 프로그램을 신설했으며(Tan 2022), 동남아시아 오리지널 작품도 적극 추진했다. 인도 시장의 경험을 토대로, 넷플릭스는 2020년 필리핀의 대다수 모바일 사용자들을 겨냥해 149페소(약 3,700원)짜리 저가 모바일 전용 요금제를 출시하기도 했다. 이러한 현지화 전략들은 시청자들의 취향과 산업 간 협업을 촉진하고, 실제 스트리밍 경험을 좌우하는 "소프트 인프라"에 부응하는 동시에, 넷플릭스가 글로벌 미디어 시장에서 확장하며 보여주는 "초국적 확장"과 미디어 제국주의적 경향을 보여주기도 한다(Davis 2023, 1151).

넷플릭스가 인터넷 속도를 강력히 옹호한 것은 플랫폼의 글로벌 확장 속도를 가속화시킨 동시에, 국내 사업자들에게는 압박 요인으로 작용하기도 했다. 넷플릭스는 인터넷 속도 테스트 서비스를 구축하는 것을 넘어, 매월 전 세계 ISP들의 프라임 타임 내 넷플릭스 성능을 측정하고 순위를 매기는 ISP 속도 지수를 발표했다. 에반 엘킨스Evan Elkins(2018)는 넷플릭스와 같은 플랫폼이 강조하는 속도가 "사용자들에게 더 나은, 더 빠른 스트리밍 경험에 대한 욕구를 고취시키는 것"뿐만 아니라, "이 욕구를 인터넷 서비스 제공업체들이 글로벌 기업들과 콘텐츠 유통을 용이하게 하는 협약을 맺도록 압박하는 요소로 활용한다"(839)고 설명한다. 2020년 초 COVID-19로 인한 지역사회 격리 첫 주 동안 수백만 명의 필리핀 사람들이 재택근무와 엔터테인먼트에 몰리면서 데이터 트래픽이 15~20% 급증했다. 많은 사용자들은 다양한 플랫폼에서 게임과 동영상 스트리밍 속도가 느려졌다고 불평했다. 2020년 3월, 필리핀 정부 규제기관인 국립통신위원회NTC의 요청에 따라 넷플릭스는 인터넷 혼잡 완화를 위해 영상 품질을 낮추고, 결과적으로 네트워크 트래픽은 최대 25% 감소했다(Cigaral

2020). 유럽, 호주, 인도, 멕시코 등에서도 COVID-19 사태에 따라 정부 규제 기관들이 유사한 요청을 하였고, 이후 이들 정부는 글로벌 스트리밍 플랫폼에 대해 더욱 강력한 세금과 트래픽 사용료 등의 규제를 도입했다. 그러나 필리핀의 주요 인터넷 서비스 제공업체와 정부 기관들은 넷플릭스의 ISP 속도 지수를 이용해 자국 인프라 품질을 전략적으로 재브랜딩하고, 필리핀의 디지털 연결성에 대한 대중의 이미지를 개선할 기회로 삼았다. 2022년 12월, 필리핀 정부가 감독하는 언론사 필리핀통신the Philippine News Agency은 두 개의 국내 광대역 사업자가 "넷플릭스 속도 지수에서 1위를 차지했다"(Dela Cruz 2022)며 공개적으로 축하했다. 이처럼 넷플릭스의 ISP 지수는 통신사들이 인프라 투자 유치에 로비를 하고, 정부가 필리핀 네트워크 경쟁력을 주장하는 데 유용한 참고 지점이 되었다. 그러나 넷플릭스는 "인터넷 속도"에 관한 글로벌 담론으로 촉진된 인프라 개발에서 경제적 이익을 누림에도 불구하고, 자체 콘텐츠 전달 네트워크 구축 외에는 인프라 업그레이드에 직접 투자하지 않는다. 필리핀과 같은 개발도상국이 글로벌 속도 담론을 국가 인프라 구축의 전략적 압박점으로 활용하는 독특한 방식을 주시함으로써, 우리는 평등한 인터넷 접근이라는 보편적·발전주의적 서사로 위장된 글로벌 스트리밍 플랫폼의 제국주의적 속성에 대해 비판할 수 있다. 따라서 기업과 정부의 이러한 공동 노력은 단순한 우연이 아니며, 필리핀이 아시아 태평양의 급성장하는 디지털 미디어 경제에 참여하고 강력한 경쟁자가 되고자 하는 더 넓은 야망을 보여주는 것이다.

사랑의 불시착: 초국적 케이드라마와 현대성의 추구

하지만 이 윈윈 스토리에는 뭔가 빠져 있는 것이 있다. 인터넷 속도와 필리핀의 인프라 미래에 대한 기업과 국가의 비전들이 어떻게 이렇게 짧은 시간 안에 대중의 상상력을 사로잡고 지지를 얻을 수 있었을까? 정책이나 산업 분석을 통해 이 질문에 접근할 수도 있지만, 나는 이 사회경제적 과정을 독특한 문화

장르인 한국 TV 드라마의 초국적 소비와 연결지으려 한다.

대한민국 드라마 〈사랑의 불시착〉은 2019년 12월 14일, CJ ENM이 소유한 대한민국 케이블 방송 채널 TvN에서 처음 방영되었다. 이 드라마는 2020년 1월 넷플릭스의 국제 카탈로그를 통해 스트리밍 서비스가 가능해졌으며, 이는 필리핀에서 인터넷 트래픽이 급증하던 시기와 맞물린다. 이 작품은 남한의 재벌가 딸인 윤세리(손예진 분)가 패러글라이딩 사고로 비무장지대 북측에 불시착하면서 북한 인민군 총국장의 아들이자 현역 인민군 대위인 리정혁(현빈 분)과 만나 펼쳐지는 가슴 아픈 로맨스를 그린다. 이 드라마는 현재 넷플릭스의 주요 콘텐츠 제공사 중 하나로 성장한 한국의 스튜디오 드래곤이 제작하였으며, 한국은 물론 아시아 태평양 전역에서 엄청난 성공을 거두었다. 두 주연 배우에게는 열정적이고 충성도 높은 소셜 미디어 팬 층이 형성되었다.[3] 그러나 2020년 4월까지도 〈사랑의 불시착〉은 넷플릭스 필리핀에서 시청 순위 10위권 내에 머물렀음에도 불구하고, 시청률과 명성은 같은 해 공개된 〈더킹: 영원한 군주〉(2017), 〈사이코지만 괜찮아〉(2020), 〈킹덤 2〉(2020) 등에 미치지 못했다(Netflix News 2020). 그렇다면 〈사랑의 불시착〉이 필리핀이라는 국가적 맥락에서 어떻게 차별화되고, 번역 가능성을 가질 수 있었던 것일까?

이 질문에 답하기 위해서는 먼저 〈사랑의 불시착〉의 필리핀에서의 성공을 양국 간의 오랜 경제적, 문화적 교류와 "한류"로 널리 알려진 한국의 지역적 영향력의 장기적인 맥락 속에 위치지워야 한다. 이는 스트리밍 플랫폼이 등장하기 훨씬 이전부터 시작된 현상이다. 1949년 필리핀과 대한민국 간의 외교관계 수립 이후, 양국은 무역, 투자, 문화 등 다양한 분야에서 폭넓은 교류를 이어왔다. 이러한 양자 관계는 깊은 군사적 뿌리를 가지고 있다. 1950년대 6·25 전쟁 당시 필리핀이 대한민국에 제공한 군사 및 재정 지원은 오늘날 한국이 경제적, 군사적 파트너십의 형태로 "보답"하고 있다. 이러한 상호적인 내러티브는 한국을 수십억 달러 규모의 수입·수출 무역 파트너이자, 주요 외국인 직접투자원, 해양안보의 전략적 협력국으로 부각시킨다. 또한 한국 문화행사 및 미디어 콘텐츠의 순환 역시 장기적으로 큰 영향을 미쳐, 대한민국을 필리핀 대중에게 사랑받는 국가로 자리잡게 했다 (Wong 2013, 6).

이러한 깊은 역사적, 정치적 배경 속에서, 1990년대 한국 TV 드라마와 케이팝 음악이 아시아 전역에서 점점 더 큰 인기와 문화적 영향력을 얻게 되었을 때, 필리핀 TV 방송국은 이 한류를 미국 미디어 콘텐츠의 문화적 영향력이 여전히 지배적이었던 환경에서 이를 깨뜨릴 수 있는 기회로 받아들였다. 미국의 필리핀 점령이 끝난 이후에도 미국의 영향력은 계속되어 왔다. 한류라는 문화 현상은 1990년대에 시작되었다. 필리핀에 한류가 본격적으로 전파된 것은 2003년으로, 필리핀의 주요 텔레비전 네트워크인 GMA-7이 경쟁 방송사인 ABS-CBN과 경쟁하기 위해 한국 드라마, 즉 '코리아노벨라Koreanovelas'를 수입하면서였다. GMA-7은 KBS의 〈가을동화〉(2000), 〈겨울연가〉(2002) 등 인기 멜로드라마를 현지 언어로 더빙하여 필리핀 시청자들에게 선보였다. 이러한 초기 드라마의 성공 덕분에 지난 수십 년간 필리핀의 여러 방송사에서는 아시아 TV 드라마의 꾸준한 수입과 프라임 타임 방영이 이어졌고, 이는 코리아노벨라가 "필리핀인들에게 매일 접하는 텔레비전 장면의 일부"(Igno and Cenidoza 2016, 723)가 되도록 만들었다. 2000년대 초 한국 드라마가 필리핀 TV에 처음으로 수입된 시기는 공영 TV 방송국들이 필리핀 시청자들에게 더 매력적인 프로그램을 제공하고자 노력하던 시기와 맞물려 있다. 이는 위성 텔레비전의 등장으로 가속화된 미국 미디어 콘텐츠의 문화 제국주의에 맞서는 아시아 전역의 광범위한 저항을 반영하는 것이기도 하다(Chadha and Kavoori 2000).[4]

필리핀 문화학자 루이 존 산체스Louie Jon Sanchez는 "수백 편의 한국 드라마를 시청하면서 필리핀인들은 점차 한국을 새로운 이상적 상상체로 받아들이게 되었다. 새로운 이동성의 판타지로서, 한국은 경제적, 사회적, 문화적, 영적 자유에 대한 집단적 열망의 반영이 되었다"고 주장한다(Sanchez 2014, 13). 산체스의 주장은 한류가 단순히 문화 제국주의에 대한 저항의 수단으로만 보는 기존 이론을 넘어서, 케이드라마의 초국적 소비가 상상된 '텔레모더니티telemodernities'의 새로운 형성을 이끌 수 있음을 강조한다(Espiritu 2011; Lewis 외 2016). 〈사랑의 불시착〉은 특히 신체적, 사회적 이동성의 판타지를 재현함으로써 이러한 현대성에 대한 상상적 추구를 강하게 드러낸다. 〈사랑의 불시착〉은 군사분계선을 넘는 행위와 사회 계급을 초월하는 사랑 이야기를 통해,

경계 넘기의 실천에 극적 긴장의 핵심을 둠으로써 이를 구현한다.

넷플릭스의 〈사랑의 불시착〉 오프닝 타이틀 시퀀스에서는, 두 주인공이 각자의 사회적·정치적 세계, 즉 전통적인 생활양식과 계획경제에 고착된 북한의 한 시골 마을과 세련되고 호화로운 남한 수도 서울의 상류층 도시 생활 속에 분명하게 위치해 있음을 보여준다. 하지만 〈사랑의 불시착〉에서 볼 수 있듯 평행 편집과 세 패널 구성을 통해 두 주인공이 공간적·정치적 경계를 쉽게 넘나들며 자연스럽게 서로 다른 세계를 오가는 환상을 창조한다(그림 2). 이러한 미학 속에서 낭만적으로 묘사된 손쉬운 경계 넘기와는 달리, 드라마 전체는 양쪽 세계의 문화적 관습이 우스꽝스럽게 충돌하고, 주인공들이 군사적으로 강하게 통제된 비무장지대를 힘겹게 넘어 문명화되고 민주적인 남한으로 돌아가려 애쓰는 과정이 주요하게 전개된다. 이는 "사회 계급 투쟁이 현대성의 본질적 토대임을 직접 경험하게 한다"(Han 2019, 39). 드라마 속에서는 픽션이지만, 세리와 그녀의 억만장자 가족으로 대표되는 남한 상위 1퍼센트와 북한 국경 마을의 계획경제 하에서 살아가는 주민들 간의 급격한 사회경제적 격차는 필리핀 사회의 부와 기회의 계층화 현실과도 맞닿아 있다.

"사랑이 모든 것을 이긴다"는 틀에 박힌 멜로드라마지만, 〈사랑의 불시착〉에서 현대 도시 세계로 돌아가고자 하는 욕망은 계속해서 부족한 인프라로 인해 좌절된다. 접근이 어려운 통신수단, 군사 검문소를 통과할 적절한 서류의 부족, 그리고 현대 교통수단의 한정된 이용 가능성 등이 대표적이다. 1화의 상징적인 장면에서, 세리의 패러글라이딩 장비가 나무 꼭대기 가지에 걸려 그녀는 꼼짝없이 갇히고 무기력한 상태가 된다. 세리는 무전기에 대고 필사적으로 말을 하지만 아무런 응답도 받지 못한다. 이처럼 통신기기와 이동 장비의 실패는 세리가 익숙한 현대 세계와 연결될 수 없음과, 새로운 땅에서의 상징적인 무기력함을 함께 보여준다.

그림 2. 한국 드라마 〈사랑의 불시착〉의 오프닝 시퀀스. 두 주인공이 상이한 위치를 걸으며 서로에게 다가가고 있다. (출처: 저자의 스크린샷)

어쩌면 아이러니하게도, 2020년 초에 방영된 이 극화된 현대 라이프스타일과 통신으로부터의 단절은, COVID-19 봉쇄 하에 강제로 집에 머물면서 불충분한 네트워크 용량을 경험해야 했던 필리핀 TV 시청자들에게 너무나도 문자 그대로 받아들여졌다. 이러한 허구와 현실의 대응이 우연처럼 보일 수 있지만, 나는 〈사랑의 불시착〉이 단순히 이동과 탈출의 환상을 제공하는 것에 그치지 않고, 케이드라마의 인기가 어떻게 사회적 구조 속으로 스며들 수 있는지 보여주는 독특한 사례로 전화한다고 주장한다. 이것이 바로 케이드라마의 초국적 문화의 힘이 보다 넓은 사회 변화를 구체화하는 데 사용될 수 있는 방식이며, 이 특수한 경우는 필리핀의 인터넷 인프라 개발과 지역적 인정을 향한 노력에 연결된다.

스마트 현빈: 필리핀의 인프라 구축 열망 실현

넷플릭스와 필리핀 ISP 간의 협업은 2016년에 시작되었지만, 이 협력이 동남아시아의 비디오 스트리밍과 인터넷 인프라의 미래에 어떤 의미를 가질 것인지 양측 모두 이해하기까지는 시간이 걸렸다. 브라이언 라킨Brian Larkin이 요약했듯이, "많은 인프라 프로젝트는 복제된 것이며, 도시나 국가가 타지에서 이루어진 인프라 프로젝트를 반복함으로써 동시대의 현대성에 참여하고, 현대적이라는 것이 무엇인지에 대한 시각적·개념적 공통 패러다임에 들어가기 위해 자금을 지원받고 건설된다"(Larkin 2013, 333). 스마트 커뮤니케이션스와 같은 필리핀의 ISP들은, 2020년 이후 넷플릭스를 모델로 삼아 '현대성'의 패러다임에 적극적으로 참여하고 있다. 스마트 커뮤니케이션스에게 이것은 넷플릭스의 스트리밍 품질을 인터넷 인프라 평가의 공동 기준으로 삼는 동시에, 넷플릭스의 지구화 사명과 〈사랑의 불시착〉 같은 초국적 케이드라마에서 발견되는 경계 허물기 담론의 수용을 의미한다. 〈사랑의 불시착〉은 2020년 이후 작품의 흥행 성과로 촉발된 상업적 협업을 통해 필리핀이 인프라에 관한 열망을 실현하는데 핵심적 매개체로서의 역할을 해왔다. 이 협업은 필리핀 ISP들이 어떻게 인터넷 네트워크에 대한 문화적 상상력을 불러일으키고, 공공 소비자들에게 고속 인터넷을 욕망하고 불가피한 미래로 인식하게 만들며, 궁극적으로 국가 인프라의 업그레이드를 촉진하는 데 중요한 역할을 했는지 보여준다.

2020년부터 2021년 사이, 스마트 커뮤니케이션스는 자사의 고속 모바일 인터넷 서비스인 "스마트 아코Smart Ako"를 홍보하는 일련의 텔레비전 광고를 선보였으며, 이 광고들은 주로 공식 유튜브 채널과 인스타그램 계정(@livesmart)을 통해 배포되었다. 이 1년간의 미디어 캠페인은 〈사랑의 불시착〉의 성공을 기반으로, 두 한국 스타 현빈과 손예진이 고속 모바일 네트워크에 의해 운명적으로 이어진다는 내용으로 디지털 세계와 허구의 러브 스토리를 결합했다. 스마트 커뮤니케이션스의 부사장인 제인 바사스Jane Basas는 자신이 〈사랑의 불시착〉 팬임을 인정하며, "우리의 서비스와 필리핀 가입자들이 소비하는 콘텐츠에 완벽하게 어울리는 이 배우만큼 뛰어난 인물을 브랜드 홍보대사로 선정하는 것이 당연했다"고 밝히기도 했다(Libero-Cruz 2020). 한국 배우에 대한 바사스의 지지는 스마트 커뮤니케이션스와 12개월 계약으로 이어졌고, 그녀는 이를 "값으로 매길 수 없는 투자"라고 표현했다.

열정적인 필리핀 팬층과 한국 스타의 문화적 영향력을 충분히 인식한 스마트 커뮤니케이션스의 첫 번째 단계는 매우 중요하다. 바로 '서비스 제공업체 변경'이라는 인프라적 결정을 문화적 선호 행위로 재구성하는 것이다. @livesmart가 현빈을 새로운 스마트 커뮤니케이션스 홍보대사로 발표하자, 필리핀 이용자들의 댓글에서는 네트워크를 바꾸기로 한 선택과 현빈의 스타 파워 사이에 직접적인 연관을 드러낸다.5) 스마트 커뮤니케이션스는 네트워크 선택을 통한 '테크노 친밀감'까지 제안했다: "당신과 현빈의 러브스토리는 두 단어, 스마트 아코(나는 스마트)를 통해 시작됐어요." 스마트 커뮤니케이션스가 해당 드라마와 주연 배우 현빈을 중심으로 한 유명인 광고와 PR 캠페인을 펼치는 이면에는, 명확한 메시지가 있는 듯하다. ISP가 '인터넷 네트워크 선택'을 문화적 선택으로 프레이밍함으로써 케이드라마의 문화적 소비와 글로벌 스트리밍을 필리핀의 네트워크 상상력에 밀접하게 연결시키고 있는 것이다.

그림 3. 스마트 커뮤니케이션스의 TV 광고에 나온 현빈—1부, 디지털적으로 시뮬레이션된 마닐라에 서다 (저자의 스크린샷).

하지만 팬을 가입자로 전환하는 것은 그들의 궁극적인 목표가 아니었다. 스마트 커뮤니케이션스의 3부작 광고는 훨씬 더 야심 찬 공공 캠페인을 진행했다. 바로 고속 인터넷 서비스를 소비자와 국가 모두에게 바람직하고 필연적인 미래로 만들자는 것이었다. 첫 번째 광고는 2020년 5월 29일에 공개되었다. 사이버펑크 스타일의 밤 풍경 속에서 현빈이 미래의 마닐라를 연상시키는 대도시 거리를 질주한다(촬영지는 서울이지만). 그는 도심 속에 서서 스마트폰을 머리 위로 들어 올린다. CGI 효과가 더해져, 스마트폰은 현빈이 자신의 디지털 자아와 연결되는 디지털 포털이 되고, 그 자아가 거대한 고층 빌딩의 유리벽에 투영된다. 스마트 커뮤니케이션스가 제공하는 고속 인터넷 네트워크는 이제 도시 전체를 디지털 인터페이스로 바꿔, 그가 넷플릭스, 스포티파이, 인스타그램과 같은 글로벌 엔터테인먼트에 접속할 수 있게 한다(그림 3 참조). 현빈이 고속 모바일 네트워크로 만들어진 이 현대적 디지털 세계에 몰입하자, 성우가 깊고 단호한 목소리로 말한다. "당신이 원하는 삶은 당신이 선택한 네트워크에 달려 있습니다. 당신의 영화, 음악, 게임은 오직 당신의 넷플릭스 속도와 강력함에 의해 결정됩니다." 몇몇 장면만으로도 이 광고는 인터넷 속도가 디지털 라이프스타일을 결정한다는 보편적인 신념을 강화한다. 동시에, 이 문구는 필리핀의 ISP들이 점점 더 넷플릭스의 "속도와 강력함"을 인프라 품질의 기준으로 삼고 있다는 내 분석을 뒷받침한다. 더욱이, 현빈의 가장 상징적인 대사인 "느림은 게임 오버, 속도는 판을 바꾼다"는 스마트 커뮤니케이션스의 실제 서비스에 대해 많은 설명을 하지 않으면서도, '누구에게 게임 오버고, 누구에게 판을 바꾸는 것일까?'라는 질문을 남긴다. 이 문구는 네트워크 이용자들에게 소비자 교육의 일환으로—디지털 엔터테인먼트 세계, 즉 스마트 커뮤니케이션스가 "기가라이프"라 부르는 곳에 완전히 들어가기 위해서는 고속 인터넷 서비스로 변경하거나 업그레이드하라는 메시지를 전달할 수 있다. 이 슬로건은 또한 필리핀의 오랜 인터넷 인프라 비효율을 해결해야 한다는 불안과 긴박함까지 투영한다. 이런 맥락에서 인터넷 속도는 개발도상국이 글로벌 디지털 경제에 합류하고 그에 따른 경제적 이득을 누리는데 매우 중요한 요소임이 분명하게 나타난다.

이 시리즈의 두 번째 광고는 누아르-사이버펑크 분위기를 이어가면서 〈사랑의 불시착)의 여주인공 손예진을 등장시킨다. 광고는 그녀가 네트워크로 연결된 디지털 세계를 누비는 장면으로 시작한다. "스마트 아코"가 몰입감 있고 오류 없는 디지털 라이프스타일을 제공한다는 내러티브를 계속 이어가며, 손예진의 광고는 이를 두 가지 측면에서 한층 더 발전시킨다. 첫째, 손예진이 경험하는 디지털 세계는 스마트 커뮤니케이션스의 5G 모바일 네트워크의 이점을 훨씬 더 명확하게 강조한다. 스마트 커뮤니케이션스 5G 네트워크는 2020년 7월에 출시돼 메트로 마닐라와 북부 루손의 주요 상업지구에서 상업적으로 이용 가능한 5G 서비스의 시작을 알렸다(Smart Communications Inc. 2020). 이 광고는 스마트 커뮤니케이션스가 제공하는 다양한 데이터 요금제와 서비스를 시각적으로 표현하며, 디지털로 시뮬레이션된 세계에서 손예진의 시선을 사로잡고 있다. 또한, 손예진의 등장은 스마트 시그니처Smart Signature 프로그램을 소개하기 위한 것으로, 그녀의 말에 따르면 "혁신이 올 때 여러분을 우선으로 생각하는 세상"을 의미한다. 회사의 자체 설명에 따르면, 스마트 시그니처는 5G 네트워크/디바이스와 엔터테인먼트 스트리밍에 대한 데이터 수요를 위해 설계된 프리미엄 전용 프로그램이다. 시그니처 요금제에는 종종 넷플릭스와 애플뮤직 구독이 포함되며, 무제한 통화, 문자, 다양한 데이터 패키지도 제공된다. 이러한 서비스와 패키지는 빠르게 성장하는 인터넷 시장과 고품질 디지털 엔터테인먼트를 기존 통신 서비스에 쉽게 접목하려는 중산층의 수요를 보여준다.

디지털 커뮤니케이션의 모든 단계에서 제공되는 VIP 대우를 넘어서, 손예진이 언급한 "우선순위"는 네트워크 트래픽 측면의 의미도 담고 있다. 스마트 시그니처는 사용자가 가장 자주 이용하는 디지털 앱과 엔터테인먼트 습관에 기반해 데이터가 할당될 뿐만 아니라, 회사에서 가장 빠른 네트워크에서 우선적으로 트래픽이 처리되어, 장시간 사용이나 통신이 집중되는 시간대에도 일관된 데이터 경험과 안정적인 통화 및 스트리밍 품질을 누릴 수 있다. 넷플릭스와 컴캐스트 간의 사례를 떠올려 보면, 핵심 쟁점은 스트리밍 플랫폼이 우선접속과 대용량 데이터 처리를 위해 인터넷 서비스 제공업체에 비용을 지불해야 하는지에 관한 것이었다(Davies 2016). 스마트 커뮤니케이션스는 여기에 놀랍게도 "예스"라고 답했지만, 대신에 네트워크 이용자들이 스스로 비용을 부담하도록 유도했다. 지난 2년간 분명해진 것은, 스마트 커뮤니케이션스가 "우선순위에 비용을 지불하는 것"을 바람직한 디지털 라이프스타일로 성공적으로 프레이밍했다는 점이다. 이것은 고품질의 인터넷 경험뿐만 아니라, 연예인 이벤트, 라이브 공연, 최신 기술에 대한 독점적인 접근까지 아우른다. 그러나 광고 마지막에서 손예진이 수사적으로 묻듯, "근데, 이게 운명이라고 어떻게 확신할 수 있죠?"라는 말이 나온다. 여기서 "운명"이라는 표현은 광고 시리즈 마지막 편의 핵심 모티프를 드러낸다. 스마트 커뮤니케이션스를 선택하고 5G 초고속 인터넷 네트워크로 전환하는 것이, 현빈과 손예진의 러브스토리처럼 이 나라와 현대 필리핀인의 운명이 될 것이라는 의미다.

2021년 발렌타인데이에, 스마트는 현빈과 손예진이 함께 출연한 마지막 광고를 공개했다. 보도 자료에서 회사는 "이 광고는 해시태그 #InSmartWeTrust를 응원하며 두 사람이 함께 하길 바랐던 구독자분들과 〈사랑의 불시착〉 팬 여러분 덕분에 만들어질 수 있었습니다. 저희는 이 일이 애초 계획보다 훨씬 커졌다는 것을 깨달았고, 고객 여러분의 신뢰가 저희를 움직여 그 소원을 이룰 수 있게 했습니다"(TheDiarist.Ph 2021)라고 인정했다. 오랫동안 기다려온 이 스타 콜라보 광고는, 필리핀의 통신 대기업 스마트 커뮤니케이션스에 대한 구독자들의 "신뢰"라는 형태로 재해석되었다. 마지막 광고는 경계를 넘는 케이드라마 커플의 사랑을 필리핀의 5G 네트워크로의 필연적 전환과 연결시키려는 스마트 커뮤니케이션스의 목표를 다시 한번 보여준다. 이번에는 두 스타가 같은 가상 공간에 있지만 서로 가까이 다가갈 수 없으며, 이는 〈사랑의 불시착〉의 국경을 넘는 모티프를 연상시킨다. 손예진은 내레이션에서 "손에 닿지 않는 걸 원하게 된다면 어떻게 하시겠어요?"라고 묻고, 현빈은 "장벽을 허무는 힘을 빌리죠"고 답한다. 그는 5G에 연결된 스마트폰으로 각기 다른 디지털 인터페이스를 작동시켜 드라마 속 상징적 순간들로 옮겨간다. 현빈이 다양한 디지털 포털을 통해 손예진의 흔적을 애타게 찾아다니는 가운데, 손예진의 가상 모습이 세계 각지로 전송된다. 두 스타는 마침내 5G로 연결된 디지털 세계에서 운명적인 사랑 이야기의 텔레비전 속 장면들에 둘러싸인 채 만난다. 그러나 결국 이 이야기는 스마트 커뮤니케이션스가 상상하는 낭만적 동화로 위장된, 필리핀 네트워크의 미래에 대한 이야기임을 @livesmart는 광고의 캡션에서 다시 일깨운다. "당신의 손 안에 #Smart5G와 함께라면 불가능이 없습니다. 미래는 피할 수 없습니다. 이제 장벽을 넘어야 할 시간입니다. #SmartMadeBinJinInevitable." 원작 케이드라마의 정치적·사회적 국경이든, 필리핀 사람들이 현대적 엔터테인먼트를 접하는 데 존재하는 디지털의 장벽이든, 이 문화적 상상에서 반복적으로 소환되는 경계를 뛰어넘게 하는 것은 바로 스마트와 같은 통신 대기업이 제공하는 초고속 인터넷 네트워크인 것이다.

결론

내가 이 글에서 제시하는 방향성은 전통적인 글로벌 남반구가 세계를 따라잡는 이야기보다 훨씬 더 복잡하다. 필리핀 인프라의 이야기는 분명 속도에 관한 것이기도 하다―고화질 영상을 얼마나 원활하게 스트리밍할 수 있는지, 얼마나 신속하게 더 많은 송신탑을 세울 수 있는지 등이다. 그러나 필리핀과 더 넓은 동남아시아에서 인터넷 속도와 인프라 효율성을 추구하는 일은 단순히 기술 발전을 넘어 깊은 지정학적 의미도 내포한다. 필리핀의 '초고속'에 대한 집착은 단순히 신흥 디지털 미디어 경제에서 강력한 이웃 국가들을 따라잡으려는 데 그치지 않고, 지역 내 경쟁력 있는 인프라 질서를 새롭게 구축할 가능성까지 포괄한다.

하지만 이러한 대안적 지역 인프라 질서는 필리핀 정부, 국가 통신망, 그리고 글로벌 기술 기업들에게는 또 다른 의미를 갖는다. 개발 속도는 느리지만, 필리핀의 국가 광대역 계획에는 국제적 기술 기업들이 필리핀의 여러 랜딩 사이트와 국가 광섬유 기간망에 연결할 수 있도록 하는 루손 바이패스 인프라Luzon Bypass Infrastructure 프로그램이 포함되어 있다. 또한 이 계획은 홍콩, 대만, 필리핀을 거쳐 아시아 태평양과 미국을 연결하는 퍼시픽 라이트 케이블 네트워크 Pacific Light Cable Network의 백업 역할을 하는 "회복력 경로resiliency route"를 지향한다(Hani 2021). 따라서 국가와 시민의 디지털 역량 강화에 중점을 두는 디지털 인디아Digital India 같은 유사 이니셔티브와 달리, 필리핀의 국가 광대역 계획은 현실적으로 공공 서비스이자 현대 도시 생활의 일부로서 인터넷 연결성을 개선하기보다는 보다 뚜렷하게 정치적 협상 카드의 역할을 하고 있다.

더욱이, 스마트 커뮤니케이션스의 모회사인 PLDT는 최근 새로운 아시아 태평양 광케이블인 아프리코트Apricot에 투자하였으며, 이 케이블은 2024년 말까지 완전히 가동될 예정이다. 새로운 아프리코트 케이블 시스템은 구글과 페이스북이 주도하는 다년간 노력의 일환으로, 아시아 태평양 지역 내 이들 기업의 광케이블 네트워크 용량과 회복력을 더욱 향상시키기 위한 것이다. 이처럼 치열한 인프라 구축 경쟁의 바탕에는 초고속 디지털 필리핀을 육성하려는 다양한 논리가 존재한다. 글로벌 기술 기업의 관점에서 필리핀은 점점 더 안보상의 이유로 전략적인 케이블 접속지로 인식되고 있다. 이는 글로벌 데이터 서비스가 군사적으로 긴장되고 정치적으로 복잡한 남중국해를 우회하여 중국 연안의 접속지에 대한 의존도를 줄일 수 있게 해준다. 반면, 필리핀의 공공 및 민간 부문 모두는 이러한 글로벌 자본 강자들의 관심을 국제 투자 유치와 국가의 지역 디지털 경제 경쟁력 제고에 적극 활용하고 있다. 단기적으로 필리핀은 속도 면에서 디지털 경쟁력을 높이고, 컨버지Converge와 같은 새로운 네트워크 제공업체를 통해 인프라 개발 프로젝트를 세 배로 확장함으로써 이득을 보고 있다. 그러나 장기적으로 볼 때, 고품질의 안정적인 인터넷 네트워크를 촉진하기 위해 글로벌 자본에 대한 의존도가 높아질수록 지역 인프라가 지정학적 및 경제적 긴장에 더 취약해질 위험이 있다 (Suruga 2023).

이러한 지정학적 맥락 속에서, 이 연구는 여러 주체 간 마찰뿐 아니라 정렬에 대한 설명도 제시하며, 이들이 함께 필리핀의 인프라적 열망과 발전을 추동하고 있음을 주장한다. 비효율적인 국가 광대역 프로젝트가 국가 인프라의 미래를 위한 토대canvas를 마련하는 한편, 필리핀의 ISP들은 속도와 비디오 스트리밍 품질에 관한 글로벌 스트리밍 담론을 적극적으로 도입해, 자국 인터넷 품질의 이미지를 재정립하고 있다. 필리핀의 주요 이동통신 ISP인 스마트 커뮤니케이션스는 한 걸음 더 나아가, 한국 드라마 〈사랑의 불시착〉의 초국적인 문화적 영향력을 활용하여 자사의 목표를 확장하고, 이 드라마의 필리핀 내 성공을 고품질 인터넷 접속이 곧 현대적이고 미래지향적인 라이프스타일임을 홍보하는 대중 소비자 교육 캠페인으로 전환하고 있다. 이러한 문화적 상상력은 기업 주체들이 국가의 인프라에 대한 열망을 더욱 가속화하고 진전시킬 수 있는 기초를 마련한다. 글로벌 남반구에서 지역 및 글로벌 인프라 정치가 어떻게 전개되고 있는지 복합적인 전략을 해석하기 위해, 연구자들은 통신 산업의 역사와 글로벌 플랫폼만을 살펴보는 데 그치지 않고, 이러한 역동성이 우리의 일상 미디어 소비 속에서 구체적으로 드러나는 문화적 접점에도 더욱 주목해야 할 것이다.

참고문헌

Akamai Technologies. 2017. "Average Internet Connection Speed in Selected Asia Pacific Countries as of 1st Quarter 2017." *Statista*. June 9.

Asmar, Axelle, Tim Raats and Leo Van Audenhove. 2023. "Streaming Difference (s): Netflix and the Branding of Diversity." *Critical Studies in Television An International Journal of Television Studies* 18 (1): 24–40.

Bacelonia, Wilnard. 2022. "Phase 1 of PH Broadband Plan Operational next Year: DICT." *Philippine News Agency*. November 17. https://www.pna.gov.ph/articles/1188796.

Berg, Miriam. 2017. "The Importance of Cultural Proximity in the Success of Turkish Dramas in Qatar." *Journal of International Communication* 11 (0): 16.

Chadha, Kalyani, and Anandam Kavoori. 2000. "Media Imperialism Revisited: Some Findings From the Asian Case." *Media Culture & Society* 22 (4): 415–32.

Chua, Dennis. 2021. "Showbiz: Netflix Doubles Up Its Content of Southeast Asian Films." *New Straits Times Online*, June 22, Sec. groove. https://www.nst.com.my/lifestyle/ groove/2021/06/701278/showbiz-netflix-doubles-its-content-southeast-asian-films.

Cigaral, Ian Nicolas. 2020. "Netflix to Cut Data Traffic in Philippines so Internet Doesn't Break amid Luzon Lockdown." *Philstar.Com*. March 25. https://www.philstar.com/busi- ness/2020/03/25/2003373/netflix-cut-data-traffic-philippines-so-internet-doesnt-break- amid-luzon-lockdown.

Davies, Lyell. 2016. "Netflix and the Coalition for an Open Internet." In *The Netflix Effect: Technology and Entertainment in the 21st Century*, edited by Kevin McDonald, and Daniel Smith-Rowsey, 15–32. New York, NY: Bloomsbury. https://www.bloomsbury.com/ca/netflix-effect-9781501309441/

Davis, Stuart. 2023. "What is Netflix Imperialism? Interrogating the Monopoly As pirations of the 'World's Largest Television Network." *Information Com munication & Society* 26 (6): 1143–58.

Dela Cruz, Raymond. 2022. "Converge, Globe Top Netflix's Speed Index in July." *Philippine News Agency*, August 25. https://www.pna.gov.ph/articles/1182210.

DITC. 2017. *National Broadband Plan*. Republic of the Philippines: Department of Information and Communication Technology. https://dict.gov.ph/wp-content/uploads/2017/09/2017.08.09- National-Broadband-Plan.pdf.

Elkins, Evan. 2018. "Powered by Netflix: Speed Test Services and Video-on-Demand's Global Development Projects." *Media Culture & Society* 40 (6): 838–55.

Espiritu, Belinda Flores. 2011. "Transnational Audience Reception as a Theater of Struggle: Young Filipino Women's Reception of Korean Television Dramas." *Asian Journal of Communication* 21 (4): 355–72.

Fünfgeld, Anna. 2019. "The Dream of ASEAN Connectivity: Imagining Infrastructure in Southeast Asia." *Pacific Affairs* 92 (2): 287–311.

Globe Newsroom. 2016. "Globe Partners with Netflix in PH. Globe Newsroom." *Globe Newsroom*, July 7. https://www.globe.com.ph/about-us/newsroom/consumer/globe-part- ners-netflix-philippines.html#gref.

Han, Benjamin M. 2019. "Fantasies of Modernity: Korean TV Dramas in Latin America." *Journal of Popular Film and Television* 47 (1): 39–47.

Hanchard, Sandra. 2016. "Malaysia: Global Binge-Viewing in a Restrictive State." In *Geoblocking and Global Video Culture*, edited by Ramon Lobato, and James Meese. Amsterdam: Institute of Network Cultures.

Hani, Aineena. 2021. "The Philippines to Set Up 'Resiliency Route' for National Broadband Programme." *OpenGov Asia* (blog), September 28. https://opengovasia.com/the-philip- pines-to-set-up-resiliency-route-for-national-broadband-programme/.

Igno, Jay-Ar M., and Marie Cielo E. Cenidoza. 2016. "Beyond the 'Fad': Understanding Hallyu in the Philippines." *International Journal of Social Science and Humanity* 6(9): 723–27.

Iwabuchi, Koichi. 2007. "Cultures of Empire: Transnational Media Flows and Cultural (Dis) Connections in East Asia." In *Global Communications: Toward a Transcultural Political Economy*, edited by Yuezhi Zhao, and Paula Chakravartty, 143–62. Lanham, MD: Rowman & Littlefield Publishers.

Jalli, Nuurrianti, and Yearry Panji Setianto. 2020. *Revisiting Transnational Media Flow in Nusantara: Cross-Border Content Broadcasting in Indonesia and Malaysia*. Japan: Center for Southeast Asian Studies, Kyoto University.

Jin, Dal Yong. 2015. *Digital Platforms, Imperialism and Political Culture*. New York, NY: Routledge.

Kho Lim, Michael. 2018. "Global Internet TV Consortium Dossiers: The Philippines."

Global Internet TV Consortium. March 2018. https://www.global-internet-tv.com/phillipines.

Kim, Sang. 2021. "Netflix and SK Broadband Battle Over Who Pays in South Korea," August 6. https://thediplomat.com/2021/08/netflix-and-sk-broadband-battle-over-who- pays-in-south-korea/.

Larkin, Brian. 2013. "The Politics and Poetics of Infrastructure." *Annual Review of Anthropology* 42 (1): 327–43.

Lewis, Tania, Fran Martin and Wanning Sun. 2016. *Telemodernities: Television and Transforming Lives in Asia. Console-Ing Passions : Television and Cultural Power*. Durham, NC: Duke University Press.

Libero-Cruz, Grace. 2020. "IN PHOTOS: Behind the Scenes at Hyun Bin's Smart TVC Shoot." *Metro.Style* (blog). May 29. https://metro.style/people/celebrities/hyun-bin-behind-the- scenes-smart-tvc/25354.

Mazur, Daniela, Melina Meimaridis and Daniel Rios. 2022. "Riding the Wave: Platform Imperialism and South Korea's Streaming Market." In *Streaming and Screen Culture in Asia-Pacific*, edited by Samuel Michael, and Louisa Mitchell, 47–66. Cham: Springer International Publishing.

Media Partners Asia. 2022. "Media Partners Asia Report." May 31, 2022. https://media-part- ners-asia.com/AMPD/Q1_2022/SEA/PR.pdf.

Moody, Rebecca. 2023. "Which Countries Pay the Most and Least for Netflix?" *Comparitech* (blog). July 4, 2023. https://www.comparitech.com/blog/vpn-privacy/countries-netflix- cost/.

Netflix. 2023. "Netflix ISP Speed Index - All Regions." May 2023. https://ispspeedindex.net- flix.net/global.

Netflix News. 2020. "2020 on Netflix: The Yest of Many Moods - Philippines." December 9, 2020. https://about.netflix.com/en/news/what-philippines-watched-2020.

Open Signal. 2018. "The State of LTE (February 2018) Report." https://www.opensignal.com/ reports/2018/02/state-of-lte.

Putri, Atiqa Rana Fergus, and Arie Kusuma Paksi. 2021. "The Strategy of Netflix to Dominate the Entertainment Media Market in Indonesia 2016-2021." *Jurnal Ilmiah Dinamika Sosial* 5 (1): 110–34.

Ramasoota, Pirongrong, and Abhibhu Kitikamdhorn. 2021. "The Netflix Effect' in Thailand: Industry and Regulatory Implications." *Telecommunications Policy* 45 (7): 1–17.

Sanchez, Louie Jon A. 2014. "Koreanovelas, Teleseryes, and the 'Diasporization' of the Filipino/the Philippines." *Plaridel* 11 (1): 20.

Scott, Mathew. 2019. "Netflix's Strategy for Southeast Asian Originals Begins to Take Shape." *The Hollywood Reporter* (blog). July 22. https://www.hollywoodreporter.com/tv/tv-news/ netflixs-strategy-southeast-asian-originals-begins-take-shape-1225987/.

Shackleton, Liz. 2022. "Southeast Asia Emerges as the Key Battleground in the Global Streaming Wars." *HKTDC Research*. https://research.hktdc.com/en/article/MTAwNDA4MTYzNA.

Smart Communications. 2020. "Smart 5G Goes Live." July 30. https://smart.com.ph/About/ newsroom/full-news/2020/07/30/smart-5g-goes-live-handsets -available

Soliman, Michelle P. 2022. "How Your Favorite Series Is Dubbed in Filipino - BusinessWorld Online." *Business World* (blog). November 4. https://www.bworldonline.com/arts-and- leisure/2022/11/04/484771/how-your-favorite -series-is-dubbed-in-filipino/.

Statista. 2023. "Revenue of the Video Streaming (Svod) Market in the Philippines From 2017 to 2027." *Statista*, June 26.

Straubhaar, Joseph D. 1991. "Beyond Media Imperialism: Assymetrical Interdependence and Cultural Proximity." *Critical Studies in Mass Communication* 8 (1): 39–59.

Suruga, Tsubasa. 2023. "Southeast Asia's Digital Battle: Chinese and U.S. Big Tech Face off over $1tn Market." *Nikkei Asia*. https://asia.nikkei.com/Spotlight/The-Big-Story/ Southeast-Asia-s-digital-battle-Chinese-and-U.S.-Big-Tech-face-off-over-1tn-market (accessed December 20, 2023).

Tan, Vivien. 2022. "Supporting Southeast Asian Talent in the Art of Series Storytelling." *Netflix News*. February 28. https://about.netflix.com/en/news/supporting-southeast-asian-talent- in-the-art-of-series-storytelling.

TheDiarist.Ph. 2021. "Hyun Bin, Son Ye Jin Talk about Filming TVC in Snowstorm." *The Diarist.Ph* (blog). February 23, 2021. https://www.thediarist.ph/hyun-bin-son-ye-jin-talk- about-filming-tvc-in-snowstorm/.

Wong, Andrea Chloe. 2013. "Prospects in Partnership: The Philippines and South Korea." *Foreign Service Institute Insights*, October.

1) 이 장의 모든 통계는 다음 사이트에서 인용되었다: https://www.statista.com/statistics/1040617/apac-number- of-online-users-by-country/

2) 필리핀에서 인터넷 보급이 저조하고 속도가 느린 이유는 통신과 광대역 분야에서 오랫동안 이어진 독점으로 인해 경쟁이 부재한 탓이었다. 필리핀의 광대역 인터넷 시장(고정과 이동통신을 막론하고)은 식민지 시기안 1920년대 이래 두 사업자(PLDT와 글로브)가 지배해왔다. 필리핀의 통신산업이 자유화된 1980년대 이후 ISP 수는 빠르게 증가하여, 2014년 현재 700개가 넘는 업체가 생겨났지만, 여전히 PLDT가 압도적 점유율을 보이며 통신 및 광대역 시장의 약 51%를 차지하고 있다.

3) 닐슨 코리아에 따르면, 〈사랑의 불시착〉은 대한민국 케이블 TV 역사상 평균 시청률이 가장 높은 TV 드라마일 뿐만 아니라, 마지막 회에는 전국에서 600만 명이 넘는 시청자를 기록하며, 다른 인기 드라마들 중에서도 1위를 차지했다. 현빈과 손예진은 페이스북과 인스타그램에서 팔로워와 팬이 급격히 늘어났으며, 이들 대부분은 대만, 홍콩, 그리고 특히 동남아시아 팬들이었다. 드라마의 즉각적 열풍이 지나간 후에도, 이러한 소셜 미디어 팬 그룹들은 여전히 활발하게 활동하면서 두 배우의 최신 영화와 광고를 홍보하고, 각종 시상식에서 투표를 독려하며, 현빈 소속사 Vast엔터테인먼트와 손예진 공식 계정(@yejinhand)의 공식 소식을 번역해 공유했다. 최근에는 2022년 4월에 실제로 결혼한 두 스타의 사랑의 여정을 실어나르기도 했다.

4) 1999년, GMA는 필리핀어 뉴스 프로그램을 론칭했으며, 이후 몇 년 동안 시사 프로그램들을 개발하기도 했다. 또한 〈나는 김삼순Ako is Kim Samsoon〉(2008)과 같은 인기 한국 드라마의 필리핀 버전 및 〈필리핀 아이돌Philippine Idol〉, 〈서바이버 필리핀Survivor Philippines〉 같은 리얼리티 TV 포맷 프로그램들도 점점 증가했다. 지난 20년 동안 GMA는 필리핀 시청자들에게 인기 있는 아시아 미디어 콘텐츠를 소개하고, 현지화된 프로그램을 선보이는 채널로서 명성을 쌓아왔다.

5) 예를 들어, 인스타그램 사용자들이 @livesmart의 현빈 게시물에 영어와 필리핀어로 남긴 댓글에는 다음과 같은 것들이 있다. "이제 심카드 바꿀 시간 #smarako" (@mae.hipolito) 또는 "나 이제 스마트로 갈아탈 거야! 글로브 안녕!" (@itschabajam26) 그리고 공식 계정 @livesmart는 "가자! 현빈 오빠가 기다리고 있어!"

3장
미디어화, 문화적 협상, 그리고 말레이시아 청년들의 일상적 한류 실천

누룰 아크미 바드룰 히샴 Nurul Akqmie Badrul Hisham
압둘 라티프 아흐마드 Abdul Latiff Ahmad
푸 기옥 훈 Pue Giok Hun
나즈라 알리프 나즈리 Nazra Aliff Nazri

서론

말레이시아는 다양한 인구가 조화롭게 공존하는 역동적 문화의 모자이크를 형성하고 있다. 이러한 특성은 단순히 말레이시아의 풍부한 역사를 증명하는 것에 그치지 않고, 말레이시아 사회 내 인간관계와 사회적 역동성의 형성에도 결정적 역할을 한다. 2024년 1월 1일 기준, 말레이시아의 총인구는 약 3천4백 10만 명이다 (https://open.dosm.gov.my/data-catalogue/population_malaysia). 이처럼 다양한 인구 구성 속에서, 말레이Malay계가 가장 큰 비중을 차지하며, 부미푸트라Bumiputera 계열 민족이 그 뒤를 잇는다. 또한, 중국계와 인도계를 비롯한 다양한 민족들이 이 사회의 복잡한 모자이크를 이루는 데 기여한다. 이러한 인구의 다양성은 단순한 통계 수치가 아니라, 서로 다른 공동체 간의 사회적 결속과 상호 이해 증진의 필요성을 중대하게 보여준다. 말레이시아가 미래로 나아가는 과정에서 이러한 다양성과 역동성은 다문화 사회의 기회와 도전에 대응하는 데 핵심적 역할을 하며, 변화 속에서도 말레이시아의 풍부한 유산이 계속해서 이어질 수 있는 관건이 될 것이다.

2023년 1월 20일 자 〈더 스타The Star〉는 현 총리 다툭 세리 안와르 이브라힘Datuk Seri Anwar Ibrahim이 국가 발전과 진보를 위한 일반적 틀의 일환으로 "말레이시아 마다니Malaysia Madani" 개념을 도입했다고 보도했다. "마다니"라는 용어는 아랍어로 문명화 또는 문화화를 의미하며, 지속 가능성, 번영, 혁신, 존중, 신뢰, 자비라는 여섯 가지 핵심 가치를 포괄하는 정책의 약어로 사용된다. 통합된 정부에 대한 총리의 계획은 전 세계가 불확실성, 복합성, 모순, 혼돈에 직면하고 있다는 인식에 근거해 세워졌다. 그는 이러한 상황을 극복하기 위해서는 신뢰가 절대적으로 중요함을 역설하는데, 신뢰는 사회 구성원을 연결하는 접착제 역할을 하는 요소로 간주되며, 제도에 대한 신뢰 하락이 사회적 유대를 약화시켰다고 본다(United Nations, 2023).

현대 사회에서 청년들 간 사회적 결속의 역동성을 이해하는 것은 매우 중요하다. 청년 공동체 내에서 관계, 상호작용, 신뢰와 같은 복잡한 개념들은 집단적 가치관, 신념, 행동을 형성하는 데 중요한 역할을 한다. 지리적 경계가 흐려지고 기술을 통한 즉각적 연결이 촉진되는 지구화가 지속됨에 따라, 미디어와 대중문화가 청년들의 사회적 결속 형성에 미치는 영향은 학자들의 주목을 받을 만하다. 본 연구의 목적은 청년들 간 사회적 결속과 미디어 및 대중문화의 광범위한 영향 사이의 다차원적 관계를 탐구하는 데 있다. 궁극적인 목표는 미디어와 대중문화의 관점을 통해 디지털 시대에 청년들이 사회적 결속을 어떻게 인식하고, 협상하며, 체현하는지를 이해할 수 있는 견고한 연구 모델을 구축하는 것이다. 아딜 요한Adil Johan의 연구(2020)는 상호문화적intercultural 구성체로 특징지어지는 국민국가 말레이시아의 사회적·문화적·정치적 역동성을 이해하는 데 있어 역사학자와 사회과학자에게 대중문화가 갖는 중요성을 강조한다.

따라서 청년들의 일상적 실천을 평가하는 데는 몇 가지 어려움이 존재한다. 본 연구는 말레이시아 청년들 사이에서 나타나는 새로운 트렌드를 탐구하기 위한 핵심 개념이자 중요한 도구로서 문화적 협상cultural negotiation의 탐구를 목적으로 한다. 우리는 이 초기 연구를 청년들 사이의 문화적 협상을 이해하기 위한 예비 단계로 간주하며, 집중적인 접근법으로 시작하고자 한다. 구체적으로,

우리는 한류 현상과 관련된 팬덤 내에서의 일상적인 실천에 대해 조사하려 한다. 이러한 목적 중심의 조사는, 공동의 관심사와 문화적 참여가 어떻게 청년들 사이의 사회적 유대감을 형성할 수 있는지에 대해 더 깊이 이해할 수 있게 해준다. 미디어화 이론과 문화적 협상에 대한 다양한 관점을 바탕으로, 본 연구는 가치관, 신념, 관심사를 공유하는 청년들의 일상적 실천이 그들의 의사소통 방식과 의사결정 과정을 어떻게 밝힐 수 있는지에 관한 설명 틀을 제시하고자 한다. 이러한 이해는 미래 사회의 구성원으로서 청년들의 변화해가는 역할을 인식하는 데 매우 중요하다.

이 연구의 중심 질문은 다음과 같다: 미디어 플랫폼이 청년 층의 한류 팬덤 참여에 어떤 영향을 미치며, 이러한 참여가 그들의 의사소통 행동과 사회적 결속에 어떤 영향을 행사하는가? 이 질문을 통해 우리는 미디어 소비와 사회적 상호작용의 교차점을 비판적으로 분석하고, 이러한 역학이 현대 문화 현상 속에서 청년들의 정체성과 공동체적 유대감을 어떻게 형성하는지 살펴보고자 한다.

미디어화의 이해 그리고 청년들의 일상 실천

되블링Döveling 등(2018)은 팬덤이 전 세계적으로 그룹을 확산하고 확대하는 데 있어 미디어와 미디어화 과정에 크게 의존한다는 논의의 증거를 제시했다. 이러한 발견은 청년 문화와 팬덤의 매개된 세계를 이해하는 데 있어 미디어화의 틀을 활용해야 한다는 본 논문의 주장을 강화한다. 또한, 소셜 미디어가 한류와 말레이시아 청년 사이에서 유명인들의 영향력을 강화하는 데 중요한 역할을 한다는 점을 입증한다. 과거 보이코브스키Wojtkowski(2017)는 미디어화 이론이 현대 사회에서 미디어와 커뮤니케이션 연구의 역학을 이해하는 새로운 길을 제시한다고 언급한 바 있다.

터너Turner(2016)는 미디어와 사회의 관계를 연구하는 데 있어 미디어화 이론이 대안적 관점을 제공한다고 주장하였으며, 특히 커뮤니케이션과 미디어 기술로 인해 사회학에서 발생하는 변화에 주목하였다. 벵트슨Bengtsson 등(2021)은 미디어가 일상생활의 다양한 측면에 침투한다는 개인들의 인식 정도를 조사하였다. 그 연구 결과, 인지된 미디어 의존성은 세 가지 근본적인 욕구—(재)생산 욕구, 인정 욕구, 시민적 욕구—에 영향 받는 것으로 나타났다. 홀과 콜로지에스카Hall and Koloziejska(2021)는 COVID-19 팬데믹을 전례 없는 현상으로 규정하면서, 다양한 학문 분야에서 새로운 연구의 기회를 제공한다고 지적하였다. 이들은 또한 미디어화의 틀이 인터뷰와 결합될 때, 특히 의미 및 지식의 구성과 관련하여 미디어 담론을 분석하는 데 매우 유용한 도구가 된다고 강조했다. 특히 이 접근법은 권력 역학에 대한 고려 속에서 미디어 사용자의 관점을 이해하는데 중요하다.

예를 들어, 김세환 등(2022)의 연구는 국제 스포츠 시장에서 팬데믹의 광범위한 영향으로 인해 콘텐츠 제작을 위한 새로운 미디어 전략과 협업의 필요성이 제기되었음을 밝혔다. 이 연구는 팬데믹이 다양한 인간 삶의 영역에서 디지털 미디어의 통합을 가속화시켰다는 점에서, 더 넓은 지구적 추세를 반영한다. 마찬가지로, 에를렌Ehrlén(2022)의 연구는 디지털 미디어가 레저 스포츠의 차별화와 스포츠 커뮤니티 형성에 기여함으로써 레저 스포츠 문화와 참여에 영향을 미쳤음을 보여준다. 한편, 니콜스Nichols(2022)는 스케이트보딩 하위문화의 미디어화에 관한 연구를 수행하여 1980년대부터의 변화 과정을 추적하며 아날로그 미디어와 디지털 미디어의 상호작용을 탐구하였다. 이 연구는 소셜 미디어가 스케이트보딩의 역동성을 재구성하는 데 어떤 역할을 했는지, 그리고 소셜 미디어의 등장으로 인해 온라인 동호인, 브랜드, 아마추어 스케이터들 사이에서 어떠한 논의와 협상이 이루어졌는지를 보여준다. 이러한 영향을 고찰함으로써, 연구자들은 디지털 시대의 문화 변화 및 적응의 전반적 패턴에 대해 더 깊이 있는 통찰을 얻을 수 있다.

미디어화 연구의 주요 한계 중 하나는 이를 종종 지구화나 개인화와 같은 메타 프로세스로 특징짓는 데 있다. 그러나 이러한 메타 프로세스 간의 상호작용을 어떻게 개념화하고, 이를 실증적으로 조사 가능한 영역으로 효과적으로 전환할 수 있을지에 대해서는 여전히 명확한 공백이 존재한다(Jansson, 2018).

이러한 한계를 극복하기 위해, 본 연구는 디지털 미디어 플랫폼이 한류 현상에 대한 청년층의 참여 방식에 미치는 영향을 강화하는 설명 틀을 개발하고자 하며, 이를 통해 말레이시아의 사회적 결속력에 미치는 미디어의 잠재적 영향에 대한 이해를 증진하려 한다.

한류 현상의 확장

한국 문화 열풍의 전반적인 개념을 이해하기 위해서는 이에 관한 기존 논의들을 검토할 필요가 있다. 한류로도 알려진 한국 문화 열풍은 한국 문화 상품이 전 세계적으로 폭넓게 수용되는 현상을 의미한다(Wan Mat 등, 2020). 이 현상은 초기에는 주부들을 주요 대상으로 삼았으나, 이후 청년층 사이에서도 인기를 얻기 시작했다. 텔레비전 드라마와 대중 음악, 활기찬 그룹 댄스에 이르기까지, 한류는 엔터테인먼트 분야에서 지배적인 트렌드로 널리 인식되고 있다. '한류'라는 용어는 1999년 중국의 신문 〈베이징청년보北京青年報〉에 실린 기사에서 처음 사용되었으며(Kim, 2011), 최초에는 1990년대 한국 대중문화가 중국 전역에 퍼져 나가는 현상을 설명하기 위해 고안되었다.

김윤아(2022)가 강조한 바와 같이, 한류의 급성장에 기여한 한 가지 요인은 한국 드라마의 수출이었다. 한국 드라마는 미국 드라마에서 흔히 볼 수 있는 성적이거나 폭력적인 내용을 담고 있지 않았다. 한류는 드라마 〈겨울연가〉가 말레이시아에 소개되면서 시작되었고, 처음에는 중년 여성들을 주요 시청자로 삼았다(Nor Hasimah Jalaluddin & Zaharani Ahmad, 2011; Norbaiduri Ruslan & Siti Sakinah Abdul Latif, 2016).

그러나 시간이 흐르면서 한류는 다른 형태로 발전하였으며, 2000년대 후반에는 케이팝 음악이 주도적인 역할을 맡게 되었다. 장원호와 송정은(Jang and Song, 2015)이 강조한 바와 같이, 케이팝의 세계적 성공에는 전염성 강한 멜로디, 완벽한 칼군무, 시각적 아름다움에 대한 강조, 높은 제작 수준 등 다양한 요인들이 기여하였다. 이러한 독특한 조합은 케이팝을 다른 음악 장르와 차별화시키며, 큰 주목을 받게 하였다. 또한, 한류의 2세대는 미디어 콘텐츠의 다양화로 특징지어지며, 초기 드라마 중심에서 벗어나 다양한 장르로 확장되었다(Lee & Nornes, 2015).

2015년에 한국국제문화교류진흥원KOFICE이 실시한 설문조사에 따르면, 케이팝과 케이드라마를 포함한 한국 미디어가 해외에서 한국 음식, 전자제품, 뷰티 산업에 대한 인식에 긍정적 영향을 미친 것으로 나타났다(Song, 2020). 그 결과, 한류는 대중음악, 드라마, 영화, 비디오 게임 등 모든 형태의 한국 문화 상품을 포괄하며, 셀럽들의 영향력 강화에 따라 다양한 분야로 확장되어 가고 있다. 심두보(Shim, 2017)가 생생하게 묘사한 바와 같이, 한류는 소주와 같은 주류를 포함하여 한식, 패션, 메이크업, 그리고 기타 다양한 한국 문화의 요소들을 포괄한다.

말레이시아의 맥락에서 한류 현상은 일반적으로 광범위하게 수용되기보다는 열정적인 팬 그룹에 의해 주로 수용되고 있다. 따라서 본 연구는 수용 정도에 초점을 맞추기보다는 팬덤 내에서 발생하는 변화에 대한 탐구를 목표로 한다. 로크와 바히야 오마르Loke and Bahiyah Omar(2020)는 한류가 말레이시아, 특히 젊은 세대 사이에서 상당한 팬층을 확보했다고 주장한다. 이에 따라, 기업들은 자사 제품과 서비스를 말레이시아 소비자들에게 홍보하기 위해 한류를 적극적으로 활용한다. 또한, 한류 콘텐츠를 내세운 한류 스타, 브랜드, 엔터테인먼트 회사와의 협업을 통한 셀러브리티 마케팅은 말레이시아에서 인기 있는 마케팅 전략이 되었다. 이러한 방식은 브랜드 이미지를 강화하고 말레이시아 시장에 어필하는 데 도움이 되는 것으로 나타났다(Wan Mat 등, 2020).

현재 한류의 팬층이나 주요 타깃층은 인터넷과 밀접하게 연관되어 있다. 융Yeung(2023)에 따르면, 유튜브와 틱톡 등 소셜 미디어 플랫폼과 동영상 공유 사이트는 한류가 전 세계적으로 확산되는 데 중요한 역할을 하였다. 그 결과, 청년들이 소셜 미디어를 활용하여 같은 관심사를 가진 사람들을 모으고, 이를 통해 거리 파티나 케이팝 이벤트 같은 오프라인 행사에 적극적으로 참여하는 경향이 증가하고 있다. 이는 팬들 간 미디어화 과정에서 소셜 미디어가 행위

주체로서 차지하는 중요한 역할을 보여준다.

말레이시아 청년과 사회결속: 다문화국가의 핵심적 고려사항

홀로웨이와 스터리지Holloway and Sturridge(2022)는 사회적 결속의 기원을 탐구하며 이를 에밀 뒤르켐의 고전적 연구와 연결짓는다. 뒤르켐은 사회적 결속을 사회 내 개인들 간의 상호의존성으로 개념화했으며, 이는 근본적인 사회적 갈등의 부재와 강한 사회적 유대의 존재로 특징지어진다. 이러한 초기 정의는 이후 더 넓은 이해로 발전하여, 사회적 결속이 점점 더 개인들 사이에 공동체적 "함께함"의 감각을 촉진하는 집단적 속성으로 인식되기에 이른다. 이러한 관점을 채택함으로써, 저자들은 사회적 결속이 단순히 사회의 안정을 유지하는 데 그치지 않고, 다양한 공동체 내에서 사회적 상호작용을 풍요롭게 하는 공유된 소속감의 함양에도 중요하다는 점을 강조한다.

맥이삭MacIssac 등(2023)의 연구는 캐나다에서 사회적 결속의 다양한 차원에 주목하며, 이를 사회적 연결성의 형태로 설명한다. 사회적 결속은 흔히 사회 내 개인들을 하나로 묶는 "접착제"로 비유되며, 여기서 개인들은 연대와 신뢰를 바탕으로 관계를 형성한다. 이러한 상호 연결성은 공동체와 조직 내외에서 효과적으로 기능을 촉진하며, 개인의 삶을 더욱 풍요롭게 만든다. 이에 더해 무스타카스Moustakas(2023)는 사회적 결속을 긍정적인 사회적 관계, 정체성과 소속감을 배양하고 공동선을 향한 지향을 북돋는 집합적 현상으로 정의한다. 이러한 정의를 확장하여, 몰레카Moleka(2023)는 사회적 결속을 다양성을 수용하고, 공평함을 옹호하며, 소외된 집단의 역량을 강화하는 지향점으로 재해석한다. 이 재정의는 사회적 결속의 초점을 문화적 동질성에서 포용성과 소속감으로 이동시키며, 자원에 대한 공정한 접근, 의미 있는 문화 간 대화, 그리고 대응력 있는 거버넌스의 중요성을 강조한다. 또한 유엔 유럽경제위원회United Nations Economic Commission for Europe, UNECE(2024)는 사회적 결속을 사회 구성원들을 하나로 묶는 유대감으로 묘사하며, 이는 공유된 가치, 신뢰, 그리고 깊은 소속감 등에 기반한다. 이처럼 다양한 관점들은 사회적 결속에 대한 포괄적인 이해를 제공하며, 사회적 결속이 연대를 촉진할 뿐 아니라, 다양한 사회가 차이를 존중하면서도 통합을 달성할 수 있도록 하는 중요한 틀임을 보여준다.

서론에서 언급했듯이, 말레이시아는 다양한 인구 구성의 독특함으로 잘 알려져 있다. 샴술 A.B.Shamsul A.B.(2022)는 자신의 저서에서, 제2차 세계 대전 이후 갈등으로 얼룩졌던 말레이시아 사회가 어떻게 역동적인 균형, 즉 안정된 긴장과 사회적 결속이 공존하는 사회로 변화해왔는지를 고찰한다. 그는 말레이시아가 동화보다는 통합을 우선시하는 전략적 선택을 한 것이 자국의 민족적 다양성을 효과적으로 관리하는 데 있어 매우 중요했다고 강조한다. 이러한 통합주의적 접근법 덕분에 여러 민족 정체성이 공존하면서도 국민으로서의 집단적 정체성을 형성할 수 있었다. 샴술은 사회적 결속을 다면적이고 복합적인 개념으로 설명하며, 다원적 사회 내 안정성을 유지하는 데 필수적인 요소임을 밝히고 있다. 그는 강한 사회적 유대, 신뢰, 협력, 그리고 개인과 집단 간 광범위한 소속감과 같은 핵심 요소들을 강조한다. 이러한 사회적 결속에 대한 섬세한 이해는 말레이시아 사회 구조에서의 근본적인 역할을 부각시킬 뿐만 아니라, 다양성 문제를 안고 있는 유사한 맥락에 대한 시사점도 함께 제시한다.

사회적 결속에 대한 포괄적 이해를 확립하기 위해 샴술(2011)은 사회, 특히 다양한 민족이 공존하는 사회에서 평화, 안정, 번영의 유지에 있어 결속의 중요성을 강조하는 정의를 제시한다. 그는 이러한 사회적 결속의 상태가 강한 사회적 유대의 결과임을 강조한다. 마찬가지로, 만소 모하드 누르Manor Mohd Noor(2012)는 사회적 결속이 사회 구성원 모두에게 통합의식을 증진하고, 그들이 자신을 사회의 필수적 일부로 인식하도록 유도하는 일련의 과정과 행동을 포함한다고 설명한다. 카와산 마을 자치구KRT(Kawasan Rukun Tangga)의 경우를 보면, 온건한 접근 방식을 통한 국가 통합의 증진은 국가 이념과 핵심 가치에 기반한 공유된 국민성의 개발을 포함한다(Beh et al., 2016). 이는 일상생활에 밀접하게 통합된 치밀하게 계획된 활동들을 통해 이루어진다. 카르티니 아부 탈립@칼리드Kartini Aboo Talib@Khalid와 샴술 아므리 바하루딘Shamsul Amri

Baharuddin(2020)은 초다양성의 시대, 특히 이주민 인구의 상당한 증가로 인한 현대적 도전에 효과적으로 대응하기 위해서는 사회적 결속에 관한 담론을 확장하는 것이 필수적이라고 주장한다.

안드레아스 헵Andreas Hepp의 미디어화 이론과 문화

그림 1. 미디어화 경향과 문화변동의 이론틀(출처: Hepp, 2009: 142)

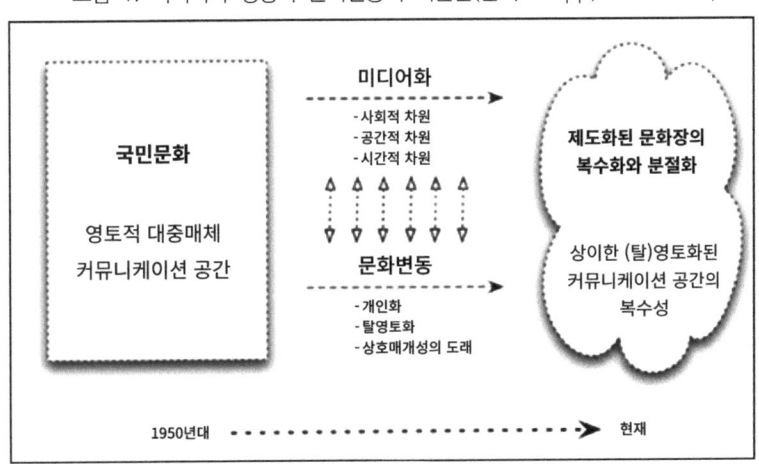

쿨드리와 헵Couldry and Hepp(2017)에 따르면, 오늘날의 사회는 미디어화된 세계이며, 미디어와 커뮤니케이션기술의 발전은 사회의 소통 방식에 심대한 변화를 가져오고 있다. 청년들 간 미디어화는 미디어가 젊은 세대의 인식, 행동 및 라이프스타일을 형성하는 데 점점 더 큰 영향력과 역할을 갖게 됨을 의미한다. 디지털 미디어 플랫폼의 보편화로 오늘날의 청년들은 그 어느 때보다도 미디어와 더 밀접하게 연결되어 있다. 텔레비전, 소셜 미디어, 비디오 게임, 온라인 콘텐츠 등 다양한 형태의 미디어에 끊임없이 노출됨으로써, 청년들의 정체성, 가치관, 태도 형성은 미디어에 크게 의존하게 된다(Badrul Hisham, 2024). 청년들 사이의 미디어화 과정은 긍정적이고 부정적인 효과를 모두 발휘

할 수 있다.

헵은 미디어 논리가 미치는 영향을 완전히 배제하지 않는 방식으로 미디어화 이론에 접근한다(2009; 2012; 2014). 그러나 본 연구는 사회 변화를 야기하는 다른 요인들, 특히 미디어의 구성력에 더 큰 비중을 둔다(Hepp, 2009; Couldry & Hepp, 2013). 미디어 구성력에 관한 담론은 오늘날 미디어와 커뮤니케이션의 변화로 인해 다양한 차원에서 일어나는 변화들을 이해하는 데 기여한다(Hepp, 2009). 따라서 미디어화와 문화에 관한 연구는 미디어화의 효과에만 초점을 맞추기보다는 커뮤니케이션이 이루어지는 공간 내에서 일어나는 변화의 정도까지도 고려해야 한다(Hepp, 2009; Krotz, 2007). 크로츠와 헵Krotz and Hepp(2011)은 현실을 사회적으로 구성된 매개된 세계로 분석하려면, 한 사회가 다양한 유형의 미디어를 통해 커뮤니케이션 과정을 어떻게 수행하고 이러한 과정들이 변화를 어떻게 유발하는지에 대해 실증적으로 검토해야 한다고 역설한다.

미디어화 이론은 처음에는 중요하지 않아 보일 수 있는 대상에 대한 연구를 수행하는데 유용한 길잡이를 제공한다(Hjarvard, 2008). 햐바드는 이러한 겉보기에 사소한 문화가 지역 사회와 미디어의 지배적인 영향력과 얽혀 있으며, 이들은 문화 콘텐츠를 전달하고 사회 구성원의 신념을 형성하는 핵심 기관이라고 주장했다. 이는 사회적 존재의 다양한 측면을 조사하고 이해하며, 단순한 수치 데이터만으로는 충분히 답변할 수 없는 질문에 접근하는 데 있어 특히 중요하다. 미디어화 연구자들은 미디어를 단순히 기술의 한 형태나 특정 문화를 상징적으로 표현하는 수단으로만 보지 않는다. 그 대신, 미디어와 커뮤니케이션이 사회 세계에 정확하고 포괄적으로 형태를 부여하는 방식의 분석에서 이 두 가지 측면을 상호 연결된 요소로 간주한다(Couldry & Hepp, 2017).

따라서 미디어 연구의 초점은 주로 미디어 및 커뮤니케이션 기술의 발전과 이러한 기술적 진보로 인해 사회에서 발생하는 변화를 동시에 탐구하기 위한 공동의 행동 또는 시너지 창출에 맞춰져 있다. 이에 대해 크로츠와 헵(2011)은 미디어화 과정의 연구자들이 특정 수준의 '생활 세계live world'에 주목해야 한다고 강조했다. 이들은 또한 이에 덧붙여 이러한 '작은 세계들small worlds'은 사회가 미디어와 미디어 문화를 일상적으로 사용함으로써 더욱 강화되어 왔다고 설명했다. 이 외에도 선행 연구들은 미디어화에 대해 보다 깊이 있는 이해를 가능하게 하며, 이를 통해 미디어화의 효과 또한 강화될 수 있다. 그러나 미디어화 분야의 많은 서구 학자들은 미디어화 연구가 추상적이고 거시적인 수준에서 수행될 수 없으며, 오직 매개된 세계mediating worlds를 통해서만 연구될 수 있다고 강조한다. 더 나아가, 지역적 관점에서 볼 때, 미디어와 미디어 문화에 의해 강화된 이러한 '작은 세계'는 종종 청년의 행동과 연관되어 있다. 따라서 말레이시아 청년 간의 사회적 결속력을 이해하기 위해, 우리는 연구 범위를 한류 팬에 초점을 맞추는 것부터 시작한다.

연구방법

이 연구는 특정 연구 방법이 그 결과로 생산된 발견의 범위와 깊이에 어떻게 영향을 미치는지 검토함으로써 말레이시아 한류 현상에 대한 심층적 이해를 제공하려 한다. 본 연구는 질적 연구 설계를 채택하여, 넷노그래피와 참여 관찰을 결합한 데이터 수집 방법을 활용한다. 참여 관찰은 질적 연구에서 오랜 전통을 가진 방법이지만, 본 연구는 넷노그래피를 말레이시아 문화적 맥락에 맞게 더욱 정교화하고 지역화하려 하였다. 노이만Neuman은 자신의 2014년 저작에서 실험과 참여 관찰 같은 질적 연구 방법의 가정과 논리를 이해하는 것이 중요하다고 강조한 바 있다. 이들 방법은 연구자 자신의 사회를 연구하기 위해 개발된 것으로 세 가지 핵심 원칙에 근거한다: (1) 자연스러운 환경에서 개인을 관찰하고, (2) 오랜 기간 그들과 교류하며, (3) 참여자의 관점을 깊이 있게 이해함으로써 보다 넓은 이론적 통찰을 도출하는 것이다. 크레스웰과 크레스웰Creswell and Creswell(2018)은 질적 관찰을 연구 현장에서 행위와 행동에 대한 상세한 현장 노트를 작성하는 과정으로 설명한다. 관찰자의 역할은 관여하지 않는 비참여자에서부터 적극적으로 참여하는 참여자에 이르기까지 다양할 수 있으며, 관찰 과정에서는 종종 열린 질문을 통해 참여자들이 자신의 말로 관점을 드러낼 수 있도록 한다.

코지네츠(Kozinets, 2002, 2010, 2015)가 처음 소개하고 발전시킨 넷노그래피는 이후 코스텔로 등(Costello et al., 2017)에 의해 확장되어, 온라인 커뮤니티와 소셜 미디어 플랫폼 내 상호작용을 탐구하는 질적 연구 방법으로 자리 잡았다. 하이노넨과 메드버그(Heinonen and Medberg, 2018)는 넷노그래피가 연구자들에게 진정성 있고 자연스럽게 발생하는 온라인 데이터를 제공함으로써 향후 연구에 유망한 방법임을 강조한다. 최근 코지네츠와 그레첼(Kozinets and Gretzel, 2023)은 넷노그래피에 대해, 디지털 공간에 연구자가 체계적으로 몰입하여 관찰, 디지털 흔적 분석, 온라인 상호작용 참여를 통해 문화적 의미를 발견하는 과정임을 주장한다. 본 연구에서는 온라인 팬 문화와 오프라인 팬 실천 사이의 상호작용을 탐구하기 위해 두 가지 방법이 모두 활용되었다. 넷노그래피는 디지털 팬 활동을 조사하는 데 사용되었고, 참여 관찰은 이러한 결과를 물리적 환경에서 검증하고 보완하는데 쓰였다. 연구자는 온라인 논의와 오프라인 행사를 모니터링했으며, 특히 팬들이 연예인, 브랜드, 연관 상품과 어떻게 상호작용하는지에 중점을 두었다.

넷노그래피 데이터 수집은 한류 뉴스와 이벤트를 전문으로 하는 말레이시아의 온라인 미디어 포털 〈K마니아 KMania〉의 동의를 얻어 진행되었다. 연구자는 〈K마니아〉 공식 소셜 미디어 플랫폼(인스타그램, 페이스북, 트위터, 유튜브, 틱톡)에서 이루어지는 상호작용과 댓글을 관찰하였다. 이벤트 발표와 프로모션 캠페인은 보통 행사 두 달 전에 시작되며, 이는 온라인 팬들의 참여를 촉진할 뿐만 아니라 해당 오프라인 모임에 접근할 수 있는 기회도 제공하였다. 참여 관찰을 위해 연구자는 다양한 팬 이벤트, 콘서트, 팬미팅, 커뮤니티 모임, 프로모션 페스티벌에 직접 참석하여 상세한 현장 기록을 남겼다. 온라인과 오프라인 두 맥락에서 도출된 결과를 삼각측량함으로써, 이 방법은 말레이시아 팬들이 한류를 해석하고 경험하며 구현하는 방식에 대한 풍부하고 섬세한 이해를 이끌어냈다.

연구결과와 토론

1: 사회적 인프라로서의 미디어화된 연결성과 청년 팬덤

이번 연구의 결과에 따르면, 말레이시아 청년 팬들은 케이팝 관련 콘텐츠를 접하는 것뿐 아니라 팬 활동에 참여하기 위해 틱톡, 인스타그램, 유튜브 등의 플랫폼에 의존하고 있는 것으로 나타났다. 이러한 플랫폼은 콘서트 공지, 티켓 정보 공유, 교통편 안내, 행사 후 소감 나눔 등 다양한 용도의 허브 역할을 한다. 예를 들어, 2024년 이제훈 팬미팅에서는 팬들이 인스타그램 스토리와 틱톡 클립을 널리 활용해 도착 시간 확인, 의상 아이디어 공유, 팬송 연습 등을 진행했다.

그림 2. "오빠가 왔다": 이제훈의 공항 도착 장면(출처: KMany My)

마찬가지로, 〈오징어 게임 2〉의 말레이시아 도시철도MRT 프로모션 행사에서는 실시간 인스타그램 라이브와 틱톡 영상 덕분에 현장에 참석하지 못한 이들도 "마치 그 자리에 있는 것처럼" 느낄 수 있었다고 한 온라인 댓글이 전했다. 이러한 상호작용들은 팬덤이 단순한 개인적 취미가 아니라, 온라인 활동이 오프라인 참여를 반영하고 증폭시키며 심지어 예견하기도 하는 디지털적으로 연출된 경험임을 보여준다. 이러한 디지털 도구의 즉시성 덕분에 팬들은 행사 전, 중, 후에 끊임없는 참여의 리듬을 이어갈 수 있으며, 준비, 참여, 그리고 회고 간의 전통적 경계를 허물고 있다.

온라인과 오프라인의 상호작용은 소셜 미디어가 단순한 소통 도구를 넘어 현대 팬덤이 형성되는 사회적 인프라로 기능함을 보여준다. 디지털 플랫폼은 충성심, 향수, 집단적 자부심 같은 공유된 가치를 지속적으로 강화하는 감정적 공동체를 형성한다. 예를 들어, 〈남우현 4회 솔로 콘서트Nam Woo Hyun 4th Solo Concert〉에서 팬들은 해시태그 캠페인과 조율을 통해 콘서트 경험을 협업적인 디지털 자료로 전환하였다.

마찬가지로, 메가 스타 아레나 KL에서 개최된 키스오브라이프Kiss of Life 공연 이후, 팬들은 즉시 상세한 후기와 고화질 직캠을 게시하였으며, 이러한 콘텐츠는 다양한 플랫폼을 통해 재유통되어 이벤트의 생명 주기를 연장시켰다. 이러한 행위는 팬 응원구호, 이벤트 전용 해시태그, 협업 콘텐츠 제작과 같은 새로운 커뮤니케이션 규범을 형성하며, 이는 팬덤의 문화적 레퍼토리를 보존할 뿐 아니라 발전시키기도 한다. 이로써 말레이시아 내 한류는 사회적으로 뿌리내린 디지털 매개 문화 실천으로 자리매김하며, 물리적 모임을 넘어서는 소속감을 증진시키고, 매개된 관계를 통해 끊임없이 스스로를 재정의한다.

그림 3. 키스오브라이프의 쿠알라룸푸르
메가스타 아레나Mega Star Arena 공연(출처: KMania My)

2: 상호문화적 문해력과 팬 공간 내 협상

온라인과 오프라인 환경 모두에서 공연자들은 무대 매너 및 팬들과의 교류 방식을 종종 말레이시아의 문화적 규범에 맞춰 조정한다. 팬들과의 신체 접촉을 제한하거나 단정한 복장을 선택하는 것이 하나의 예다. 이러한 조정은 단순한 외형적 변화에 그치지 않고, 특히 다민족 및 종교적으로 다양한 환경에서 지역의 민감성을 점점 더 깊이 인식하게 되었음을 의미한다. 예를 들어, 비의 〈Rain Live in Genting〉 공연에서는 평소 에너지가 넘치는 무대 매너를 잠시 누그러뜨리고, 지나치게 도발적인 안무를 피하는 한편, 말레이어와 영어로 관객에게 정중히 인사해 열렬한 박수를 받았다. 비슷한 사려 깊음은 쿠쿠Cuckoo의 〈10주년 기념 쿠쿠토피아 뮤직 페스트 Cuckootopia Music Fest〉에서도 나타났는데, 국내외 공연자들이 말레이어 구절을 노래하고 가족 친화적인 무대를 만들기 위해 노력하는 모습을 보였다. 이는 이 행사의 브랜드 이미지인 "건강한 지역사회 축제"와도 잘 부합했다.

그림 4. Rain Live in Genting Highlands (출처: 저자 촬영)

팬들은 이에 따라 문화적 게이트키퍼 역할을 하며, 공연과 온라인 콘텐츠에서 허용 가능한 행동 기준이 위반된 것은 아닌지 면밀히 감시한다. 대표적인 예로 키스오브라이프의 공연이 있었는데, 이들의 의상과 과거 온라인에서의 행동이 온라인 역풍을 불러일으키기도 했다. 비판은 공연자들뿐만 아니라, "공연을 사전에 검토하지 않았다"는 이유로 행사 주최 측과 말레이시아 당국에도 향했다. 일부 팬들은 더욱 엄격한 콘텐츠 심사를 요구하기도 했다. 이처럼 빠르고 대규모로 이뤄진 반응은 팬 공간이 또한 도덕적 공간으로서 허용성의 경계를 집단적으로 감독하는 곳임을 보여준다.

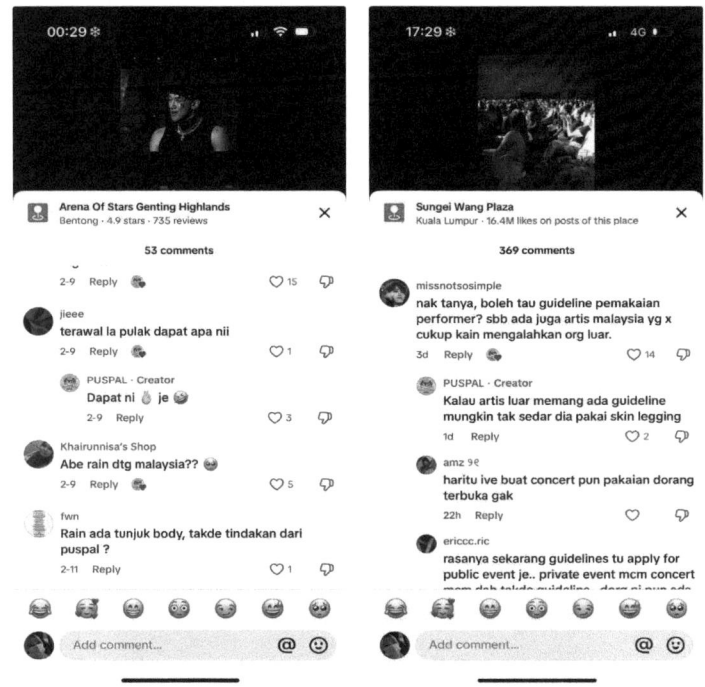

그림 5. 말레이시아 정부 산하 해외 아티스트 공연 및
촬영 전담 기관 PUSPAL의 스냅샷들(출처: PUSPAL)

    이러한 역학은 젊은 팬들을 문화 간 대화의 참여자이자 조정자로 위치시킨다. 이들은 디지털에 능숙함을 바탕으로 소셜 미디어를 통해 우려를 표명하고, 집단적인 대응을 조직하며, 팬과 공연자 모두에게 적용될 수 있는 수용 가능한 행동 기준을 함께 정의해 나간다. 예를 들어, 키스오브라이프의 공연 이후 논의에서 일부는 그룹의 예술적 표현을 옹호한 반면, 다른 이들은 공연이 말레이시아의 사회적 가치를 존중해야 한다는 점을 강조하며 날카롭게 의견이 갈렸다. 이러한 논쟁은 글로벌 엔터테인먼트 기준과 지역 규범 사이의 긴장을 드러낼 뿐 아니라, 팬들이 한류의 문화적 수용을 어떻게 적극적으로 만들어가는지 보여준다. 이런 식으로 팬 커뮤니티는 청년들이 글로벌 미학과 국가적 가치를 조화시키는 법을 배우며, 지역 문해력과 더불어 글로벌 규범에 대한 폭넓은 인식을 기르는 문화 간 소통의 훈련장이 된다.

3: 플랫폼 참여를 통한 일상적 시민권

〈쿠쿠토피아 페스트〉와 〈아스트로 팬 페스트Astro Fan Fest〉 등의 이벤트는 현지 셀럽, 다국어 메시지, "감사와 공적 연대"라는 주제를 자연스럽게 결합하여, 엔터테인먼트가 시민 참여의 장으로 거듭나는 공간을 만들어 냈다. 쿠쿠토피아에서는 공연자와 진행자들이 말레이어, 영어, 중국어를 자유롭게 넘나들며 포용적인 분위기를 더욱 강화했다.

그림 6. 쿠쿠토피아 페스트(상단)와
아스트로 팬 페스트(하단)(출처: 저자 촬영)

관찰된 바에 따르면, 팬덤 모임은 엔터테인먼트와 시민적 상징성을 의식적으로 결합하여 연출될 수 있다. 두 행사 모두 지역 및 국제적 셀럽을 전략적으로

조합하고, 다국어 메시지와 "감사, 단합, 사회적 책임"이라는 주제적 요소를 결합하였다. 이러한 실천은 미디어 주도의 팬덤을 '플랫폼 시민성'의 장으로 위치시키며, 대중문화가 시민적 소속감을 표현하는 통로로 기능하게 한다. 이러한 맥락에서 참여는 단순한 관람에 그치지 않고, 젊은이들이 행사 내러티브를 온라인상에서 적극적으로 선별·확산하며, 이를 국가 정체성에 대한 더 넓은 담론 속에 삽입한다. 이러한 감정적 표현들은 팬덤 공간이 비공식적 시민의 장으로 기능할 수 있으며, 여기서 다문화 간의 조화, 집단적 자긍심, 상호 존중의 가치가 강화될 수 있음을 보여준다. 전 세계적으로 인지되는 엔터테인먼트 형식과 지역적으로 공감 받는 문화적 상징을 결합함으로써, 이러한 행사는 젊은 말레이시아인들이 감정적으로 공감되고 사회적으로 통합된 방식으로 일상적 시민성을 실천할 수 있도록 한다.

4: 미디어화된 세계에서의 감정적 소속감과 정체성 작업

팬덤의 감정적 강도는 세대에 관계없이 명확히 드러났다. 예성의 콘서트에서는 그의 경력을 오랫동안 지켜봐 온 팬들이 다수 참석하였으며, 이들은 공연 참석을 종종 청춘의 의미 있는 순간으로 회귀하는 것으로 표현하여 깊은 감정적 투자를 보여줬다. "이 순간을 10년 동안 기다렸다"와 같은 표현이 팬 커뮤니티와 소셜 미디어 댓글에서 빈번히 언급되며, 향수를 불러일으키는 서사가 형성되었다. 반면, 키스오브라이프의 관객은 더 젊은 층이 주를 이루었으나, 그들의 열정 역시 결코 덜하지 않았다. 이들은 실시간 라이브 방송 시청, 팬캠 영상을 몇 분 만에 다시 올리기, 개인적 감상과 감탄이 어우러진 실시간 댓글 작성 등 몰입감 높은 디지털 활동을 통해 아이돌과의 감정적 거리를 좁혀가는 높은 수준의 준사회적 관계를 보여줬다. 두 사례 모두에서 팬들은 셀카 촬영, 팬 영상 녹화 및 공유, 온라인 만남을 서사적으로 풀어내는 등의 방식으로 자신의 경험을 기록하는 감정 노동에 적극적으로 참여하였으며, 이러한 행동은 팬들과 아티스트 간의 감정적 연결을 확인하고 심화시키는데 기여하였다.

이러한 행위는 젊은이들이 매개된 감정적 소속감을 통해 정체성을 형성하는 과정을 잘 보여준다. 그들은 자신의 경험을 말함으로써, 청년으로서 좋아했던 아티스트와의 인연을 다시 느끼거나 새롭게 발견된 감정적 의지의 대상anchor을 공유한다. 팬들은 이러한 관계를 개인적이면서도 집단적인 자아의 일부로 내면화한다. 이벤트의 순간을 기록하고 공유하는 행위는 단순한 기억 보존을 넘어 관계적 소통의 한 형태가 되며, 동료와의 유대감을 강화하고 팬 커뮤니티 안에서의 소속감을 확인하는 역할을 한다. 미디어가 매개된 환경에서는 이러한 의례가 일상의 리듬 속에 자연스럽게 녹아들며, 한류는 단순한 엔터테인먼트 취향을 넘어 지속적인 정체성 수행으로 이어진다. 미디어 스토리텔링과 동료의 인정을 통해 팬들은 끊임없이 '나는 누구인가', '어떻게 보여지고 싶은가'를 고민하며, 대중문화·감정적 투자·말레이시아 청년들의 자기 형성 과정이 깊이 얽혀 있음을 드러낸다.

5: 플랫폼 불평등과 통합의 한계

대규모 팬 이벤트를 관찰한 결과, 플랫폼 중심의 참여가 모두에게 동일하게 접근 가능한 것은 아님이 분명해졌다. 한류 관련 대부분의 이벤트에서, 특히 인도계 청년들은 눈에 띄게 소수에 불과했다. 이는 일부 개인 취향의 영향도 있겠지만, 특정 소셜 미디어 플랫폼에서의 홍보가 제한적으로 노출된 점이 중요하게 작용했다.

다른 한편으로, 일부 팬들은 티켓이 모두 매진된 후에야 이벤트 소식을 접하게 되어 아쉬움을 표했으며, 이는 정보의 디지털 유통이 특정 언어적 또는 문화적 네트워크 내에서 주로 이루어지는 경향이 있음을 시사한다. 이와 같은 도달 범위의 불균형은 플랫폼 알고리즘이 특정 집단에 유리하게 작용하는 현상과 맞물려, 말레이시아 미디어 환경에 존재하는 사회경제적 및 민족적 격차에 따른 참여 불평등을 초래할 위험이 있다. 한류가 다양한 관객을 하나로 묶는 힘으로 종종 칭송받고 있지만, 이러한 현장 관찰은 팬 문화 내부에 구조적 제약이 존재함을 보여준다. 이러한 행사들을 둘러싼 온라인 담론에서는 포용적인 홍보의 부재뿐만 아니라, 문화적 참여 기회를 결정짓는 더 광범위한 규제 및 인프라 문제에 대한 비판도 종종 제기된다. 이는 하나의 역설을 드러낸다. 미디어화된 팬덤 공간은 문화 간 유대를 촉진할 잠재력을 지니고 있으면서도, 동시에 지배적인 디지털 회로에서 덜 가시적인 집단의 주변성을 지속시키고 있다. 그 결과, 선별적 결속의 한 형태가 형성되어 무대 위에서는 통합이 강조되지만, 무대 밖에서는 균열이 여전하여 말레이시아 청년 팬 문화 내 다문화 참여의 한계를 은연중에 강화한다.

결론

우리는 신뢰, 협상, 협의, 중재, 상호작용, 적극적인 참여, 그리고 대화가 공동체 결속을 증진하는 효과적 틀의 핵심 요소로서 어떻게 기능하는지 이해하기 위해 이 연구를 확대하려 한다. 신뢰는 차이를 뛰어넘는 관계 구축의 주춧돌이 되며, 다양한 집단 간 진정한 연결의 조건을 조성한다. 협상과 협의는 상충하는 이해관계 해결의 구조화된 경로를 제공하며, 중재는 분쟁을 해결하고 상호 이해를 증진할 수 있는 메커니즘을 제시한다. 상호작용과 적극적 참여는 사회적 장벽을 허물고, 공동체에 대한 소속감을 기를 수 있는 토대를 마련한다. 한편, 개방적이고 건설적인 대화는 오해를 바로잡고 공감 능력을 키우며 포용적 참여를 독려하는 데 필수적이다. 이러한 요소들을 제안된 틀에 통합함으로써 다양성을 존중하면서도 통합을 지향하는 사회 건설을 위한 전체론적 접근이 가능해진다.

말레이시아의 맥락에서 이 접근법은 특히 외국 문화 양식을 수용하는 청년들 사이에서 문화적 협상이 어떻게 전개되는지를 탐구하는 유망한 방안을 제시한다. 청년 문화의 복합적인 특성을 고려할 때, 한류 팬덤과 같은 특정 하위문화를 출발점으로 삼는 것은 유익하다. 이 연구는 조사에 있어 명확하고 다루기 쉬운 진입점을 제공한다. 헵이 주장하듯, 더 작고 명확히 정의된 공동체를 분석함으로써 사회적 상호작용, 문화적 중개, 정체성 작업의 보다 포괄적인 패턴에 대한 통찰을 얻을 수 있다.

참고문헌

Adil Johan. (2020). Intercultural intimacy: Malaysian popular music as an expression of social cohesion (1970s and 1980s). Jebat: Malaysian Journal of History, Politics & Strategic Studies, 47(3), 191-213. https://journalarticle.ukm.my/17100/1/44778-144098-1-SM.pdf
Beh, B.H., Mohd Sobhi Ishak, & Pue, G.H. (2021). Kesepaduan nasional penduduk kawasan Rukun Tetangga di Malaysia. Malaysian Journal of Social Sciences and Humanities (MJSSH).
Bengtsson, S., Fast, K., Jansson, A., & Lindell, J. (2021). Media and basic desires: An approach to measuring the mediatization of daily human life. Communications, 46(2), 275-296. https://doi.org/10.1515/commun-2019-0122
Cantle, T. (2022). Cohesion: Coming of age at 21 years. Institute of Community Cohesion (iCoCo).
Couldry, N., & Hepp, A. (2013). Conceptualizing mediatization: Contexts, traditions, arguments. Communication Theory, 23(3), 191-202.
Couldry, N., & Hepp, A. (2017). The mediated construction of reality. Polity.
Couldry, H., & Hepp, A. (2017). The continuing lure of the mediated centre in times of deep mediatization: "Media events" and its enduring legacy. Media Culture and Society Journal. https://www.semanticscholar.org/paper/The-Mediated-Construction-of-Reality-Couldry-Hepp/4470af2307e9e151d009a8970b15bd1705c9ad56.
Costello, L., McDermott, M.-L., & Wallace, R. (2017). Netnography: Range of practices, misperceptions, and missed opportunities. International Journal of Qualitative Methods, 16(1). https://doi.org/10.1 177/1609406917700647
Creswell, J. W., & Creswell, J. D. (2018). Research design qualitative, quantitative, and mixed methods approaches (5th ed.). Sage.
Department of Statistics Malaysia. (n.d.). Population Malaysia. Retrieved January 23, 2024, from https://open.dosm.gov.my/data-catalogue/population_malaysia
Döveling, K., Harju, A. A., & Sommer, D. (2018). From mediatized emotion to digital affect cultures: New technologies and global flows of emotion. Social Media + Society, 4(1), 1-11.
Ehrlén, V. (2022). Mediatization and self-organized leisure sports: A Finnish perspective. Communication and Sport, 10(5), 913-930. https://doi.org/10.1177/21674795221095042.

González-Bailón, S., & Lelkes, Y. (2023). Do social media undermine social cohesion? A critical review. Social Issues and Policy Review, 17, 155-180. https://doi.org/10.1111/sipr.12091

Hall, D., & Kołodziejska, M. (2021). COVID-19 pandemic, mediatization and the Polish sociology of religion. Polish Sociological Review, 213(1), 123-138. https://doi.org/10.26412/psr213.07.

Heinonen, K. & Medberg, G. (2018). Netnography as a tool for understanding customers: implications for service research and practice. Journal of Services Marketing, 32(6), 657-679.

Hepp, A. (2009). Differentiation: Mediatization and cultural change. In N. Couldry (Ed.), Mediatization: Concept, changes, consequences (pp. 135-153). Peter Lang.

Hepp, A. (2012). Mediatization and the "molding force" of the media. Communications, 37(1), 1-28.

Hepp, A. (2014). Mediatization as a panorama of media and communication research. Mediatization and Sociolinguistic Change. https://doi.org/10.1515/9783110346831.49

Hepp, A., Hjarvard, S., & Lundby, K. (2010). Mediatization - Empirical perspectives: An introduction to a special issue. Communications, 35(3), 223-228.

Hjarvard, S. (2008). Mediatization of society: A theory of the media as agents of social and cultural change. Nordicom Review, 29(2), 105-134.

Jang, W., & Song, J.E. (2015). The influences of K-pop fandom on increasing cultural contact: With the case of the Philippine K-pop convention, Inc. Journal of the Korea Entertainment Industry Association, 9, 31-43.

Jang, G., & Paik, W. K. (2012). Korean Wave as a tool for Korea's new cultural diplomacy. Advances in Applied Sociology, 02(03), 196-202. https://doi.org/10.4236/aasoci.2012.23026

Krotz, F., & Hepp, A. (2011). A concretization of mediatization: How mediatization works and why "mediatized worlds" are a helpful concept for empirical mediatization research. Empedocles European Journal for the Philosophy of Communication 3(2):137-152.DOI:10.1386/ejpc.3.2.137_1

Kim, M. (2011). The role of the government in cultural industry: Some observations from Korea's experience. Keio Communication Review, 33, 163-182. http://www.mediacom.keio.ac.jp/publication/pdf2011/10KIM.pdf

Kim, S., Byun, J., & Thomson, J. R. C. (2022). Adapting to a new normal: The impact of COVID-19 on the mediatization of professional sport organizations.

Sport in Society, 25(7), 1307-1326. https://doi.org/10.1080/17430437. 2021.2017888

Kim, Y. (2022). Hallyu: Soft power and politics. In Hallyu!: The Korean Wave (pp. 175-189). V&A Publishing.

Kim, K. H., Rou, S. Y., Mujani, W. K., & Md Ariffin, M. F. B. (2023). Impacts of the Korean Wave and the conundrum of Malaysian young female Muslims. Asian Women, 39(3), 91-113. https://doi.org/10.14431/aw.2023.9.39.3.91

Kozinets, R. V. (2010). Netnography: Doing ethnographic research online. International Journal of Advertising, 29(2), 328-330. https://doi.org/10.2501/S026504871020118X

Kozinets, R. V. (2002). The field behind the screen: Using netnography for marketing research in online communities. Journal of Marketing Research, 39, 61-72. https://doi.org/10.1509/jmkr.39.1.61.18935

Kozinets, R. V. (2015). Netnography. In P. H. Ang & R. Mansell (Eds.), The international encyclopaedia of digital communication and society. (pp.1-8) John Wiley & Sons. https://doi.org/10.1002/9781118767771.wbiedcs067

Kozinet, R., & Gretzel, U. (2023). Netnography evolved: New context, scope, procedures and sensibilities. Annals of Tourism Research, 104, 1-13. https://doi.org/10.1016/j.annals.2023.103693

Korean Culture and Information Service. (2011). The Korean Wave: A new pop culture phenomenon. Ministry of Culture, Sports and Tourism.

Lee, S., & Nornes, M. (2015). Hallyu 2.0: The Korean Wave in the age of social media. University of Michigan Press.

Lee, W.-J. (2015). The effects of the Korean Wave (Hallyu) star and receiver characteristics on TV drama satisfaction and intention to revisit. International Journal of u- and e-Service, Science and Technology, 8(11), 347-356. https://doi.org/10.14257/ijunesst.2015.8.11.34

Lee, Y. L., Jung, M., Nathan, R. J., & Chung, J. E. (2020). Cross-national study on the perception of the Korean Wave and cultural hybridity in Indonesia and Malaysia using discourse on social media. Sustainability, 12(15), 6072. https://doi.org/10.3390/su12156072

Lim, J. B. Y. (2013). Engaging participation: Youth culture and the Korean Wave in Malaysia. In M. J. Ainslie & J. B. Y. Lim (Eds.), The Korean Wave in Southeast Asia: Consumption and cultural production (pp. 155-174). Malaysia: SIRD.

Loke, M. S., & Bahiyah Omar. (2020). The impact of the Korean Wave on

Malaysian metrosexual grooming attitude and behaviour: The moderating role of visual media consumption. Media Watch, 11(2). https://doi.org/10.15655/mw/2020/v11i2/195647

Maares, P., Banjac, S., & Hanusch, F. (2021). The labour of visual authenticity on social media: Exploring producers' and audiences' perceptions on Instagram. Poetics, 84, 101502. https://doi.org/10.1016/j.poetic.2020.101502

MacIsaac, S., Wavrock, D., & Schellenberg, G. (2023). What holds us together? Measuring dimensions of social cohesion in Canada. Statistical Journal of the IAOS. https://doi.org/10.3233/sji-230055

Mujani, W. K., Yoan, R. S., & Kim, K. H. (2022). The cultural and religious conflict between Korean Wave and Islamic values. ISLĀMIYYĀT, 44(1), 193-201. https://doi.org/10.17576/islamiyyat-2022-4401-17

Moustakas, L. (2023). Social cohesion: Definitions, causes, and consequences. Encyclopedia. https://doi.org/10.3390/encyclopedia3030075

Nichols, L. D. (2022). The social mediatization of lifestyle sport: Continuity and novelty in the online skate subculture. Social Media and Society, 8(2), 205630512211076. https://doi.org/10.1177/20563051221107632

Nor Hasimah Jalaluddin, & Zaharani Ahmad. (2011). Hallyu di Malaysia: Kajian sosio-budaya. Jurnal Komunikasi, Malaysian Journal of Communication, 27(2). Retrieved from http://ejournal.ukm.my/mjc/article/view/15089/4695

Norbaiduri Ruslan & Siti Sakinah Abdul Latif. (2016). Malay women readings of Korean drama. Journal of Education and Social Sciences, 4, 343-365.

Nur Ayuni Mohd Jenol & Nur Hafeeza Ahmad Pazil. (2020). Escapism and motivation: Understanding K-pop fans' well-being and identity. Geografia: Journal of Society and Space, 16(4), 336-347. https://doi.org/10.17576/geo-2020-1604-25

Penduduk Malaysia cecah 34 juta. (2024). Sinar Harian. https://www.sinarharian.com.my/article/664716/berita/penduduk-malaysia-cecah-34-juta

Shamsul, A. B. (2011). Kesatuan dalam kepelbagaian: Perpaduan di Malaysia sebagai work-in-progress. Penerbit Universiti Kebangsaan Malaysia.

Shamsul, A. B. (2022). Social cohesion in a multi-ethnic society: The case of Malaysia. In Z. A. Rahman & M. S. A. A. Rahman (Eds.), Understanding social cohesion in Malaysia (pp. 78-95).

Shamsul, A. B., & Yusoff, A. Y. (2014). Unity, cohesion, reconciliation: One country, three cherished concepts (P. J. Ramli, Trans.). ITBM.

Shim, D. (2017). Riding the Korean Wave in Southeast Asia. Retrieved October

14, 2017, from https://www.fairobserver.com/region/asia_pacific/korean-wave-k-pop-culture-southeast-asia-news-45109/

Song, S. (2020). The evolution of the Korean Wave: How is the third generation different from previous ones? Korea Observer, 51(1), 125–150. https://doi.org/10.29152/koiks.2020.51.1.125

Stieglitz, S., & Ross, B. (2022). The impact of social media on social cohesion: A double-edged sword. Media and Communication. https://www.semanticscholar.org/paper/The-Impact-of-Social-Media-on-Social-Cohesion%3A-A-Stieglitz-Ross/758fd52b09d16cfac12fd6ece3e7969f38502fcd

The Star. (2023, January 20). Madani – A humane concept. https://www.thestar.com.my/news/nation/2023/01/20/madani---a-humane-concept

Turner, G. (2016). Re-inventing the media. Routledge.

United Nations. (2014). Social cohesion: Definition, measurement and developments. https://www.un.org/esa/socdev/egms/docs/2014/LarsenDevelopmentinsocialcohesion.pdf

United Nations. (2023, April 1). In-depth review of the "social cohesion" concept. https://documents.un.org/symbol-explorer?s=ECE/CES/2023/8&i=ECE/CES/2023/8_3059462

United Nations Economic Commission for Europe. (2024). Social cohesion: Concept and measurement. https://doi.org/10.18356/9789213585030

Wielki, J. (2020). Analysis of the role of digital influencers and their impact on the functioning of the contemporary online promotional system and its sustainable development. Sustainability, 12(17). https://ideas.repec.org/a/gam/jsusta/v12y2020i17p7138-d407334.html

Wojtkowski, L. (2017). The present tense of mediatization studies. Mediatization Studies, 1, 9–22.

Yeung, J. (2023, January 18). South Korea brought K-pop and K-dramas to the world. The Korean language could be next. CNN. https://edition.cnn.com/2023/01/17/asia/korean-language-learning-risehallyu-intl-hnk-dst/index.html

Zhang, X., & Choi, J. (2022). The importance of social influencer-generated contents for user cognition and emotional attachment: An information relevance perspective. Sustainability, 14(11), 6676. https://doi.org/10.3390/su14116676.

4장
케이팝 팬덤과 뷰티 트렌드
인도 젊은 도시여성의 BTS 팬덤 연구

파테마 바이스헤브 Fatema Bhaisaheb
니디 셴두르니카르 Nidhi Shendurnikar

서론

문화 지구화의 시대에 한류는 전 세계적인 현상으로 부상하고 있다. 한류란 한국 대중문화의 물결로 인해 한국 문화가 동아시아 및 세계 여러 지역에서 더욱 두드러지게 된 현상을 설명하기 위해 중국의 한 기자가 만들어낸 용어로 알려져 있다(Jung, 2015). 이 과정은 1990년대 말, 한국 TV 드라마(일명 케이드라마)가 중국과 이웃 국가들에서 인기를 끌면서 시작되었으며, 이를 첫 번째 한류라고 부른다(Shim, 2006). 케이드라마가 지역적으로 성공한 후, 두 번째이자 보다 최근의 한류(한류 2.0)는 한국 대중음악(케이팝)의 세계적 수출과 연관되어 있다(Seo, Cruz, & Fifita, 2020).

케이팝은 중독성 강한 다양한 멜로디와 정교하게 짜인 안무, 화려한 뮤직비디오, 그리고 무엇보다도 "아이돌"이라고 불리는 아티스트들로 대표되는 대한민국의 대중 음악 스타일이다(Romano, 2018). 한류는 대한민국의 가장 큰 수출품으로 불리고 있다(Mahr, 2012). 이는 한국의 연예기획사들이 수출한 드라마, 음악, 패션 등 다양한 문화 상품이 세계적으로 폭넓게 받아들여지는 현상에서 확인할 수 있다(Ahn, 2013). 한국 콘텐츠의 수출은 2005년 이후 꾸준히 증가해왔으며, 특히 2015년에서 2020년 사이에는 미화 약 56억 달러에서 119억 2천만 달러로 2배 이상 큰 폭으로 증가했다(Johnson, 2023).

인도인들은 2012년 남한의 가수이자 래퍼인 싸이가 부른 유쾌한 팝송 "강남스타일"이 주류 미디어에서 인기를 끌면서 한류에 익숙해지기 시작했다(Sarkar, 2023). 이 글로벌 히트곡의 수천 가지 버전과 패러디가 만들어졌다. 최근 한류가 인도 전역에 확산된 주된 이유 중 하나는 빅히트가 2013년 6월부터 매니지먼트하고 있는 7인조 남성 그룹 BTS(Nag, 2023)의 엄청난 인기 덕분이다. BTS는 '방탄소년단'의 약자로, 'Bulletproof Boy Scouts'로도 불리며, 3명의 래퍼와 4명의 보컬로 이루어져 있다(Lee & Nguyen, 2020). BTS는 데뷔 이후 즉각적으로 성공을 거둔 것은 아니었으나, 이후 세계 최대의 보이밴드가 되었고, 다른 K-pop 아티스트들이 서구 시장에 진출할 수 있도록 길을 열었다(Johnson, 2023). BTS는 〈빌보드 뮤직 어워드Billboard Music Awards〉에서 '톱 소셜 아티스트' 부문에 네 차례 후보로 올라 모두 수상했으며, 아시아 아티스트 최초로 비영어 앨범으로 빌보드 200 차트 1위에 오르는 기록을 남겼다(McLaren & Jin, 2020). 또한 〈아메리칸 뮤직 어워드American Music Awards〉에서 '올해의 아티스트' 상을 받은 유일한 아시아 가수로, 그래미 시상식에서 최초로 노미네이트된 케이팝 그룹으로 역사를 썼다(Jayaratne, 2023). BTS 팬덤 '아미ARMY, Adorable Representative M.C. for Youth'는 인종, 성별, 젠더, 민족, 연령, 종교적 신념 등에서 가장 다양한 팬층을 가진 것으로 잘 알려져 있다(Chung, 2022).

수백만 명에 달하는 것으로 추산되는 BTS 아미의 가장 주목할 만한 업적 중 하나는 2020년 6월 6일, BTS가 Black Lives Matter(BLM) 캠페인에 100만 달러를 기부한 후, 전 세계의 아미들이 #MatchAMillion 해시태그 아래 24시간도 채 되지 않아 100만 달러의 기부금을 또다시 모아낸 일이었다(Kim & Hutt, 2021). 실제로 아미는 One-In-An-ARMY(OIAA) 이니셔티브를 통해 BTS의 이름으로 난민 문제, LGBTQ, 장애인, 교육권 등 다양한 인권 문제를 다루는 캠페인을 기획하고 참여해왔다.[1] 이처럼 BTS 팬덤은 SNS와 다양한 인터넷 활동을 통해 밴드의 성공에 있어 중요한 요인임을 보여주고 있다(Chang, 2019).

그림 1. 한류 타임라인

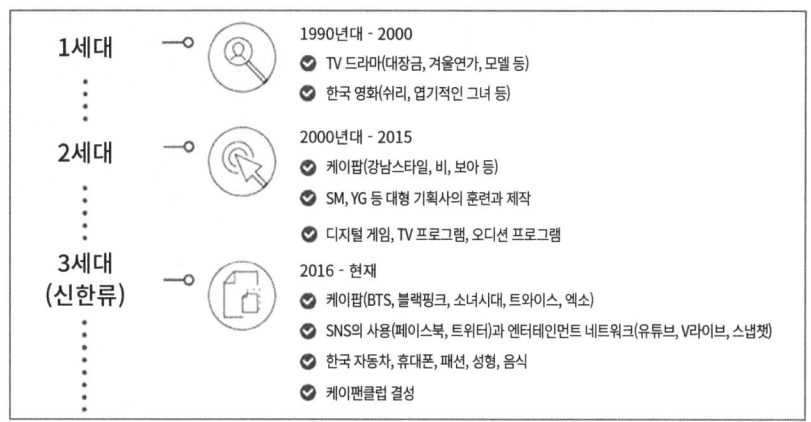

(출처: Uyuna, Zakaria, & Rahim, 2020)

기존 연구 검토

파라 알리아 자이자크라니Farah Alia Zaizakrani(2021)가 쓴 "한국 대중문화에 각인된 한국의 미적 기준에 대한 말레이시아인들의 수용" 연구는 한국의 미적 기준에 노출된 인구가 매체를 통해 나타내는 행동과 이에 대한 반응을 이해하는 데 도움을 준다. 이 연구는 문헌조사를 기반으로 콘텐츠 분석을 포함하는 정성적 접근 방식을 사용한다. 최근 10년간의 학술지, 논문, 서적, 리뷰, 학회 발표문 등 총 60개의 자료가 조사·분석되었다. 말레이시아인은 한국 대중문화를 대규모로 소비하기 때문에, 매체를 통해 전달되는 이러한 콘텐츠에 영향을 받을 수 있어 말레이시아를 연구 맥락으로 삼았다. 저자는 말레이시아인들이 연예인에 대한 집착과 우상화로 인해 한국식 미의 기준을 대체로 긍정적으로 수용한다는 점을 발견했다. 그들은 한국 연예인을 우상화함에 따라 자신의 행동과 태도를 변화시키고 있다. 또한, 자신이 좋아하는 아이돌의 메이크업, 헤어스타일, 의상을 모방하려고 한다. 그러나 성형수술과 관련된 미의 기준에 대해서는 종교적 신념 때문에 거부한다.

또 다른 연구인 "한국의 미적 기준이 아시아계 미국인들의 신체 이미지, 자존감, 삶의 만족도에 미치는 영향"(Janessa Akemi Fong, 2021)은 설문지를 이용해 178명의 아시아계 미국인들에게 신체 이미지, 자존감, 삶의 만족도와 관련된 여러 자기보고 척도를 작성하도록 요청했다. 그 결과, 연구의 주요 변수들, 즉 서구적 남성미의 기준, 한국적 남성미의 기준, 서구적 여성미의 기준, 한국적 여성미의 기준 사이에 상관관계는 높았으나 통계적으로 유의미한 차이는 없는 것으로 나타났다.

"대중문화가 젠더-벤딩 패션과 미의식, 메이크업을 대중화하는 데 미친 역할"이라는 제목의 연구에서 자이랏과 다이마(Jairath and Daima, 2021)는 미디어의 영향력이라는 맥락에서, 영화, 음악, TV 시리즈, 유튜브 동영상, 소셜 미디어 콘텐츠, 그리고 셀럽들에 대한 내용분석을 통해 패션, 미의식, 메이크업이 일반 시청자들에게 미치는 영향을 연구했다. 그들은 소셜 미디어 플랫폼의 도달 범위가 확장됨에 따라, 사람들이 기존에 믿어왔던 전통적인 성 역할과 젠더 정체성에 대해 의문을 갖기 시작했고, 그 결과 점점 더 많은 사람들이 뷰티, 메이크업, 패션을 통해 자신의 젠더 정체성을 발견하고 표현하게 되었다고 결론 내린다.

아름다움, 메이크업, 그리고 젠더 뉴트럴 패션에 대한 개념은 소셜 미디어 플랫폼의 기하급수적인 성장으로 인해 사회에서 점점 더 인기를 얻고, 더 넓게 수용되고 있다. 베스만Besman 등(2018)은 "미적 기준의 변화: 한류 현상 - 반둥 시 사례 연구"에서 인도네시아 반둥에 한류가 유입된 이후 변화하는 미의 기준을 밝혔다. 연구진은 311명의 참가자로부터 아름다움에 대한 가치를 수집하기 위해 설문지를 개발하고 분석적 기술 접근법을 적용했다. 응답자들 사이에서는 아름다움과 관련된 가치관에서 유의미한 변화가 발견되지 않았다. 그 이유는 한류가 유입되기 한참 전부터 이미 서구 문화가 강하게 영향을 미쳐 왔기 때문이다. 따라서 미디어 노출이 항상 문화적 가치를 변화시키는 것은 아님을 알 수 있다. 케이팝 산업이 남성성에 미치는 영향에 관한 연구에서, 아람밤Arambam(2019)은 디지털화를 통해 '새로운 남성상'이 어떻게 등장했는지 조사했다. 새로운 케이팝 트렌드의 아이콘인 BTS를 중심으로 연구를 진행한 결과,

저자는 자신의 여성적인 면을 인정하는 남성이 존재함을 밝혀냈다. 이 논문은 소프트한 남성성의 개념을 상세히 설명하고 있다. 이 연구는 케이팝의 영향으로 인도 시청자들 사이에서 젠더의 유동성에 대한 수용이 더욱 높아졌다고 보고한다. 소셜 미디어와 디지털화는 전통적으로 고정되어 있던 남성성에 대한 인식을 변화시켰다. 인도 내 케이팝 팬층의 성장은 '새로운 남성상'의 수용과 더불어 젠더 역할과 기대에 대한 관점의 변화를 이끌었다.

한국의 미적 기준에 대한 연구는 또한 한국 스킨케어 루틴과 제품에 대한 소비자들의 열정이 어떻게 나타나게 되었는지 분석하고 이해하는 데 중점을 둔다. 권유진(2018)은 소비 의식에 관한 이론적 틀을 활용하여, 한국 스킨케어에 초점을 맞춘 웹사이트의 내용 분석을 통해 웹상에서 세 가지 유형의 콘텐츠가 주를 이룬다고 결론지었다. 1) 다양한 필자들이 쓴 케이뷰티 관련 기사, 2) 뷰티 블로그 포스팅, 제품 리뷰, 스킨케어 튜토리얼, 3) 소매업체의 쇼핑 사이트가 그것이다. 이러한 결론은 31개의 웹사이트에서 61개의 기사를 분석한 후 도출된 것이다. 휴Hue(2023)는 일부 연구가 케이팝이 미의 다양성과 자신감을 증진한다고 주장하지만, 팬들 사이에서 나타나는 신체 이미지와 외모 불안에 관련된 문제에 대해서는 간과하고 있다고 지적한다.

그녀에 따르면, 케이팝의 재정적 측면에 대한 연구는 허영심에 기반한 소비와 암표상 문화를 보여주지만, 이 둘의 상호 연관성과 잠재적 결과에 대해서는 충분히 다루지 않는다. 휴는 케이팝 문화의 부정적인 영향과 아이돌이 젊은 세대의 행동에 미치는 영향에 대해 주목할 필요가 있음을 강조한다. 그녀의 연구는 청소년, 부모, 교육자 및 학교, 미디어 관계자, 정부 등 다양한 이해관계자가 참여함으로써 케이팝 팬덤의 부정적 영향을 완화할 수 있는 유용한 조언을 제시한다. 이 연구는 최소 5년 이상 케이팝을 적극적으로 즐겨온 열성적인 케이팝 팬 다섯 명을 대상으로 심층 인터뷰를 진행하는 질적 연구 방법을 사용했다.

위드야닝그럼Widyaningrum 등(2023)은 한국 아이돌을 숭배하는 일부 청소년들이 부정적인 신체 이미지를 가지고, 엄격한 다이어트, 과도한 운동, 다이어트약 복용 또는 성형수술을 통해 자신의 이상적 몸을 달성하려 한다는 점을 보여준다. 이들의 연구는 2012년부터 2022년까지의 관련 연구 논문을 검색 엔진을 통해 검토함으로써 이루어졌다. 연구자들은 부상하고 있는 케이뷰티 트렌드가 건강하게 아름다움을 추구하는 방법에 대한 지식과 인도네시아 맥락에서 할랄 화장품에 대한 이해 사이의 균형을 이뤄야 한다고 결론짓는다. 서유리 등(2020)의 연구는 인위적으로 만들어진 자연스러움, 과도하게 성애화된 귀여움, '조화로운 만화경' 같은 케이뷰티의 역설적 특성을 지적한다. 케이뷰티의 이상은 한국의 인기 셀럽들로 구현되며, 지구적 문화상품으로 수출된다. 서유리 등은 젊은 한국 여성들이 케이팝 셀럽들의 전 세계적 영향으로 변화하는 케이뷰티의 이상에 어떻게 반응하는지 보여준다.

이 연구의 배경과 의의

비록 케이팝이 인도 전역에 팬층을 보유하고 있지만, 그 존재감은 크게 주목받지 못했다. 최근 들어 인도의 인터넷 인구가 증가하면서 케이팝 열풍도 급격히 확산되고 있다. 유튜브, 인스타그램, 페이스북과 같은 소셜 미디어 플랫폼들, 그리고 넷플릭스, 아마존과 같은 OTT 대기업들은 인도 대중이 케이팝 콘텐츠에 더 많이 노출될 수 있도록 만들었다(Kanozia & Ganghariya, 2021). 그러므로 인도 소비자들과 관련하여 케이팝이 미치는 광범위한 영향을 이해하는 것은 매우 중요하다. 본 연구는 인도 서부 구자라트Gujarat 주에 위치한 코스모폴리탄 도시 바도다라Vadodara의 젊은 성인들 사이에서 케이팝이 미에 대한 인식에 어떻게 영향을 미쳤는지 탐구한다. BTS는 전 세계적으로 케이팝 열풍을 대표하는 상징적 존재로 여겨지기 때문에 연구의 초점으로 선정되었다. 포커스 그룹 토론을 통해 바도다라의 젊은 케이팝 팬들 사이에서 BTS가 미에 대한 인식에 미친 영향을 조사하였다. 개발도상국인 인도에서 한국 콘텐츠의 확산은 새로운 현상이며, 이미 인도 사회 전반에 그 영향력을 넓혀가고 있다.

레이메인감Reimeingam(2014)에 따르면, 다양한 한국 문화 상품의 확산을 통한 한국 문화의 영향은 사회와 국가마다 다르게 나타나며, 한류에 대한 대중의 반응 또한 문화마다 다르다. 따라서 사회적 관점에서 타국의 문화가 인도 사회에 어떻게 전파되는지를 조사하는 것은 중요하다. 특히 인도의 젊은 인구가 급증하고 있는 현 상황에서, 타국의 문화가 우리 사회, 문화, 경제, 정치에 어떤 영향을 미치는지 이해하는 것은 매우 중요하다. 외국 문화가 인도에 미치는 영향의 맥락에서, 인도인들이 전 세계의 문화 상품을 점점 더 많이 소비함에 따라 문화적 제국주의 현상이 감지되고 있다. 이 연구는 인도에서 떠오르고 있는 케이팝 팬덤 문화와 그것이 인도의 사회문화적 풍경에 미치는 광범위한 영향에 대한 학문적 담론에 기여한다는 점에서 의의가 있다.

개념적 틀

『현실의 사회적 생산 *The Social Construction of Reality*』에서 사회학자 피터 버거Peter Berger와 토마스 루크만Thomas Luckman은 사회가 인간 간 상호작용에 의해 만들어진다고 주장했으며, 이를 습관화habitualization라고 불렀다. 그들은 우리가 언어, 행동, 미디어 생산물을 통해 사회적 세계와 그에 대한 이해를 구성한다고 말한다. 현실의 사회적 구성은 사람들이 세상을 어떻게 공동으로 이해하는지를 함께 만들어가는 과정에 대해 다룬다. 이 연구에서 사회적 구성은 미적 기준과 가치관이 문화마다 어떻게 다르게 나타나는지 이해하도록 도와준다. 미의 기준은 한 사회의 도덕, 가치관, 그리고 신념에 영향을 받는다. 집단이 특정 미의 기준을 현실로 만들 때, 비로소 미적 기준이 성립된다. 따라서 미의 기준에 대한 구체적 정의는 존재하지 않는데, 미라는 개념 자체가 표준화되거나 정의될 수 없기 때문이다. 즉, 현실의 사회적 구성은 한국 사회가 집단적으로 발전시킨 한국의 미적 기준을 이해하는 데 도움을 준다. 이 과정에서 케이팝이 중요한 역할을 한다. 케이팝은 백인과 유사한 이목구비를 강조하며, 아름다움을 맑고 투명한 유리같은 피부, 쌍꺼풀, 높은 콧대, 붉거나 분홍빛의 입술이라는 의미로 표준화했다. 이러한 미의 목표는 한국 여성 대다수가 공유하고 있다(Stone, 2013; Wang, 2024).

앤서니 기든스Anthony Giddens는 현대 세계를 매우 고도화된 현대성이자 불가항력적인 힘, 즉 거대기계juggernaut로 묘사했다(Giddens, 1991). 강력한 기계처럼 현대성은 의미 있게 통제되지 않으면 사회에 큰 해를 끼칠 수 있다. 거대기계는 자신에 저항하는 사람들을 짓밟고, 때로는 일정한 경로를 따르는 것처럼 보이기도 하지만, 우리가 예측할 수 없는 방향으로 갑자기 이탈하기도 한다. 케이팝과 미의 기준이라는 맥락에서 거대기계의 틀은 대중문화가 미치는 영향력을 이해하는 데 유용하다. 기든스는 구조화 이론에서 개인과 사회가 상호적으로 구성되어 끊임없이 상호 작용하고 영향을 주고받는다고 주장한다. 이것은 케이팝의 영향력이 어떻게 작용하는지를 이해하는 데 시사적이다. 마지막으로, 그의 저서 『현대성의 결과 The Consequences of Modernity』(1991)는 거대기계의 예를 통해 지구화와 기술 발전이 얼마나 막강한 힘을 지니는지 설명한다. 그 힘은 마치 무적처럼 보이며, 우리가 원하든 원하지 않든 우리 삶에 중대한 영향을 미칠 수 있다. 본 연구에서는 케이팝이 바로 이러한 거대기계의 역할을 하며, 일부는 이를 외면하거나 반대하지만, 또 다른 이들은 이를 받아들이고 수용하는 모습을 보여준다. 팬들은 자신이 따르는 미의 기준과 관련하여, 케이팝 거대기계에 동참하거나 저항하는 데 있어 상이한 선택을 하는 것이다.

방법론

이 연구에 채택된 연구 설계는 탐색적이며 기술적인 것으로서, 주제에 대한 심층적 이해를 얻기 위한 목적으로 채용되었다. 케이팝과 그것이 인도 대중에 미치는 영향은 여전히 현대적인 주제이며, 지금도 많은 사람들이 이에 대해 고민하고 있다. 케이팝이 젊은 여성들 사이에서 미적 트렌드와 아이디어에 얼마나 영향을 미치는지, 그리고 그 영향이 어떠한 방식으로 나타나는지 이해하려면 탐색적 접근이 가장 적합한 것으로 보인다. 데이터 수집의 주요 방법으로는 포커스 그룹 토론FGD이 사용되었다. 이는 한 주제에 대해 다양한 시각을 얻기 위해 고안된 질적 연구 방법으로, 개인적인 의견보다는 집단적인 견해를 이끌어낸다(Cohen, Manion & Morrison, 2007). 바도다라 시에서 열다섯 명의 젊은 성인을 대상으로 세 차례의 FGD가 진행되었다. FGD 방법이 선택된 것은 연구자들의 목적이 케이팝 팬덤, BTS, 미의식, 사회적 영향 등의 주제를 중심으로 대화를 이끌어내는 데 있었기 때문이다. FGD는 참가자들이 연구 주제에 대해 더 넓고, 더 깊으며, 더 전체적인 이해에 기여할 수 있도록 토론의 장을 마련해주었다. FGD를 통해 젊은 여성들이 케이팝 문화와 미에 대해 어떻게 생각하는지에 대한 담론이 형성되었으며, 연구자들은 이를 통해 참가자들의 관점을 중심으로 한 에믹emic 접근법을 활용해 이들의 세계관을 이해하려 했다. 에믹 접근은 참가자의 시각에서 주제를 탐구하는 것이고, 에틱etic 접근은 연구자의 입장에 중점을 두는 방식이다. 토론을 위해 FGD 가이드라인이 개발되었으며, 이는 외부의 사회학 교수 전문가에 의해 검증을 받았다.

FGD 가이드라인은 두 부분으로 나누어진 열다섯 개의 개방형 질문으로 구성되었다. 첫 번째 질문들은 케이팝 및 BTS와의 상호작용에 대한 전반적 이해(팬덤의 성격, BTS와의 첫 만남, 소비하는 시간, 좋아하는 이유 등)에 초점을 맞추었다. 두 번째 부분은 케이팝 및 BTS와 관련된 패션, 뷰티, 메이크업, 스타일, 체형, 피부 톤에 관한 구체적인 질문들로 이루어져 있다. FGD 참가자는 비확률적 목적 표집과 스노우볼 표집 기법을 사용하여 모집하였으며, 이 과정에서 사전 동의서를 받았다. 본 연구는 18~24세의 청년 15명으로 구성되었는데, 이 연령대가 한국 문화 콘텐츠를 많이 소비하기 때문이다(Statista, 2023). 연구가 주로 학생 프로젝트로 진행되었고 자원과 시간이 제한되어 있었기 때문에, 케이팝 팬임을 자처하고 3년 이상 케이팝 콘텐츠를 소비한 적이 있는 참가자 중에서 근접성, 접근성, 가용성을 기준으로 표본 크기를 결정하였다. FGD는 특정 주제를 여러 사람이 심층적으로 대화함으로써 깊고 풍부한 텍스트 데이터를 생성하므로, 표본 크기를 제한적으로 유지하였다. 목적 표집은 케이팝 팬이라고 생각하는 젊은 여성을 식별하는 데 도움을 주었고, 스노우볼 표집은 이미 모집된 참가자를 통해 보다 폭넓고 다양한 응답자 그룹에 다가갈 수 있도록 하였다. 수집된 데이터는 1차 자료이자 텍스트 기반의 서술적 데이터였다. 이후 데이터 분석을 위해 음성녹음을 하고 전사본을 준비하였다. 코드는 탐색적 연구에 적합한 귀납적 코딩을 통해 생성하였고, 도출된 코드와 범주는 반복되는 패턴을 식별하여 주제별 설명을 하는 주제 분석 thematic analysis으로 이어졌다.

표 1. 표본 세부사항

차수	참가자 수	FGD 형식	연령집단
FGD 1	5 (남=0, 여=5)	대면	19-22
FGD 2	5 (남=0, 여=5)	온라인	18-24
FGD 3	5 (남=1, 여=4)	대면	18-24

연구의 한계

- 본 연구는 표본 크기가 작았고, 자원 및 참여자 접근성의 제한으로 인해 한 장소에 국한되었다.
- 데이터는 한가지 방법, 즉 포커스 그룹 토론을 통해 수집되었다. 따라서 도출된 인사이트는 다른 방법을 사용하여 비교하거나 검증할 수 없었다.
- 본 연구는 제한된 시간 내에 수행되었다. 따라서 케이팝, 그중에서도 특히 BTS에만 집중하였다. 한국의 드라마, 영화, 예능 프로그램, 게임과 같은 다른 대중문화 형식들은 연구할 수 없었다.
- 연구에 참여한 응답자들 대다수는 여성이었다. 여러 차례 지속적으로 시도했음에도 불구하고 케이팝의 남성 소비자를 찾기는 어려웠다.

주요 결과

이 절에서는 포커스 그룹 토론에서 도출된 주요 주제들을 요약한다. 여성 참가자의 수가 남성 응답자보다 많았기 때문에, 여성들이 남성보다 더 규칙적으로 활발하게 케이팝을 소비한다고 결론지을 수 있다. 지역과 연령대 측면에서는, 모든 참가자들이 고르게 분포되어 있었다.

주제 1: 팬덤의 성격과 BTS 예찬

그림 2. 팬덤의 성격

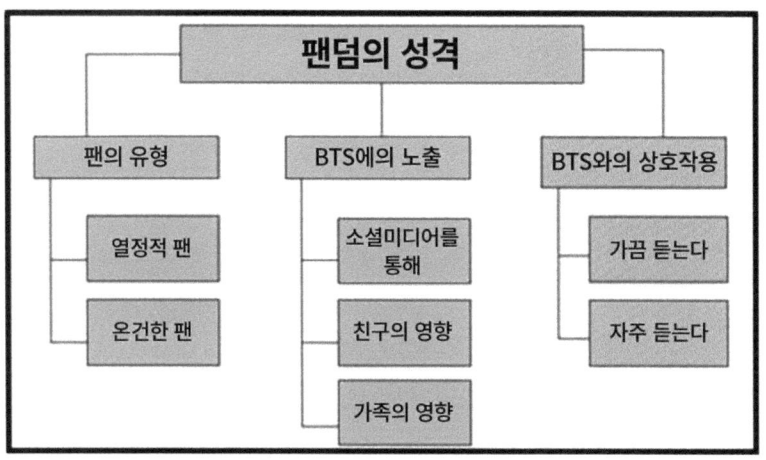

조사 결과에 따르면 응답자들은 BTS를 열정적으로 모방하며 그들의 음악, 춤, 패션, 외모, 스타일, 우정, 그리고 팀워크에 끌린다고 응답했다. 또한 BTS 팬이 됨으로써 느끼는 소속감과 공동체 의식을 소중히 여기는 것으로 나타났다. 한 응답자는 "제게 이 팬덤은 가족과 같아요. 그래서 모든 아미들과 함께 있는 것이 좋습니다"라고 말했다. 친구, 가족, 그리고 BTS에 대한 입소문 역시 이 그룹을 알게 되는 데 중요한 정보원 구실을 했다. 또 다른 큰 영향은 인스타그램, 유튜브, 와츠앱과 같은 소셜 미디어 플랫폼에서 온다. BTS를 좋아하는 이유를 묻자 참여자들은 '개인적인 특성', '일에 대한 헌신', 그리고 BTS가 보

여주는 '진정성'을 대표적인 이유로 꼽았다. 한 응답자는 "저는 BTS하면 '우리 모두 함께 있다'는 생각이 들어요. 그리고 그들이 진짜 사람처럼 행동하고, 누군가인 척하지 않기 때문에 정말 좋아해요"라고 말했다. 또 다른 사람은 "… 그들의 헌신, 노력, 그리고 무엇보다도 얼마나 진솔한지가 가장 큰 이유예요. 그들 같은 아티스트는 없는 것 같아요"라고 덧붙였다.

주제 2: BTS는 미에 대한 관념에 어떻게 영향을 미치는가

그림 3. BTS와 미에 대한 관념

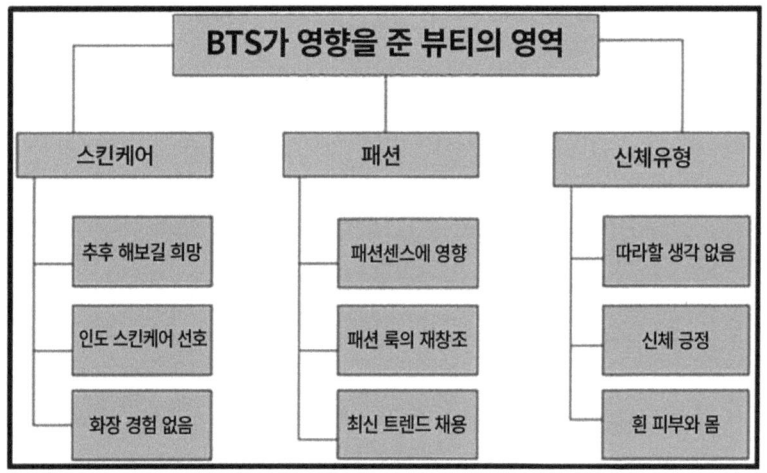

이 주제 아래에서 참가자들은 BTS가 스킨케어, 패션, 몸매 등 미와 관련된 다양한 부분에 미치는 영향에 대한 의견을 표명했다. 참가자들은 인도 스킨케어 제품을 선호하며, 현재까지 BTS에서 영감을 받은 메이크업을 시도해본 적은 없지만, 앞으로 BTS의 뷰티 루틴을 시도해보고 싶다고 밝혔다. 대부분은 한국의 스킨케어와 뷰티 기법에 관심을 보였으나, 시간과 비용 부담 때문에 시도하지 못했다고 했다. 그 중 두 명은 "관심은 많은데 열 단계의 스킨케어가 시간이 너무 많이 들어 아직 시도해보지 못했어요" … "한 번도 시도해본 적은 없지만, 경제적으로 독립하게 되면 꼭 해보고 싶어요"라고 말했다. 참가자들은 인도 제품에 익숙하고 본인들의 피부 타입이나 생활환경에 더 적합하다고 느껴

인도 스킨케어를 한국 뷰티 기술보다 선호했다("할머니께 배운 미용법과 한국 뷰티 제품 중 선택하라면 할머니의 것을 선택할래요", "스킨케어도 데시Desi(인도) 스킨케어가 제일 좋아요"). 이처럼 시간과 비용의 어려움, 그리고 고유의 뷰티 감성에 대한 선호에도 불구하고, BTS 멤버들이 빛나면서도 자연스러운 룩을 잘 소화하는 덕분에 한국적 미용 기준 역시 큰 매력으로 다가왔다 ("평생에 한 번쯤 그들이 쓰는 뷰티 제품을 꼭 써보고 싶어요").

응답자들은 BTS의 패션 스타일에 감탄을 표했다. 그들은 멤버들이 대중 앞에서 자신을 표현하는 방식에 큰 영향을 받았다. 일부 응답자들은 BTS를 따르기 시작한 후 자신의 패션 감각과 스타일링이 달라졌으며, 종종 BTS의 유명한 룩을 모방하려 했다고 밝혔다. 이들은 BTS 멤버들을 스타일 아이콘으로 여겼고, 멤버들이 입는 스트리트 패션과 오버사이즈 옷에 깊은 인상을 받았다. 아래의 응답들은 이러한 반응을 잘 보여준다.

"정국이라는 멤버가 있는데, 그의 스타일이 스트릿 스타일이라 제 성격과 많이 닮았어요. 저는 그처럼 옷을 입어요. 패션에 있어서는 그를 따라가요. 그는 저의 스타일 아이콘이에요."

"그리고 한국 문화가 저에게 영향을 주어서, 오버사이즈 옷이나 헐렁한 옷을 입게 되었어요. 저는 그들의 패션 감각에 정말 빠져 있습니다."

"제 패션 감각이 BTS 덕분에 많이 영향을 받은 것 같아요. 패션에서 그들을 정말 많이 따라해서, 지난 몇 년 동안 제 패션 감각이 완전히 달라졌어요."

"저는 제 동생을 스타일링해주었고, 겨울 패키지였는지는 잘 모르겠지만, 치타 프린트가 들어간 옷을 받았어요. 그래서 그 스타일을 동생에게 재현해보려고 했죠."

체형에 대해 질문했을 때, 응답자들은 BTS와 같은 몸과 피부를 갖고 싶다고 표현했지만, 엄격한 식단과 운동 루틴을 따를 의지는 없어 보였다. 그들은 한국인들이 체형 관리를 위해 엄격한 식단을 지킨다는 사실을 알고 있으나, 특정한 몸매를 위해 스스로를 굶기는 것은 불필요하다고 인정했다. 참가자들은 또한 '바디 포지티브'와 '셀프 러브'의 개념을 강조했으며, 어떤 이들은 BTS에게서 건강 유지의 동기를 부여받았지만, 다른 이들은 어떠한 외모든 스스로를 사랑하는 것이 중요하다고 강조했다("저는 개인적으로 그들과 같은 몸을 가져야 한다고 느낀 적이 없어요. 그들의 리더 RM에게서 배운 것은, 자신만의 방식으로 독특하고 아름다울 수 있다는 것입니다. 그래서 저는 저 자신을 사랑해요, 그것은 그들 덕분이기도 해요", "저는 코비드 봉쇄 시절에 살이 많이 쪄서 운동을 시작했어요. 그들을 보고 운동과 요가에 동기를 부여 받았죠. 네, 그들은 저에게 영향을 줬지만, 제가 그들처럼 되고 싶다는 생각을 한 적은 없어요").

주제 3: 개인과 사회에 대한 BTS의 영향

그림 4: 개인에 대한 BTS의 영향

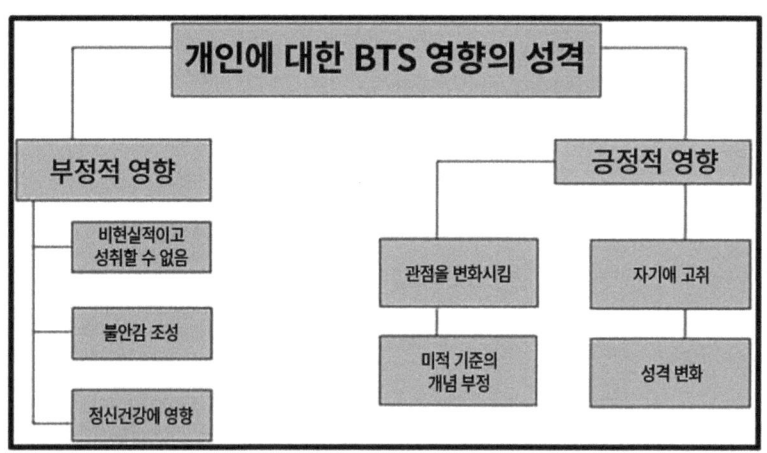

한국 대중문화가 팬덤과 사회에 미치는 영향에 대해 살펴보면, 그 결과는 긍정적일 수도 있고 부정적일 수도 있다고 나타난다. BTS가 제시한 미의 기준은 달성하기 어렵고 비현실적이며, 많은 응답자들은 이를 위해 시간과 돈을 투자하고 싶지 않다고 밝혔다. 한 응답자는 "한국의 미적 기준은 인도 문화의 기준과 매우 달라요. 그래서 인도 맥락에서는 달성할 수 없다고 생각합니다"라고

말했다. 또 다른 응답자는 "저는 달성할 수 없다고 생각해요. 왜냐하면 너무 시간이 오래 걸리거든요. 매일 1시간씩 10~12단계의 루틴을 해야 하니까 비현실적이죠"라고 말했다. 케이팝을 정기적으로 소비하다 보면 특히 피부색 등 외모에 대한 불안감이 생기기도 했으며, 이에 따라 BTS 멤버들과 자신을 비교하면서 자신이 부족하다고 느끼는 경우가 많았다. 이런 경험은 불안과 자존감 저하로 이어져 정신 건강에도 영향을 미쳤다. 자신의 경험을 나누며 한 응답자는 "하얀 피부가 미의 기준이라는 걸 알고 나서… 제 피부색이 싫어졌어요. 그때 제 피부색에 대해 불만을 갖게 되었고, 영향을 많이 받았어요."라고 말했다.

개인에게 미치는 긍정적 영향에 대해, 여러 응답자들은 BTS의 "자신을 사랑하라"는 메시지가 자신들에게 큰 영향을 주었다고 말했다. 이 메시지는 그들이 자신을 사랑하고, 소중히 여기며, 스스로를 받아들이도록 격려했다. 이러한 시각의 변화는 자기 자신을 바라보는 데서 그치지 않고, 타인과 소통하는 방식에까지 확장되었다. 비판적이거나 판단하는 시각 대신, 보다 긍정적이고 수용적인 태도를 갖게 된 것이다. 더불어, 자신감이 높아지고, 외향적이 되며, 긍정적으로 변하는 등 성격에서도 두드러진 변화를 느꼈다고 한다. 아래의 응답들은 이러한 변화를 잘 보여준다.

"저는 사람들을 존중하기 시작했어요. 누군가가 비만이거나 피부색이 어두운 경우, 그들을 어떻게 행복하게 해줄 수 있는지 BTS에게서 배웠습니다."

"저는 진에게 그 공을 돌리고 싶어요. 진 덕분에 저 자신을 사랑하게 되었어요. 저는 제 외모나 다른 사람들이 저를 어떻게 생각할지에 대해 자신감이 많이 없었지만, 진이 저에게 남들과 다르게 살아가고, 다른 사람들이 뭐라고 하든 신경 쓰지 말며, 있는 그대로의 자신을 사랑하라고 가르쳐 줬거든요."

"제 성격에 변화가 생겼어요. 다른 사람들에게 좀 더 개방적이고 수용적으로 변했고, 예전보다 판단하는 성향이 줄어들었습니다."

케이팝의 사회적 영향력은 긍정적인 면과 부정적인 면을 모두 지닌다. 인도의 맥락에서 BTS가 제시하는 미의 기준은 달성하기 어렵다("저는 그 수준의 미적 기준을 달성하는 것이 매우 어렵다고 느낍니다. 인도인으로서 우리는 갈색 피부이고, 피부 타입도 다르기 때문에 아무리 노력해도 그 밝은 피부를 얻는 것은 불가능합니다."). 인도의 사회문화적 가치관은 경직되어 있고 고정관념이 강하기 때문에, 한국의 미적 가치관과는 맞지 않다("인도 사회에서 남자가 메이크업이나 스킨케어에 집착하면, 사람들은 '여자처럼 왜 그러냐'고 조롱할 것입니다. 그에게는 매우 힘든 일일 겁니다."). 게다가 많은 응답자들은 BTS와 케이팝에 열광하는 젊은이들에 우려를 나타냈다. 이들은 BTS를 닮으려는 압박감이 청년들을 불행하고 자의식이 강하게 만들 것이라고 걱정했다. 이로 인해 정신 건강에 악영향이 발생하고, 우울, 스트레스, 불안감 등으로 이어질 수 있다. 한 응답자는 다음과 같이 말했다. "결국 윤기 나는 피부를 얻을 수 없다면 우울증과 불안감이 생길 수 있습니다. 스스로를 존중하지 않게 되고, 사람들 앞에서는 항상 자신을 의식하게 됩니다. 이런 현상은 사회에 들어와서는 안 되는 것입니다."

긍정적인 면에서 일부 응답자들은 BTS가 독특한 스타일과 패션 선택을 통해 '해로운 남성성toxic masculinity'의 고정관념에 도전하는 데 중요한 역할을 했다고 언급했다. 그들은 남성이 남성적으로 보이기 위해 반드시 힘이 세거나 근육질이거나 키가 크거나 건장할 필요가 없다는 점을 역설했다. 이를 통해 BTS는 인도인들이 남성성을 인식하는 방식에 긍정적인 변화를 불러왔으며, 이러한 변화가 느리고 점진적일 수는 있지만 분명히 일어나고 있다. 한 응답자는 "저는 BTS가 전 세계적으로 해로운 남성성을 감소시키고 있다고 생각해요. 왜냐하면, 어떤 남성들은 좀 권위적일 수 있잖아요. 하지만 BTS는 모두의 관점을 바꾸면서 긍정적인 이미지를 만들기 위해 노력하고 있어요."라고 말했다. 다른 응답자는 "인스타그램 같은 데 보면… 화장을 하는 남성들이 많아졌어요. 우리 오빠도 이제는 화장을 하기 시작했어요. 예전엔 그냥 세수만 했는데, 이제는 메이크업 도구가 있더라구요."라고 말했다. 이처럼 BTS는 남성의 메이크업이나 스킨케어 같은 행동을 자연스럽게 받아들이도록 시장 트렌드 변화에도 일조했다.

이는 남성의 자기표현과 외모 관리에 대한 태도가 변화하면서 사회 전반에 나타나는 더 큰 변화의 일환이다.

케이팝, 특히 BTS의 또 다른 긍정적인 영향은 음악과 예술을 통해 중요한 사회 문제에 대한 인식을 높인다는 점이다. 팬 커뮤니티는 BTS가 오늘날 젊은 세대가 직면한 어려움을 다루는 곡들을 만들어낸 데에 박수를 보낸다. 일부 응답자들은 BTS의 음악이 정신 건강 문제를 겪을 때 자신에게 지지와 위로가 된다고 말했다("저는 지민의 "약속"처럼 차분하고 편안한 노래를 정말 좋아해요. 그래서 악몽을 꾸지 않고 잘 수 있도록 잠들기 전에 항상 틀어놓았어요.").

토론과 결론

서인도 중형 도시에 거주하는 젊은 성인들 사이에서의 케이팝 팬 문화에 관한 이 연구는, 대중문화가 미의식에 미치는 영향이 사회적 측면과 상업적 측면 모두에서 평가될 수 있음을 보여준다. 미와 관련된 사회적 가치 측면에서 볼 때, 케이팝이 인도 문화 내의 미의 개념에 미치는 영향은 제한적이다. 이는 인도 사회가 외부 문화의 영향에 쉽게 흔들리지 않는, 자체적으로 확립된 견고한 미의 기준을 가지고 있기 때문인 것으로 보인다. 하지만 케이팝은 팬들의 삶의 다양한 측면에 긍정적인 영향을 미치기도 한다. 여기에는 자기애를 장려하고, 해로운 고정관념에 도전하며, 중요한 사회 문제를 다루고, 팬들의 인격에 긍정적인 변화를 촉진하는 일이 포함된다. 이는 케이팝이 때로 긍정적인 영향력을 행사하며, 케이팝 스타들이 전혀 다른 미의 기준을 홍보하더라도 팬들에게는 롤모델이 될 수 있음을 보여준다.

시장 측면에서 볼 때, 한국 문화가 인도 사회에, 특히 젊은 세대를 중심으로 패션을 통해 받아들여지고 있다는 점이 눈에 띈다. 패션 트렌드는 오버사이즈 의류, 스트리트웨어, 유니섹스 패션, 그리고 배기 스타일 의류 등으로 변화하고 있으며, 이러한 스타일들이 인도에서 상당한 인기를 얻고 있다. 이러한 패션 선호도의 변화는 한국에서 영감을 받은 패션 패턴이 점점 더 확산되고 있음을 나타낸다. 이러한 흐름은 더 많은 소비자들이 다양한 디자인을 탐색하고 받아들임에 따라 패션 시장에 새로운 활력을 불어넣어 패션 산업의 경제 성장에도 기여할 가능성이 높다. 이는 인도가 다양한 문화를 수용하는 유연성을 반영한다. 이것은 젊은 세대가 낡은 규범에서 벗어나 보다 다양하고 국제적인 스타일을 추구하는 사고방식의 변화를 의미한다. 그리고 이는 경제 발전과 국제 협력을 촉진하는 문화 교류의 힘을 보여준다.

BTS라는 세계적 현상에 의해 힘을 얻은 한국 문화는 분명 앤서니 기든스가 '현대성의 거대기계'라는 개념에서 논의한 오늘날의 대규모 문화변동과 비교될 수 있다. 일부는 케이팝이 사회문화적 구조에 긍정적인 영향을 미칠 것이라고 믿지만, 케이팝을 비롯한 다양한 한국 엔터테인먼트와 그 영향력이 인도 등 세계 다른 지역의 토착 문화에 미치는 영향에 대한 우려의 목소리도 있다. 케이팝 산업에서 나타나는 미의 기준이 인도 사회에 널리 퍼져 있는 다양한 미적 가치와 일치하지 않을 수 있으나, 인도 내 케이팝 팬들의 수가 증가함에 따라 미래에는 인식이 크게 달라질 가능성도 있다. 인도 내 케이팝 팬덤의 확장은 문화적 교류와 개인적 성장의 기회를 제공한다. 문화적 개방성과 다양성은 현대적이고 진보적이며 평화로운 미래를 위해 핵심적인 가치이지만, 동시에 자신의 문화 유산과 가치를 기리고 보존해야 할 필요성 역시 인식하는 것이 중요하다.

참고문헌

Ahn, J., Oh, S., & Kim, H. (2013). Korean pop takes off! Social media strategy of Korean entertainment industry. *10th International Conference on Service Systems and Service Management* (pp. 774-777). IEEE. doi:10.1109/ ICSSSM.2013.6602528

Arambam, T. (2019). Transition of the idea of masculinity in k-pop culture with in Indian viewers. *Navajyoti: International Journal of Multidisciplinary Research, 4*(2), 1-4.

Berger, P. L., & Luckmann, T. (1966). *The social construction of reality: A treatise in the sociology of knowledge.* Anchor Books.

Besman, A., Septrina, R., Halleyana, P., & Rahman, A. (2018). The change of beauty standard, a Korean wave phenomenon: Findings from Bandung City. *Proceedings of the International Conference on Media and Comm unication Studies* (ICOMACS 2018) (pp. 117-119). Atlantis Press. doi: https://doi.org/10.2991/icomacs-18.2018.28

Chang, W., & Park, S.-E. (2019). The fandom of Hallyu, a tribe in the digital network era: The case of ARMY of BTS. Kritika Kultura, 32, 260-287. doi:https:// doi.org/10.13185/ KK2019.03213

Chung, Ye R. (2022). *BTS & ARMY: A South Korean music group and their fandom create a new grassroots movement for social change.* Masters Thesis. 1041.https://scholarworks. gvsu.edu/theses/1041

Fong, J. A. (2021). The effects of South Korean beauty standards on body image, self-esteem, and life satisfaction amongst Asian Americans. Honors Projects. 134. Seattle Pacific University. https://digitalcommons.spu.edu/ honorsprojects/134

Cohen, L., Manion, L., & Morrison, K. (2007). *Research methods in education* (Sixth ed.). Oxon: Routledge.

Giddens, A. (1991). *Modernity and self-identity: Self and society in the late modern age.* Stanford University Press.

Giddens, A. (1991). Structuration theory: past, present and future. In C. Bryant, & D. Jary (Eds.), *Giddens' theory of Structuration: A critical appreciation* (First ed., pp. 201-221). Routledge.

Jairath, J., & Daima, R. (2021). Role of pop culture in popularizing gender-bending fashion and ideals of beauty and makeup. *International Journal of*

Policy Sciences and Law (IJPSL), 1(3), 1637-1649. Retrieved from https://ijpsl.in/wp-content/ uploads/2021/07

Jayaratne, K. I. (2023). Entertainment, social & economic impact on the world given by famous global icons 'BTS'. University of Moratuwa. doi:http://dx.doi.org/10.13140/ RG.2.2.33121.89441

Jiju, C. A. (2023). The *Korean turn: A study of cultural transformation in Kerela* [Master's thesis]. St. Teresa's College. Kerela.

Johnson, J. (2023). *The K-Wave and its impact on the South Korean Economy.* Honors Theses. 859 Ouachita Baptist University. https://scholarlycommons.obu.edu/honors_theses/859

Jung, E.-Y. (2015). New wave formations: K-Pop idols, social media, and the remaking of the Korean Wave. In S. Lee, & A. M. Nornes (Eds.), *The Korean Wave in the Age of Social media* (pp. 73-89).

Kanozia, R., & Ganghariya, G. (2021, March). Cultural proximity and hybridity: popularity of Korean pop culture in India. *Media Asia*, 48(3), 219-228. doi:https://doi.org/10.1080/01296612.2021.1902079

Kim, P., & Hutt, E. (2021). K-pop as a social movement: Case study of BTS and their fandom ARMY. *Journal of Student Research*, 10(3), 1-15. doi:https://doi.org/10.47611/jsrhs.v10i3.1772

Kwon, Y. J. (2018). The emergence of k-beauty: rituals and myths of Korean skin care practice. *In International textile and apparel association annual conference Proceedings* (Vol. 75, No. 1). Iowa State University Digital Press.

Lee, J., & Nguyen, A. (2020). How music fans shape commercial music services: A case study of BTS and ARMY. *Proceedings of the 21st ISMIR Conference* (pp. 837-845). Montreal: International Society for Music Information Retrieval (ISMIR).

Mahr, K. (2012). South Korea's greatest export: How K-Pop's rocking the world. Time. https://world.time.com/2012/03/07/ south-koreas-greatest-export-how-k-pops-rocking-the- world/

McLaren, C., & Jin, D. (2020). "You Can't Help But Love Them": BTS, transcultural fandom, and affective identities. *Korea Journal*, 60(1), 100-127. doi:10.25024/kj.2020.60.1.100

Nag, A. (2023). K-craze in India: How the Hallyu Wave is shaking up language learning and inspiring Indian students. *Korea Centre*: https://koreacentre.

org/2023/09/20/k-craze-in-india- how-the-hallyu-wave-is-shaking-up- language-learning-and- inspiring-indian-students/

Ng, A. H. J. (2023). *The impact of K-Pop on social media among Malaysians youth: A study on the influence of K-Pop idols on the beauty standards, fashion trends and lifestyle habits of the Malaysian youth in Kuala Lumpur and Selangor* Doctoral dissertation. Tunku Abdul Rahman University of Management and Technology.

Reimeingam, M. (2014). Korean wave and Korean media consumption in Manipur. *Journal of North East India Studies,* 4(2), 15-30. Retrieved from https://www.jneis.com/wp-content/uploads/2020/12/4.2.2.pdf

Romano,A. (2018). How K-pop becameaglobalphenomenon. Retrieved fromVox: https://www.vox.cculture/2018/2/16/16915672/what-is-kpop-history- explained

Sarkar, R. (2023). BTS and its musical impact: A study of urban youth of metro cities of India. *Journal of Communication and Management,* 2(2), 88-94. doi:https://doi.org/10.58966/ JCM2023222

Seo, Y., Cruz, A. G., & Fifita, I. M. (2020). Cultural globalization and young Korean women's acculturative labor: K-beauty as hegemonic hybridity. *International Journal of Cultural Studies,*23(4).doi:https://doi.org/10.1177/ 1367877920907604

Shim, D. (2006). Hybridity and the rise of Korean popular culture in Asia. *Media, Culture & Society,* 28(1), 25-44. doi:https:// doi.org/10.1177/016344370 6059278

Statista. (2023). Social media user penetration rate in South Korea as of July 20 22, by age group. Retrieved from Statista: https://www.statista.com/ statistics/763718/

Stone, Z. (2013). The K-Pop plastic surgery obsession. Retrieved from *The Atlantic*: https://www.theatlantic.com/ health/archive/2013/05/the-k-pop-plastic- surgery- obsession/276215/

Uyuna, A., Zakaria, Z., & Rahim, A. A. (2020). Halal certification of Korean food in Malaysia: The challenges and step ahead. *8th International Islamic Economic System Conference 2019* Sepang. Retrieved from https://www.researchgate.net/publication/340114530

Wang, W. (2024). Korean beauty standards explained - Complete guide 2024. Retrieved from the VOU: https:// thevou.com/beauty/korean-beautystandards/

Widyaningrum, R., Ramadhani, K., & Lestari, B. (2023). Literature review: K-beauty effect on health behavior and korean cosmetics purchasing in Indonesia. *Disease Prevention and Public Health Journal*, 17(1), 69-75.

Zaizakrani, F. (2021). Malaysians' acceptance towards Korean beauty standards embedded in Korean popular culture. *Forum Komunikasi*, 16(2), 82-107. Retrieved from https:// ir.uitm.edu.my/id/eprint/57942

---

1) OIAA (https://www.oneinanarmy.org/)는 "전 세계의 자원봉사자로 구성된 팬 연합"으로, "집단의 힘을 지구적 선을 위해 사용"하는 것을 믿는다. "I am ONE in an ARMY(나는 ARMY의 일원)"이라는 모토는 "많은 사람들이 소액을 기부해도 큰 영향력을 만들 수 있다"는 뜻을 내포한다.

5장

상이한 미디어 관리의 핵심 요소로서의 상업화 잠재성

중국의 먹방 규제와 온라인 섭식장애 커뮤니티에 관한 문화구획 연구

시쥔 셴 Sijun Shen

서론

중국의 인터넷 거버넌스는 시장과 정치적 통제 사이에서 끊임없이 줄타기를 하고 있다(Li, 2019). 한편으로 정보기술 발전은 중국 경제 발전을 위한 최우선 과제로 추진된다(Wang, 2005). 레나 장Lena Zhang(2006: 282)의 연구에 인용된 인터뷰에서 한 고위 정책 입안자는 "중국에는 선택의 여지가 없었다... 경제 발전이 모든 것의 최우선이었다"고 밝혔다. 그 결과 중국은 위험을 감수하고 '파리를 들어오게'—즉, 자본주의적 영향력이 중국의 문화와 사회에 영향을 미치도록 허용—할 수밖에 없었다(Li, 2014). 반면, 중국은 정치적 안정을 보장하기 위해 인터넷에 대한 권위주의적 통제를 유지하고 있다(Kalathil and Boas, 2001). 이러한 시장과 정치의 긴장에 직면하여 중국은 한 손으로는 진흥하고, 다른 한 손으로는 통제하는 '양손 전략two-hand strategy'(Zhang, 2006: 279)을 채택하여 반응적이고 적응적인 조치를 취해왔다.

루저우 리Luzhou Li(2019)에 따르면, 중국의 진흥-통제 전략과 관련해서 반응적이고 적응적인 조치 중 하나는 서로 다른 미디어 형태를 상이한 전략으로 관리하는 것이다. 리(2019: 3)는 이러한 차별적 미디어 관리를 '문화구획cultural zoning'이라 명명하며, "중국 정부는 일부 부문의 시장화를 제한하는 반면, 다른

부문에는 더 많은 시장 운영을 허용한다"고 썼다. 드 세타de Seta가 주장하듯이 (2020: 35), 중국의 차등적 거버넌스는 당-국가의 정치적 정당성을 떠받쳐온 시장지향의 점진적 발전 전략과 부합한다.

이 글은 문화구획 개념을 적용하여 최근 중국에서 관찰되는 두 가지 온라인 서브컬처, 즉 먹방과 온라인 섭식장애eating disorders, ED 커뮤니티에 대한 차별적 관리 방식을 분석한다. 먹방은 극단적인 식사를 생중계하는 것으로, 10여 년 전 한국에서 등장하였으며 2014년 이후 국제적인 센세이션이 되었다(Kim, 2014). 본 연구에서는 먹방을 '먹방 스트리밍'으로 개념화하는데, 이 용어가 한계 없음, 연속성, 그리고 탈신체화의 의미를 담고 있기 때문이다. 즉, 이 개념은 음식이 스트리머의 몸을 통해 '흐르는 것'으로 형상화한다. 중국에서는 먹방 스트리밍이 2015년부터 2017년 사이 온라인 '유행'으로 등장했으며, 이는 중국의 급성장하는 라이브 스트리밍 산업의 물결을 타고 퍼져나갔다(Ji, 2018). 중국 먹방 스트리밍의 독특한 특징 중 하나는 섭식장애 커뮤니티와의 연관성이다(qq.com, 2018). 중국의 섭식장애 커뮤니티도 폭식 관련 콘텐츠를 생산, 유포했으나, 미디어 형태가 달랐다. 라이브 스트리밍이 아니라 사진과 글로 표현한 것이다. 먹방 스트리밍은 콘텐츠 조정 및 추가 수익화의 조건 하에 계속 허용되는 반면, 중국의 섭식장애 커뮤니티는 전면 금지되어 온라인 공간에서 완전히 사라졌다.

리(2019: 2)의 주장, 즉 중국의 문화구획이 '궁극적으로 당-국가의 영구적인 정치적 정당성 추구와 연관된 시장 중심의 개발 전략'이라는 점을 바탕으로, 본 연구는 중국의 먹방 스트리밍과 섭식장애 커뮤니티에 대한 차별적 관리가 이들의 식문화 상업화 가능성과 어떻게 연결되는지를 검토한다. 여기서 상업화란, 이들 커뮤니티의 수익 창출 능력과 실행자들이 규제에 적극적으로 복종하는 태도를 의미한다. 본 연구는 상업화 가능성이 중국의 차별적 미디어 관리에 기여하는 핵심 요인 중 하나임을 보여준다.

이 연구는 중국 인터넷 검열의 다층성과 적응성을 강조함으로써 이 분야의 연구에 기여한다. 또한 이 연구는 유사한 콘텐츠를 생산하고 유통하는 미디어들에 대한 중국의 차별적 관리 방식을 살펴봄으로써 문화구획 연구에 새로운 뉘앙스를 더한다. 특히, 이 장은 중국의 규제 체계가 먹방 스트리밍을 용인하는 이유가 중국 인터넷 산업 내에서 이를 흡수할 수 있기 때문임을 보여준다. 끝으로 이 장은 미디어 형태의 차이 외에도 중국의 차별적 미디어 관리에 영향을 미치는 요인으로서 상업화 가능성이 작용함을 밝혀낸다.

이 글은 중국의 먹방 스트리밍 및 온라인 섭식장애 커뮤니티에 대한 5년간의 넷노그래피 연구 데이터를 바탕으로 작성되었다. 구체적으로, 본 연구는 중국의 먹방 영상 및 라이브 스트리밍에 대한 텍스트 분석과 먹방 및 섭식장애 커뮤니티와 관련된 온라인 댓글, 토론, 언론 보도, 정부 정책에 대한 담론 분석을 통해 이루어졌으며, 주로 〈즈후知乎〉와 〈바이두 티에바百度贴吧〉(중국 최대 온라인 포럼)에서 자료를 수집하였다. 이 장은 〈콰이쇼우快手〉의 대표적 먹방 스트리머들인 마오메이메이猫妹妹, 량웨이셴梁偉賢, 아하오阿昊, 통통桐桐 등 네 명의 사례 분석을 통해 먹방의 상업화 과정을 탐구한다. 이 네 사례는 팔로워 수와 중국의 먹방 규정에 대한 준수 태도를 기준으로 선정되었다.

여기서는 먼저 먹방 스트리밍, 중국의 인터넷 검열, 그리고 문화구획에 관한 관련 문헌을 검토한다. 이후, 중국이 먹방 스트리밍과 섭식장애 커뮤니티를 차별적으로 관리하는 방식에 관해 세 단계로 분석한다. 첫째, 두 서브컬처의 역사와 그 연결 고리를 소개한다. 둘째, 두 서브컬처에 대한 중국의 차별적 규제를 조명한다. 셋째, 네 명의 먹방 스트리머가 최근의 규제에 어떻게 대응했는지 분석한다. 본 연구는 중국이 콘텐츠 조정을 통한 수익화와 전면 금지 사이에서 두 온라인 문화 생산물을 차별적으로 관리하게 만든 핵심 요인이 상업화 가능성이었음을 보여주며 결론을 맺는다.

먹방, 중국의 인터넷 검열, 그리고 문화적 구획

먹방 스트리밍은 미디어 및 커뮤니케이션연구, 문화연구, 여성학, 비즈니스 및 경영학, 심리학 등 다양한 학문 분야에서 연구 주제로 부상하고 있다. 영어로 출간된 선행 연구의 대부분은 먹방의 인기가 왜 높은가의 이유에 초점을 맞추고 있다. (1) 상호작용성과 유대감 효과(Choe, 2019; Park, 2020; Pereira et al., 2019; Rüdiger, 2020; Strand and Gustafsson, 2020); (2) 외로움을 완화시키는 정서적 위무(Lebesco and Naccarato, 2017; Spence et al., 2019); (3) 새로움과 통제감, 충격 효과(Anjani et al., 2020; Woo, 2018) 등이 그 주요 이유로 거론된다. 최근에는 먹방의 중독성에 대해 경고하는 연구가 많아지고 있다. 먹방은 일시적으로 위안을 주지만, 장기적으로는 중독이나 건강하지 못한 소비 습관 등 심리적 해악을 유발할 수 있다는 것이다(Kircaburun et al., 2021; Strand and Gustafsson, 2020). 이러한 연구는 유튜브가 지배적인 나라들에서의 먹방에 주로 초점을 맞추고 있으며, 중국에서 먹방 스트리밍의 발전은 종종 간과된다.

중국에서의 먹방 스트리밍 연구는 중국 공산당의 의제에 부응하여, (1) 부정적이고, 저속하며, 외설적이고, 인터넷 쓰레기라는 비판(Li and Liu, 2019; Lu, 2020; Ma, 2018; Zhao, 2018); (2) 비윤리적이고, 부도덕하며, 반복적이고, 무의미하다는 시각(즉, 중국의 이념 교육에 도움이 되지 않는다는 의미)(Wang and Chu, 2021; Yao, 2020); 그리고 (3) 잘못된 길로 인도하고, 건강하지 못한 소비를 조장한다는 평가(Qu, 2019; Shi, 2019; Wang and Niu, 2021)로 이루어진다. 그러나 이러한 비판들은 편파적인 경향이 있으며, 먹방 스트리밍이 중국의 검열과 시장 중심 통치의 복잡성을 어떻게 구현하는지에 대한 측면을 간과한다.

중국의 복합적인 검열 체제와 관련하여, 일부 연구자들은 중국의 시장 지향적 특성에 주목하면서 중국의 공격적인 인터넷 개발 계획이 미국을 넘어 전 세계 인터넷 공간을 장악할 위협이 된다고 주장한다(Chen et al., 2018; Iosifidis and Wheeler, 2016; Segal, 2018). 그러나 다른 이들은 중국의 인터넷 검열이 경제 발전의 발목을 잡는 제약이라고 본다(Balding, 2017; Morrison, 2019). 보다 최근의 연구들은 중국이 정치적 주권을 보장하기 위해 미디어를 강하게 통제하는 한편, 경제 성장을 촉진하기 위해 인터넷 및 기술 관련 분야의 발전을 가속화한다고 주장한다(Franda, 2002; Hou, 2018; Lee, 2017;

McGregor, 2019; Zhu, 2017). 리(2019)의 최근 저서 『중국을 구획하다*Zoning China*』에서는 중국이 차별화된 미디어 거버넌스를 통해 어떻게 정치적·시장적 이중 목표를 달성했는지에 대해 논의한다.

그의 연구 결과에 따르면(Li, 2019: 2), '중국 정부는 일부 미디어 분야에서 시장 관계를 더 전략적으로 적용해왔으며', 따라서 '일부 콘텐츠는 엄격한 감독 하에 있었던 반면, 다른 콘텐츠는 묵인되거나 공개적으로 허용되었다'(Li, 2019: 43). 저우(2020: 515)는 문화구획 개념을 바탕으로 '시장 지향적인 온라인 미디어 관행이 중국 당-국가의 정치적 정당성을 유지하는 데 도움을 준다'고 주장한다. 리(2019: 3)는 중국 정부가 문화구획을 통해 전략적으로 문화 영역을 시장과 관련된 여러 구역으로 재구성하여, 경제 발전의 결실을 누리는 동시에 자국의 국가 미디어를 사회주의 유산의 보존에 활용한다고 지적한다. 문화구획 연구는 중국이 먹방 스트리밍과 섭식장애 커뮤니티를 시장 지향적으로 차등 관리하는 방식을 탐구하는 데 적합하다.

먹방 스트리밍과 섭식장애 커뮤니티: 연결성, 유사성, 상이한 관리

이 절에서는 먹방 스트리밍이 한때 존재했던 온라인 섭식장애 커뮤니티들과 어떻게 연결되어 있었는지, 그리고 중국의 검열 체제 하에서 이 두 미디어 형태가 어떻게 다르게 관리되었는지를 보여준다. 이들의 연관성과 유사성은 중국이 이 두 미디어 형태를 각각 어떻게 다르게 관리하는지—즉, 콘텐츠 조정을 조건으로 한 추가적 수익화와 온라인 공간에서의 완전한 절멸— 이해할 필요성을 더욱 강조한다.

먹방 스트리밍과 섭식장애 공동체 간 연결성과 유사성

중국 먹방의 특징 중 하나는 온라인 섭식장애 커뮤니티에서 시작되었다는 점이다. 이런 이유로 먹방은 공개된 동영상 플랫폼이 아니라 비공개 QQ[1] 채팅 그룹(qq.com, 2018)에서 처음 등장했다. 이 사실은 섭식장애 포럼에 올라온 홍보 게시물들로 인해 알려졌다.

중국의 섭식장애 커뮤니티는 2012년경 바이두 티에바의 '취토바(구토 유발 포럼)'에서 시작되었다. 2018년까지 이들 커뮤니티는 '구토 유발 포럼', '토끼를 통해 알게 된 포럼', '폭식 포럼', '폭식과 구토 포럼' 등 다양한 포럼들로 이루어졌다. 이들 포럼은 2019년 전면 금지되기 전까지 각각 10,000여명에서 50,000여명의 회원을 보유하고 있었다.

참가자들은 섭식장애라는 공통된 증상을 통해 공동체 의식을 형성하였다. 포럼 중 하나였던 '토끼를 통해 알게 된 포럼'의 슬로건은 '우리는 서로를 사랑하는 가족이다'였다. 구성원들은 이곳이 학교와 직장에서 당한 차별 경험을 안전하게 공유할 수 있는 공간이라고 믿었다. 한 회원은 이렇게 썼다. "내 룸메이트들은 내가 기형적인 괴물이라고 생각해요. 방에 내가 있는데도 내 이야기를 하고, 내가 토할 때는 비웃어요. 미쳤다, 정신 나갔다, 괴물 같다며 부르죠... 심지어 그냥 죽으라고까지 했어요. 그 말 때문에 더 폭식하고 싶어졌고, 토하고 나면 일종의 보복감까지 들어요"(2015년 6월 5일). 이러한 온라인 포럼들은 그들에게 혼자가 아니라는 희망, 연결감, 이해받고 인정받는 경험을 제공하였다. 또 다른 회원은 "부모님께는 아픈 사실을 말할 수 없어요. 부모님이 거실에 계실 때 나는 몰래 화장실에 들어가 토하고 있는 내 자신이 너무 역겹기도 해요. 그래도 여러분도 저와 같다는 사실이 너무 기쁘고, 여러분에게 저의 이야기를 할 수 있어서 좋아요"라고 썼다(2017년 11월 13일). 포럼의 많은 게시글은 '가족 찾기' 형식으로, 같은 도시에 사는 사람들과 만나 함께 폭식하거나, 함께 토하거나, 혹은 함께 굶으려는 이들을 찾았다.

중국의 먹방 스트리밍은 섭식장애 커뮤니티 내에서 기원하였으며, 이는 게시판에 게시되는 글들과 유사하게, 먹방 또한 새로운 미디어 형식으로 폭식 관련 콘텐츠를 주로 제작하고 유포했기 때문이다. 2014년 9월, 중국 먹방의 창시자인 "처녀자리. 미식가处女座的. 吃货"(사용자명)는 중국 내 어느 플랫폼에서도 한국 먹방 영상을 찾을 수 없자, 유쿠 채널에 한국 먹방 영상을 업로드하기 시작했다. 이후, 이 영상을 시청하던 팔로워들은 중국인들이 제작한, 채팅이 가능하고 더 친근함을 느낄 수 있는 먹방 영상을 요청하기 시작했다(Sina, 2015). 그는 팬들의 요청에 부응하여 기존 팬덤과 섭식장애 커뮤니티에서 중국인 먹방 출연자들을 모집했다. 그는 83명의 스트리머를 모아 몇 백 명 규모의 QQ 채팅방을 다수 오픈했다(Kanchai, 2015). 중국 먹방의 초기에는, 사진 대신 라이브 스트리밍이나 영상을 제작한다는 점만 제외하면 섭식장애 포럼과 별 차이가 없었다. 중국 먹방 커뮤니티의 목표는 연결감, 소속감, 인정받는 느낌을 형성하는 것이었다. 중국 먹방의 슬로건에도 나타나듯, 그들의 목표는 '먹으면서 밝은 미래를 만들자'였다.

중국 온라인 섭식장애 커뮤니티와 먹방의 역사를 살펴보면, 이들이 유사한 콘텐츠를 생산하고 유포한다는 점이 분명해진다. 이들은 섭식장애 증상을 공유하는 온라인 참여자들과의 교차집단으로 형성되었다. 그럼에도 불구하고, 이들은 완전히 다른 관리 방식을 경험해왔다. 이는 중국의 문화적 구획 전략을 반영하는 전면 금지 조치와 콘텐츠 조정이다.

먹방 스트리밍과 섭식장애 커뮤니티에 대한 차등화된 관리

중국에서는 섭식장애 커뮤니티와 먹방이 인터넷 규제의 대상이 되어 왔다. 전자에 대해서는 관련 콘텐츠와 키워드 검색 결과의 삭제를 목표로 전면적인 금지 조치가 내려졌다. 반면 후자에게는 폭식 관련 콘텐츠를 삭제하는 조건 하에 방송이 허용되는 콘텐츠 조정 조치가 시행되었다.

온라인 섭식장애 커뮤니티에 대한 금지는 2016년 '구토 유발 포럼'의 폐쇄와 바이두 게시판에서 해당 키워드 검색 결과가 더 이상 나타나지 않으면서 시작되었다. 2019년부터 〈신화망新華網〉, 〈인민일보人民日報〉 등 당 소유의 주요 언론사들은 온라인 섭식장애 커뮤니티가 중국 사회에 미치는 부정적이고 바람직하지 않은 영향에 대해 비판하는 기사를 보도하기 시작했다(Shi, 2019). 2019년 말부터 이러한 포럼 대부분은 24시간 이내에 게시된 내용만 볼 수 있었고,

그 이전 글들은 더 이상 페이지에 나타나지 않았다. 몇 달 사이, 앞서 언급된 모든 온라인 섭식장애 커뮤니티는 바이두 티에바에서 삭제되어 완전히 사라졌다.2) 해당 게시판의 키워드 검색 결과는 다음과 같이 표시되었다: '죄송합니다. 관련 법률 및 규정에 따라 관련 내용이 표시되지 않습니다.'

섭식장애 커뮤니티에 대한 전면 금지령이 내려진 지 1년 만에 먹방 스트리밍 역시 검열에 직면하게 되었다. 2020년 8월 12일, CCTV는 먹방 BJ들의 행동이 낭비적이고 오해를 불러일으킨다고 비판했다(Xinhuanet, 2020b). 시진핑 주석의 주도로, 2020년 12월 22일에 중국은 음식을 낭비하는 행위를 단속하기 위해 '반낭비법'을 제정했다(中華人民共和國 全國人民代表大會, 2021). 반낭비법 제30조에는 방송국과 CAC(중국 국가인터넷정보판공실)가 대량의 음식 섭취를 조장하고, 생산·유포하는 시청각 콘텐츠에 대해 감시하고, 금지 및 처벌할 의무가 있음을 명확히 규정하고 있다(中華人民共和國 全國人民代表大會, 2021).

먹방 스트리밍이 법의 대상이 되는 현상은 플랫폼과 지방 정부의 규제에서 관찰할 수 있다. 주요 라이브 스트리밍 플랫폼들은 '반음식물낭비법'을 위반한 먹방 BJ들에 대해 '전쟁'을 선포했다. 틱톡은 낭비 행위를 보인 이용자들에 대한 처벌 규정을 발표했고, 콰이쇼우는 낭비 행위가 감지될 경우 영상 삭제 및 라이브 스트리밍이 금지될 것을 예고했다. 도우인抖音은 음식 프로그램에 대한 콘텐츠 심사를 강화하여 낭비 행위를 방지하겠다고 밝혔다(Xinhuanet, 2020a). 한편, 허베이성河北省은 가짜 먹방, 고의적 구토, 폭식 콘텐츠의 제작 및 유포를 금지하는 규정을 선포했고, 허페이시合肥市는 라이브 스트리밍 플랫폼에서 폭식 및 기타 낭비 행위를 금지했다. 하이난성海南省에서는 가짜 먹방, 고의적 구토, 폭식 콘텐츠에 SNS 플랫폼이 참여하는 것을 금지했다. 광둥성广东省은 영상 콘텐츠 제공자가 음식 관련 라이브 스트리밍 콘텐츠에 대한 관리와 모니터링을 강화하도록 요구하는 조치를 취했다(Nan Fang Gong Bao, 2020). 실제로 새로운 법에 따라, 음식을 대량 섭취하는 스트리머는 중국에서 법적 책임을 질 수 있게 되었다(Chinadaily, 2021).

하지만 폭넓은 금지를 시행하는 섭식장애 커뮤니티들과 달리, 중국은 먹방 스트리밍을 관대하게 관리하며 시청자들에게 이러한 방송의 '숨겨진 진실'을 알리고 교육한다는 태도를 취했다. 중국은 먹방 영상을 계속 내보내면서도 먹방 진행자들이 폭식하는 행동만을 바로잡도록 지도한 것이다.

관찰된 바와 같이, 플랫폼들은 규제에 따라 형태를 바꾸어가며 계속해서 먹방 스트리밍 콘텐츠를 홍보하고 있다. 중국 최고의 먹방 플랫폼인 콰이쇼우에서는 더 이상 스트리머들이 자신의 사용자명에 '吃播(먹방)'나 '大胃王(대식왕)'을 쓰지 않는다. 대신, 검색 결과에는 주류 미디어에서 제작한 '반식량낭비법', 금지령, 그리고 이러한 행위가 불법이고 병리적임을 알리는 수백 개의 영상이 나타난다. 그럼에도 불구하고, 콰이쇼우의 검색 알고리즘은 계속해서 '美食播主(미식 블로거)' 230만 좋아요, '吃美食视频(먹방영상)' 1,680만 조회수, '吃美食视频过瘾(쾌감 먹방 영상); 1,410만 조회수 등의 문구가 붙은 콘텐츠를 추천하고 있다.

중국의 인기 쇼츠 공유 플랫폼인 빌리빌리에서는 '吃播'나 '大胃王'을 검색해도 더 이상 결과가 나오지 않는다. 검색 결과에는 '낭비 거부 이니셔티브拒绝浪费'라는 슬로건이 담긴 동일한 영상 7개만 표시될 뿐이다. 그러나 예를 들어 검색어를 '美食(미식)'으로 바꾸면 여전히 수많은 동영상, 사용자 계정, 그리고 라이브 스트리밍들이 검색된다.

중국 본토 버전의 틱톡인 도우인에서는 검색창 아래에 '음식을 소중히 여기고, 낭비를 거부하며, 합리적인 소비와 건강한 삶'을 강조하고 있습니다('珍惜粮食, 拒绝浪费, 合理饮食, 健康生活)라는 표기를 볼 수 있다. 그럼에도 불구하고 '大胃王'을 검색하면 스트리머 계정명에서의 삭제 여부와 무관하게 여전히 검색이 가능하다. 도우인의 스트리머 중에서는 랭웨이셴이 아직도 3,550만 명의 팔로워를 보유하고 있으며, 미즈쥔密子君은 1,350만 명, 아하오는 130만 명의 팔로워가 있다.

이 연구가 진행된 시점에는 먹방 스트리밍을 전면적으로 금지할 정도의 검열 요구는 없었다. 섭식장애 커뮤니티의 완전한 제거와 달리, 먹방 스트리밍 산업은 일부 변화가 있었음에도 불구하고 검열 체제 속에서도 생존한 것으로 보인다.

비슷한 콘텐츠를 제작하고 유포한 두 서브컬처에 대한 차별적 관리 방식은 중국 플랫폼 거버넌스에 관한 의문을 불러일으킨다. 다음 절에서는 먹방 스트리머의 사례를 분석함으로써 콘텐츠 조정과 전면 금지 사이에서 상업화 가능성이 핵심 요인임을 보여준다.

분석: 상업적 소비의 세 경로

이 연구는 중국의 섭식장애 커뮤니티와 먹방 스트리밍에 대한 차별적 관리의 주요 요인을 규제에 대한 대응으로 분석하며, 이러한 문화적 영역에서 발생하는 변화, 즉 추가적인 상업화에 관해 논의한다. 소비의 상업화에 초점을 맞춘 먹방 연구는 중국의 차별적 거버넌스가 '기존의 시장 지향적 전략과 일치한다'는 문화구획 연구(de Seta, 2020: 235)에 의해 뒷받침된다.

네 명의 대표적인 먹방 스트리머를 분석한 결과, 이들은 새로운 음식 낭비 방지 규정을 준수하기 위해 세 가지 전략적 경로 중 하나를 선택한 것으로 나타났다. 첫 번째 경로에서는 먹방 스트리머들이 더 이상 음식을 먹는 퍼포먼스를 하지 않고 제품 홍보에만 열중한다. 마오메이메이가 대표적인 예로, 이들은 이제 중국 이커머스 산업에서 활동하는 쇼호스트가 되었다. 첫 번째와 유사하게 두 번째 경로 역시 제품 판매에 초점을 맞추고 있지만, 여전히 먹방 퍼포먼스를 포함한다. 아하오와 랑웨이샨이 대표하는 이 경로의 스트리머들은 음식 인플루언서로 변신하였다. 세 번째 경로는 극소수의 유명 먹방 스트리머만이 성공적으로 도입했으며, 여기서는 여전히 폭식 먹방이 주요 특징이다. 이 계열의 스트리머들은 과도한 음식 섭취에 대해 그럴듯한 이유를 제시함으로써 이를 가능하게 했다. 통통이 그 대표적인 사례로, 이들은 플랫폼 규칙을 준수하면서 폭시 먹방을 지속하는 방법을 찾아낸다.

제품 판매: 마오메이메이

마오메이메이는 먹방 스트리머에서 이커머스 쇼호스트로 전환한 대표적 사례로 꼽힌다. 이 변화 이전에 그녀는 '콰이쇼우 먹방 넘버원'으로 불리며, 2019년 기준 2,300만 명 이상의 팔로워를 보유하고 있었다(dwonghong, 2019). 2018년에는 콰이쇼우에 1,000개 이상의 영상을 업로드하였으며, 모든 영상에서 그녀는 한 번에 10kg이 넘는 음식을 섭취하는 모습을 보여주었다(HongShen, 2018). 새로운 규정이 시행된 이후, 그녀의 활동은 급격히 변화하였다. 이제 그녀는 먹방 스트리머가 아닌 전문 이커머스 홍보자로 활동하고 있다. 그녀는 이전 콰이쇼우 계정에서 '내 영상은 모든 종류의 식욕부진 치유를 약속합니다'라고 밝혔으나, 소속사 홍보 영상에서는 새로운 모토인 '세계적 푸드 인플루언서 全球美食推荐官'를 내세우고 있다.

그러나 그녀는 음식 먹는 모습을 보여주지 않고 광고를 주로 하게 되면서, 푸드 인플루언서라기보다는 쇼호스트에 더 가까워졌다. 규제 이후에 게시한 영상 중 하나에서 그녀는 음식을 전혀 먹지 않고, "오늘 라이브 방송에서는 10위안(약 1,950원)으로 어떤 것을 살 수 있는지 한 번 볼까요? 이 간식 박스는 단 9.9위안(약 1,930원), 이 간식 봉지는 5.9위안(약 1,150원), 이 와플 박스도 5.9위안, 이 두리안 케이크 박스도 5.9위안, 이 찹쌀 과자 봉지는 10전(약 195원), 이 닭 목 봉지도 10전입니다..."라고 상품 가격을 소개했다(Mao Mei Mei, 2021). 이러한 행위는 더 이상 먹방이 아니라 중국 주류 전자상거래에서 흔히 볼 수 있는 판촉 퍼포먼스에 해당한다. 그녀는 더 이상 음식을 먹거나 그 과정을 즐기지 않고, 단순히 상품과 가격, 그리고 그 저렴함을 소개하는 데 그친다.

먹방 스트리머에서 상품 판매자로의 전향은 외모의 변신과 함께 서브컬처 스트리머에서 주류 마이크로 셀럽으로의 지위 변화를 동반했다. 새로운 소속사와 계약한 후, 마오메이메이는 2개월 동안 먹방 스트리밍을 중단하고 성형수술을 거쳐 '큐티즈룩'에서 '마이크로 셀럽룩'으로 다시 태어났다(Fensibang, 2021). 그녀의 새로운 모습은 효과가 있었던 것으로 보인다. 복귀 당일, 그녀는 2시간 만에 1억 8,200만 위안(약 350억원) 위안 이상의 상품을 판매했다(gaifanyule, 2021).

음식 인플루언서: 아하오와 랑웨이셴

아하오와 랑웨이셴은 중국의 대표적인 음식 인플루언서로, 제품 홍보에 중점을 두면서도 여전히 먹방 스트리밍을 일부 진행하고 있다. 규제 이전의 방송에서 아하오는 고가의 음식들—랍스터, 게, 새우, 해삼 등—이 차려진 식탁에 앉아 있는 경우가 많았다. 또한 그는 3초 만에 콜라 한 병을 마시거나, 10초 만에 돼지기름 한 접시를 먹는 등 주목을 끄는 묘기로도 유명했다. 규제 이후 그의 방송은 더욱 상업적으로 변했으나, 이는 먹방을 하지 않는 주류 이커머스 판매자들과는 차별화되었다. 예를 들어, 최근 방송에서는 혼자 먹기보다 자신이 '제자'라 부르는 여성 무리에 둘러싸여, 그들의 손에 음식을 놓고 서로 다투는 모습을 연출했다. 방송이 진행되는 동안, 그의 판매 보조원들은 시청자들에게 구매를 독려했다. 전형적인 중국식 판매 방식으로, 아하오는 큰 소리로 '맛있나요?' '살 만한가요?'라고 묻고, 그의 제자들과 판매 보조원들은 연습된 듯한 통일된 목소리로 크게 '맛있어요!' '살 만해요!'라고 대답했다.

랑웨이셴도 먹방을 계속하면서 점차 제품 판매에 집중하게 되었다. 먹방 규제가 도입되기 전, 먹방 스트리머들(그들의 페르소나는 대체로 젠더 중립적이었다)은 자신이 먹는 음식의 양을 강조하곤 했다. 예를 들어, "주먹만한 미트볼 50개를 전부 다 먹을 거예요", "이 라면 10그릇을 20분 안에 다 먹을 겁니다. 시간도 재보겠습니다" 등과 같은 말을 했다. 규제 이후, 랑웨이셴은 2020년 7월 26일까지 라이브 방송을 중단했고, 이전 폭식 영상은 모두 삭제했다. 이후 다양한 페르소나를 실험하는 기간이 뒤따랐다. 2020년 8월 26일에는 요리 프로그램 진행자를, 2020년 9월 22일부터 2021년 12월 14일까지는 식당 음식을 시식하고 광고하는 여행 미식 프로그램 진행자를 맡았다. 2021년 12월 15일부터는 사무실 환경에서 밀키트를 조리하거나 먹는 새로운 형태의 방송을 선보이고 있다. 최근 영상에서는 대부분 두 가지 음식 패키지만 소비하고, 나머지 음식은 판매 보조자들이 먹는 모습을 볼 수 있다.

규제가 시행된 지 1년 이내에, 량웨이셴 역시 검열의 위험 없이 더 수익성 높은 먹방 활동의 길을 찾아낸 것으로 보인다. 량웨이셴은 화면에서 아주 적은 양의 음식만 먹음으로써 규제의 기준을 충족하고 규칙을 준수한다. 그러나 이들이 판매하는 제품들이 전자상거래를 겨냥해 설계되어 있기 때문에, 실제 수익은 크게 증가했을 가능성이 있다.

정당화된 폭식 먹방 스트리머: 퉁퉁

첫 두 모델과 비교했을 때, 소수의 먹방 스트리머들만이 계속해서 폭식 포맷을 유지할 수 있었다. 이들 중 가장 잘 알려진 인물은 퉁퉁이다. 퉁퉁은 2020년 10월 먹방 도중 실신하여 입원한 덕분에 '운 좋게도' 〈반낭비법〉의 시행을 피할 수 있었다(ETtoday, 2021). 규제 이전 마지막 방송에서 그녀는 발룻(부화 직전의 달걀/병아리) 35개, 꼬치구이 한 접시, 그리고 삼겹살 한 접시를 카메라 앞에 내놓았다. 이 라이브 방송에서 그녀가 실신하지 않았다면 모든 음식을 다 먹었을 것이다. 퉁퉁은 규제 이후 복귀 방송에서 임신 소식을 알렸고, 그녀는 전자상거래 음식뿐 아니라 집에서 만든 음식도 계속 먹으며 아기에게 필요한 영양을 보충해야 한다고 주장했다.

하지만 이 범주의 다른 먹방 스트리머들과 마찬가지로, 그녀는 이제 항상 어머니, 남편, 시동생 등 가족 구성원들과 함께 먹방을 진행한다. 이는 많은 양의 음식을 한 사람이 먹어서 낭비하는 것이 아니라, 가족 식사로 나누어 먹는 것처럼 보이게 하려는 것이다. 가족 식사는 전통적 도덕에 의해 권장된다. 또한, 화면 앞에 진열되는 음식의 양도 눈에 띄게 줄었다. 그녀는 방송 내내 비워진 접시를 치우고 테이블에 새로운 음식을 채워 넣기를 반복한다. 이러한 변화들은 그녀가 규제에 적극적으로 순응하고 있음을 보여준다.

토론: 문화구획의 핵심 요소로서의 상업적 잠재력

위에서 논의한 바와 같이, 유사한 콘텐츠를 가진 두 서브컬처 집단 간의 차이를 형성하는 주요 요인은 상업화 가능성이다. 상업화는 한편으로는 먹는 행위의 수익화, 다른 한편으로는 참가자들이 플랫폼 규정에 맞추기 위해 자발적으로 콘텐츠의 변화를 도입하는 것을 의미한다. 먹방 스트리밍의 상업화 가능성은 먹방 스트리머들이 중국 인터넷 산업의 한 분야에서 노동자로 흡수될 수 있는 역량과 의지에 달려 있다. 반면, 섭식장애 커뮤니티들은 주변화된 사람들이 공유하는 증상을 중심으로 완전히 아래로부터 자발적으로 형성된 풀뿌리 온라인 공동체다.

네 가지 사례 연구의 분석 결과, 대부분의 먹방 스트리머들은 중국의 먹방 규제에 대응하여 점점 더 상업화된 방향으로 자신의 방송을 조정해야 했던 것으로 나타났다. 마오메이메이로 대표되는 첫 번째 사례에서는 먹는 요소가 제거되었고, 스트리머들은 기존의 이커머스 라이브 스트리밍 비즈니스 모델을 도입하게 되었다. 그녀의 경우, 소비의 상업화는 마오메이메이가 예전 폭식 퍼포먼스를 통해 구축한 팬층을 계속 활용함으로써 이루어지고 있다.

마오메이메이가 전자상거래 판매로 완전히 전환한 것과 비교할 때, 아하오와 량웨이셴의 길은 소비의 상업화 시도를 보여준다. 그들은 시청자들에게 더 많이 소비하고 구매하도록 독려하며, 여전히 먹는 행위를 그들 퍼포먼스의 일부로 유지하고 있다. 먹방 스트리밍 규제 이전에는 이 두 먹방 진행자가 먹는 음식과 그들이 판매하는 상품은 다를 경우가 많았다. 이 음식들은 전자상거래를 위해 만들어진 제품이 아니었기 때문이다. 규제 이후에는 한 번에 한두 개의 식품만을 섭취하며, 이 제품들은 항상 그들이 판매하는 상품의 샘플이다. 이러한 제품들 대부분은 직장인을 겨냥한 즉석 식품이며, 아하오와 량웨이셴 같은 먹방 진행자들은 이의 홍보를 직업으로 삼는 노동자가 되었다.

특이하게도, 통통의 경우에는 많은 양의 음식을 먹는 것에 대해 그럴듯한 이유를 만들어냄과 동시에 실제로 먹은 양을 숨기려고 시도함으로써 폭식 행동을 계속할 수 있었던 것으로 보인다. 하지만 통통은 또한 합당한 이유를 대며 항상 가족들과 함께 먹는 모습을 보임으로써 규범에 적극적으로 순응하기도 했다.

실제로, 중국의 먹방 스트리밍 규제에 대응하여 먹방 퍼포먼스에서 나타나는 보다 일반적인 변화 중 하나는 먹방의 상업적 성격에 대한 스트리머들의 솔직한 공개다. 샤오위小宇가 한 라이브 스트리밍 세션에서 솔직하게 말했듯이, '제품 홍보에는 투자가 필요하고, 먹방은 건강에 좋지 않아요... 누구나 콰이쇼우에서 돈을 벌 수 있어요, 얼마나 원하는지에 달려 있어요. 콰이쇼우에서 [수익을 내는 것이] 해마다 점점 더 어려워지고 있어요. 작년엔 괜찮았지만, 올해는 시청률이 너무 낮아요'(Xiao Yu, 2022년 1월 4일). 또 다른 전직 먹방 스트리머는 스트리머와 팬의 관계가 판매자와 고객의 관계임을 인정하면서, '저는 몇 천 명의 팔로워가 있어요. 제 농장에서 나는 버섯만 팔아도 한 달에 약 1만 위안(약 160만원)을 벌 수 있어요. 쉬워요. 크게 노력할 필요 없어요. 제 팔로워들만 있으면 월수입이 보장돼요'라고 말했다(Er Niu, 2021). 두 스트리머 모두 먹방이 이윤을 위한 활동임을 인정하며, 팬들이 자신의 주요 수입원임을 밝히고 있다. 이러한 솔직함은 팬들의 즐거움과 그들을 위하는 마음으로 먹방을 한다고 내세웠던 과거의 먹방 페르소나와는 다른 모습이다.

반면, 중국의 온라인 섭식장애 커뮤니티 회원들은 이익을 추구하지 않고 순수하게 폭식 행위 자체에 관심을 가졌다. 이들의 경우, 소비는 상업적인 생산 도구로 전환되지 않았다. 뿐만 아니라, 이러한 커뮤니티는 전문적이거나 이익을 목적으로 잘 조직된 기업이 아니라 주로 풀뿌리 개인들에 의해 운영되었다. 섭식장애 커뮤니티는 콘텐츠 조정에 저항하며, 국가의 경제 성장에 아무런 사용가치use-value를 제공하지 않으므로 국가가 보기에 별다른 가치가 없었다. 바로 이런 이유에서 먹방 스트리밍이 국가 이미지, 도덕성, 이데올로기 등에 미치는 해로움은 상대적으로 관대하게 용인되는 것으로 보인다.

결론

이 글은 중국의 먹방 산업에서 국가 검열의 영향으로 소비의 상업화가 어떻게 이루어지고 있는지를 설명하기 위해, 주요 먹방 스트리머들이 채택한 세 가지 경로를 분석하였다. 연구 결과에 따르면, 먹방 커뮤니티와 섭식장애 커뮤니티 간의 가장 두드러진 차이점은 먹방 커뮤니티의 상업화 잠재력에 있었으며, 이는 먹기/소비 행위를 수익화하고 퍼포머들을 중국 인터넷 산업의 노동자로 통합할 수 있는 가능성에 있었다. 본 연구는 소비 상업화를 촉진하는 세 가지 경로(수익화와 규제에 대한 자발적 순응)를 제시함으로써, 상업화 잠재력이 먹방 스트리밍과 섭식장애 커뮤니티 간의 결정적인 차별점임을 밝히고, 이들이 각각 콘텐츠 조정과 전면 금지로 이어지는 과정을 살펴봤다.

풀뿌리, 상향식, 비중앙집중적으로 조직된 섭식장애 커뮤니티와 비교할 때, 먹방 스트리밍 문화는 규제에 대해 훨씬 더 신속하고 적극적으로 대응했다. 전반적으로 먹방 진행자들이 보여주는 소비 행위는 판매 및 제품 홍보를 위한 상업적인 성격이 더욱 강해졌다. 비록 상품을 판매하긴 했지만, 규제 이전의 먹방은 소비를 단순한 즐거움의 수단으로 표현했다. 진행자들은 팔로워들로부터 선물 기부를 유도하기 위해 관계 형성에 몰두했다. 그러나 규제 이후의 먹방은 단순히 음식을 대량으로 먹는 생방송에서 타오바오와 같은 전자상거래 형태로 변화했다. 이들이 먹는 행위는 중국 인터넷 산업의 한 부문으로 통합됨에 따라 용인된다. 이러한 변화는 중국의 음식물 낭비 방지 규제의 결과이다. 이는 먹방 진행자의 콘텐츠 제작과 페르소나 구축을 관리하는 라이브 스트리밍 플랫폼과 에이전시들이 자신들의 계약 노동자들이 법을 준수하며 소비의 상업화를 더욱 촉진하도록 효과적으로 관리하고 있음을 보여준다.

이러한 소비의 상업화는 최근 중국이 국내 소비의 이데올로기적 동원을 강화하면서, 소비가 경제 성장의 원동력으로서 갖는 중요성이 강조된 것과 무관하지 않다. 지난 6년간 중국의 소매 소비는 중국 경제 성장의 가장 큰 원동력이었으며, 특히 팬데믹으로 인해 글로벌 시장이 갑작스럽고 불가피한 붕괴에 직면했을 때, 국내 소비 수요 증가는 절체절명의 과제로 떠올랐다(Zhao, 2020b). 〈인민망〉의 "중국 양회中國 兩會(2020)〉(중국 전국인민대표대회와 중국인민정치협상회의의 연례 전체회의)" 특별 사설에서 선전된 바와 같이, 소비는 안정적인 경제 성장의 토대인데, 이는 2019년 중국 경제 성장의 57.8%(약 7,945조원)를 차지했으며, 3.5% GDP 증가를 견인했다(Zhao, 2020a). 먹방 스트리밍의 주요 기능은 시청자의 충족되지 않은 소비 욕구를 보상하는 데 있다(Zhang and Cui, 2020). 본 연구에서는 중국의 반낭비 정책 이후 먹방 스트리밍 산업이 (과도한) 소비에 대해 갖게 된 강화된 잠재력이 입증되었다.

이 발견은 중국 정부가 온라인 미디어의 양방향적이고 참여적인 특성을 활용하여 대중을 착취하고 있음을 보여주는 기존 연구들과 일치한다(Dowell, 2006; Iosifidis and Wheeler, 2016). 중국 정부는 정보사회의 경제적 잠재력을 활용하여 글로벌 경쟁력을 높이고, 중국 미디어를 통해 경제를 활성화하는 동시에 중국 공산당의 정치 권력을 유지하고 있다(Feng and Guo, 2013). 문화구획이라는 개념과 관련하여, 이 장은 '비교적 새로운 미디어 형식이 사회적으로 지배적인 영향력을 갖게 되면, 이는 단지 더 지속 가능한 [...] 수익을 의미할 뿐 아니라, 필연적으로 더 제도화된 규제 체계로의 편입 역시 의미한다'는 점을 보여준다(Zhang, 2021: 79).

기존 연구를 새로운 사례 연구(먹방 스트리밍 및 섭식장애 커뮤니티)로 뒷받침하는 것 이상의 의미를 가진 이 글은 중국의 다층적이고 차별화된 인터넷 거버넌스 연구에 새로운 뉘앙스를 더한다. 이 연구는 유사한 콘텐츠를 생산하고 유포하는 두 가지 온라인 미디어 형식에 대한 중국의 차별화된 규제를 보여준다. 또한 중국의 라이브 스트리밍 산업이 다른 미디어 형식에 비해 지닌 독특한 마케팅 잠재력을 강조한다.

참고문헌

Anjani L, Mok T, Tang A, et al. (2020) Why do people watch others eat food? An empirical study on the motivations and practices of mukbang viewers. In: *Proceedings of the 2020 CHI con- ference on human factors in computing systems*, Honolulu, HI, 21 April, pp.1-13. New York: ACM.

Balding C (2017) How badly is China's great firewall hurting the country's economy? Available at: https://foreignpolicy.com/2017/07/18/how-badly-is-chinas-great-firewall-hurting-the- countrys-economy/ (accessed 16 April 2020).

Chen J, Walz E, Lafferty B, et al. (2018) *China's Internet of Things*. Research report prepared on behalf of the U.S.-China Economic and Security Review Commission, SOSi.

Chinadaily (2021) 中国发布 | 反食品浪费法：严禁炒作"大胃王吃播"现象　违者最高罚10万元-中国质量新闻网. Available at: https://m.cqn.com.cn/rzp/content/2021-04/30/con- tent_8689418.htm (accessed 25 August 2021).

Choe H (2019) Eating together multimodally: Collaborative eating in mukbang, a Korean lives- tream of eating. *Language in Society* 48(2): 171-208.

de Seta G (2020) Zoning China: Online video, popular culture, and the state, written by Luzhou Li.

Asiascape Digital Asia 7(3): 235-238.

Dowell WT (2006) The Internet, censorship, and China politics & diplomacy. *Georgetown Journal of International Affairs* 7(2): 111-120.

dwonghong (2019) 大胃王猫妹妹个人百科资料与简介 - 网红资料 - 大网红网. Available at: http://www.dwanghong.com/ziliao/12.html (accessed 18 January 2022).

Er Niu (2021) *Er Niu live-streaming*. Beijing, China: KuaiShou.

ETtoday (2021) 正妹大胃王吃播狂吞「突倒地昏迷」！35秒驚悚片曝 催吐滿口牙爛光 | ETtoday星光雲 | ETtoday新聞雲. Available at: https://star.ettoday.net/news/2103127 (accessed 18 January 2022).

Feng GC and Guo SZ (2013) Tracing the route of China's Internet censorship: An empirical study.

Telematics and Informatics 30(4): 335-345.

Fensibang (2021) 先变鬼再变美，猫妹妹整容取肋骨做鼻子，女人狠起来对自己都下手|手术_网易订阅. Available at: https://www.163.com/dy/article/G0VFE81R0517HGSJ.html (accessed 18 January 2022).

Franda MF (2002) *Launching Into Cyberspace: Internet Development and Politics in Five World Regions*. Boulder, CO: Lynne Rienner Publishers.

gaifanyule（2021）还记得郑爽直播间的猫妹妹吗？消失两个月后整容归来，如今变这样. Available at: https://www.163.com/dy/article/G023HV8P0517AET9.html (accessed 18 January 2022).

HongShen（2018）快手第一吃播：大胃王猫妹妹-红神网. Available at: https://hongshen.net/hong/524/ (accessed 18 January 2022).

Hou R (2018) The booming industry of Chinese state Internet control. Available at: https://hong- kongfp.com/2018/11/30/booming-industry-chinese-state-internet-control/ (accessed 16 April 2020).

Iosifidis P and Wheeler M (2016) Russia and China: Autocratic and on-line. In: Iosifidis P and Wheeler M (eds) *Public Spheres and Mediated Social Networks in the Western Context and Beyond. Palgrave Global Media Policy and Business*. London: Palgrave Macmillan, pp.177–201.

Ji H (2018) 传播学视域下吃播秀的流行. *视听* 2: 105-106.

Kalathil S and Boas TC (2001) The Internet and state control in authoritarian regimes. *First Monday*. Valauskas EJ. Available at: https://firstmonday.org/ojs/index.php/fm/article/ download/876/785?inline=1 (accessed 31 January 2022).

Kanchai (2015) 揭秘"吃播"经济：直播吃饭也能日赚万元？吃货也要有颜值. Available at: http://m.ikanchai.com/pcarticle/33801 (accessed 11 January 2020).

Kim H (2014) Watch what you eat: Koreans gorge on online dining shows. *Reuters*, 27 January. Available at: https://in.reuters.com/article/korea-eating-online-idINDEEA0Q03K20140127 (accessed 13 January 2020).

Kircaburun K, Yurdagül C, Kuss D, et al. (2021) Problematic mukbang watching and its relation- ship to disordered eating and internet addiction: A pilot study among emerging adult muk- bang watchers. *International Journal of Mental Health and Addiction* 19: 2160-2169.

Lebesco K and Naccarato P (2017) *The Bloomsbury Handbook of Food and Popular Culture*. London: Bloomsbury Publishing. Available at: https://www.perlego.com/book/808798/the- bloomsbury-handbook-of-food-and-popular-culture-pdf (accessed 7 November 2019).

Lee J (2017) The rise of China's tech sector: The making of an internet empire. Available at: https://www.lowyinstitute.org/the-interpreter/rise-china-s-tech-sector-making-internet- empire (accessed 16 April 2020).

Li C (2014) *Dang dai Zhongguo chuan mei shi: 1978-2010 = A history of contemporary*

Chinese media 1978-2010. 第1版.; *Di 1 ban.* 桂林: 漓江出版社; Guilin.

Li L (2019) *Zoning China: Online Video, Popular Culture, and the State* (Information Policy Series), 1st edn. Cambridge, MA; London: The MIT Press.

Li X and Liu J (2019) 大众文化视野下对审丑异化的梳理与探析—— 以网络"吃播丑象"为例. *美与时代* 8: 47-49.

Lu H (2020) "土味"吃播的审丑心理浅析. *西部广播电视* 10: 18-19. Mao Mei Mei (2021) *One Cent: I Am Mao Mei Mei.* Beijing: KuaiShou.

Ma R (2018) 大众传媒泛娱乐化背景下中国网络吃饭直播热 的冷思考. *新闻研究导刊* 9(2): 35-36.

McGregor R (2019) How the state runs business in China. *The Guardian*, 25 July. Available at: https://www.theguardian.com/world/2019/jul/25/china-business-xi-jinping-communist- party-state-private-enterprise-huawei (accessed 16 April 2020).

Morrison WM (2019) *China's economic rise: History, trends, challenges, and implications for the United States*. RL33543, 25 June. Washington, DC: Congressional Research Service.

Nan Fang Gong Bao (2020) 大胃王吃播被批！国家将立法拒绝"舌尖上的浪费"-南方工报.

Available at: http://www.nfgb.com.cn/yw/content/post_266310.html (accessed 22 December 2020).

Park H (2020) *Understanding Hallyu: The Korean Wave Through Literature, Webtoon, and Mukbang.* Oxon; New York: Taylor & Francis.

Pereira B, Sung B and Lee S (2019) I like watching other people eat: A cross-cultural analysis of the antecedents of attitudes towards Mukbang. *Australasian Marketing Journal* 27(2): 78-90. qq.com (2018) 细数大胃王密子君成名路，从吃泡面回家到吃龙虾直播！. Available at: https://new.qq.com/omn/20181109/20181109A1ADBD.html (accessed 20 January 2020).

Qu M (2019) 传播学视角下短视频平台"吃播热"现象探析: 以"快手"平台的吃播视频为例. *传播力研究* 3(19): 115.

Rüdiger S (2020) Dinner for one: The use of language in eating shows on YouTube. In: Mühleisen S and Rüdiger S (eds) *Talking about Food: The Social and the Global in Eating Communities.* Amsterdam: John Benjamins Publishing Company, pp.145-166.

SSSegal A (2018) When China rules the Web: Technology in service of the State. *Foreign Affairs* 97(5): 10-14. 16-18.

Shi Y (2019) 景观社会之下的网络吃播的受众审美与消费异 化: 以哔哩哔哩网站吃播为例. *艺苑* 4: 75-78.

Sina (2015) 互联网技术推动"吃播经济":吃着给你看还能赚钱|互联网|吃播经济_新浪科技_新浪网. Available at: http://tech.sina.com.cn/i/2015-11-02/doc-ifxkhqea2945459.shtml?cre=financepagepc&mod=f&loc=3&r=a&rfunc=-1 (accessed 17 January 2020).

Spence C, Mancini M and Huisman G (2019) Digital commensality: Eating and drinking in the company of Technology. *Frontiers in Psychology* 10: 02252.

Strand M and Gustafsson SA (2020) Mukbang and disordered eating: A netnographic analysis of online eating broadcasts. *Culture Medicine and Psychiatry* 44(4): 586-609.

The National People's Congress of People's Republic of China (2021) 关于《中华人民共和国反食品浪费法（草案）》的说明_中国人大网. Available at: http://www.npc.gov.cn/npc/c30 834/202104/0a1d688daeea463caa337d8f78fb441e.shtml (accessed 25 August 2021).

Wang C and Chu S (2021) 从私密到围观: 媒介环境视角下网络吃播的嬗变研究. *科技传播* 13(12): 140-142.

Wang H and Niu R (2021) Knowledge service technology for supporting intelligent product design. *Shock and Vibration* 2021: 1-11.

Wang Z (2005) *互联网与中国: 网络革命对中国政治, 经济发展的影响* [Internet and China: The impact of web revolution on Chinese politics and economics]. Thesis. Available at: https://opus.lib.uts.edu.au/handle/10453/37123 (accessed 17 August 2021).

Woo S (2018) Mukbang is changing digital communications. *Anthropology News* 59(6): 1048.

Xinhuanet (2020a) 多家平台开始整治"大胃王吃播"-新华网. Available at: http://www.xinhua-net.com/tech/2020-08/14/c_1126366449.htm (accessed 22 December 2020).

Xinhuanet (2020b) 难看的"吃播"乱象该整治了！-新华网. Available at: http://www.xinhuanet.com/politics/2020-08/21/c_1126395070.htm (accessed 22 December 2020).

Yao Y (2020) "快手"吃播行业产业链分析: 基于5W模式. *西部广播电视* 10: 43-44.

Zhang G (2021) Zoning China. *The Communication Review* 24(1): 79-82.

Zhang L and Cui L (2020) 看别人吃饭能获得什么满足? 一项基于B站 吃播受众的质化研究. *新闻研究导刊* 11(5): 45-59.

Zhang LL (2006) Behind the 'Great Firewall': Decoding China's Internet media policies from the inside. *Convergence: The International Journal of Research into New Media Technologies* 12(3): 271-291.

Zhao C (2020a) 数字化发展成趋势代表委员热议消费回暖潜力-时尚-人民网. Available at: http://fashion.people.com.cn/n1/2020/0530/c1014-31729571.html (accessed 1 June 2020). Zhao X (2020b)消费券火了！40地发放大接力，最狠出手十几亿_证券时报网. Available at: http://news.stcn.com/2020/0330/15780927.shtml (accessed 1 June 2020).

Zhao Y (2018) 食客Vs看客——浅析"吃播"的魅力所在. *戏剧之家* 24: 90.

Zhu X (2017) *China's Technology Innovators: Selected Cases on Creating and Staying Ahead of Business Trends*. Berlin: Springer.

Zhu X (2020) Book review: Zoning China: Online video, popular culture, and the state. *Global Media and Communication* 16(3): 383-385.

---

1) QQ는 중국의 디지털 대기업 텐센트가 개발한 WhatsApp과 유사한 인스턴트 메시징 애플리케이션이다.

2) 2022년 5월 기준, 전면 금지조치가 시행된 지 2년 반 만에 '폭식'과 '식욕부진' 이라는 키워드를 포함한 포럼이 바이두 티에바에 다시 등장했으나, '토끼를 통해 알게 된 포럼'과 '구토 유발 포럼'은 여전히 검열되고 있다. 이것이 온라인 섭식장애 커뮤니티를 관리하기 위한 국가 차원의 개입이라는 증거는 없다. 그러나 이 포럼들은 언제든 삭제될 위험에 노출되어 있다.

6장
한류를 통한 한-일 관계의 성찰
팬 욕망, 민족주의적 공포, 초문화적 팬덤

토마스 보디네트 Thomas Baudinette

서론

[1.1] 2020년 1월의 어느 토요일 아침, 나는 일본 도쿄 시부야의 109멘즈 109Men's 백화점 꼭대기층에 위치한 작은 버블티 가게 앞에서 약 50명의 설렘에 가득찬 젊은이들과 함께 줄을 서고 있었다. 이 가게는 유명한 시부야 "스크램블 교차로" 모퉁이에 위치해 있으며, 109멘즈는 최신 유행의 옷을 사거나 건물 꼭대기층에 자리한 세련된 카페에서 휴식을 취하려는 젊은이들에게 인기 있는 명소이다. 하지만 나나 줄을 서 있던 다른 젊은이들 모두 버블티가 목적은 아니었다. 우리는 모두 신인 케이팝 그룹 투모로우바이투게더(이하 TXT)의 일본 데뷔를 기념하여 109멘즈 입구에 걸린 대형 포스터(그림 1)에 이끌려 이 가게에 오게 된 것이다. 이 버블티 가게에 와서 음료를 구매하면, TXT 멤버가 그려진 특별한 테마 컵받침을 받을 수 있었다. 나는 음료를 사고 화려한 컵받침을 받은 뒤, 백화점 푸드코트에 앉았다. 푸드코트는 TXT의 일본 데뷔 싱글 홍보 영상이 대음량으로 송출되는 텔레스크린들로 가득했다. 나는 버블티를 마시며 컵받침을 구경하고 있었는데, 두 명의 젊은 여성이 다가와 혹시 (호주 출신 백인 남성인) 나도 케이팝 팬이냐고 물었다. 나는 TXT에 대한 지식으로 그들을 놀라게 하며 그렇다고 답했고, 신이 난 팬들은 그 만남의 추억으로 또 하

나의 컵받침을 선물로 주었다.

그림 1. 2020년 1월, 남성 패션 전문 건물 시부야 109멘즈에 걸린 케이팝 밴드 투모로우바이투게더의 일본 데뷔 홍보 포스터 (저자 촬영).

[1.2] 작별 인사를 나누며 한 여성은 "일본이 [남]한과 약간의 문제가 있을 수 있지만, 여기 여자들은 정말로 케이팝을 좋아해요"라고 말하며, 일본의 케이

팝 팬덤 문화를 더 잘 알기 위해 근처의 신오쿠보新大久保 "코리아타운"을 방문해볼 것을 추천했다. 몇 시간 뒤 신오쿠보에 도착하자, 케이팝과 케이뷰티 상품을 판매하는 여러 상점들과 한식당들로 즐비했고, 이들 상점과 식당을 방문하는 젊은 여성들로 거리가 유난히 붐비는 것을 알 수 있었다. 신오쿠보는 1980년대 후반, 저렴한 임대료(Park 2014: 5) 덕에 도쿄 신주쿠 지역에서 일하던 한국계 이주민들을 위한 코리아타운으로 형성되었다. 그러나 2000년대 초반부터 한류의 인기로 인해 이 지역은 일본에서 새롭게 떠오르는 케이팝 팬덤의 중심지로 탈바꿈했다(Phillips and Baudinette 2021). 적어도 2015년 이후, 신오쿠보는 일본 주요 언론에서 "제3차 한류 붐第3次韓流ブム"이라 불리는 현상의 일환으로, 잘생긴 한국 남자 아이돌들에게 매혹된 젊은 일본 여성들이 꼭 방문해야 하는 엔터테인먼트 거리로 자리 잡았다(Suzuki 2019).

[1.3] 신오쿠보를 방문하면, 겉보기에는 케이팝 팬덤이 일본에서 주류 현상이 되었고 모든 젊은 일본인들이 한국 사회와 대중문화에 강하게 끌리고 있다는 인상을 받을 수 있다. 하지만 일본인들이 한국 대중문화를 받아들이는 현실은 일본 케이팝 팬덤 문화의 중심지를 잠깐 스쳐보는 것만으로는 결코 파악할 수 없을 만큼 복잡하다. 케이팝 소비가 일본에서 증가하고 신오쿠보가 젊은 여성들을 위한 케이팝 판타지 공간으로 변모하는 한편, 일본과 남북한 간의 정치적·경제적 관계는 갈수록 긴장이 고조되고 있다. 끊임없이 이어지는 영토 분쟁의 재점화에서부터 한반도에서의 일본 식민지배 유산을 둘러싼 논쟁의 재부상에 이르기까지, 21세기에 들어서며 한일 관계는 뚜렷한 악화를 겪고 있다(Sakaki and Nishino 2018, 735). 이러한 관계 악화의 결과로, 일본 사회에서는 장기 체류 재일 조선인 커뮤니티를 겨냥한 혐오 발언이 증가하고 있는데—특히 온라인상에서 이른바 '넷우익'이라고 불리는 사람들을 중심으로—이는 혐한 우익 단체인 재특회재일 특권을 허용하지 않는 시민 모임在日特権を許さない市民の会(Itagaki 2015, 49)의 행동에 힘입은 측면도 있다.

[1.4] 일본과 한국 간의 악화된 관계는 2019년에 정점에 이르렀는데, 이 해에 일본 정부가 한국을 우대 무역국 백색국가 리스트에서 제외하는 조치를 취했다. 이는 정치 평론가들 사이에서 한국이 일본의 제2차 세계대전 만행에 대

한 책임을 요구한 데 대한 보복으로 널리 해석되었다(Sugihara 2019). 일본 정부의 조치에 대응하여 한국 시민들은 일본 소비재와 일본행 국제 항공 여행을 대대적으로 보이콧하기 시작했다. 이로 인해 일본의 수출 및 관광 산업에 부정적인 영향이 발생했고, 일본의 추가 경제 보복으로 이어졌다(Bartlett 2019). 실제로 2019년 말 일본과 한국 정부 간의 양자 관계 붕괴는 최근 기억 속 한일 관계에서 가장 큰 위기로 평가받고 있다.

[1.5] 이러한 악화되는 정치적 관계에도 불구하고, 일본 내 케이팝 팬덤과 소비는 여전히 강세를 보이고 있다. 예를 들어, 일본인 멤버가 포함된 인기 걸그룹 트와이스는 한일 관계가 악화되고 한국 팬들이 해당 걸그룹에게 일본 보이콧을 촉구하던 시기에도 매진된 돔 투어를 진행했고, 일본의 권위 있는 연말 행사인 〈홍백가합전紅白歌合戰〉에도 출연했다(Bartlett 2019).

[1.6] 나는 한류로 알려진 한국 대중문화의 팬덤을 통해 현대 한일 관계를 성찰하려고 한다. 나는 젊은 여성과 게이 남성을 비롯해 다양한 배경을 가진 팬들과 신오쿠보에서 활발히 활동하는 지역사회 관계자들과의 인터뷰를 바탕으로 논의를 전개한다. 이러한 인터뷰를 분석하면서, 특히 일본 내 한류의 역설적인 성격—즉, 한국에 대한 강한 열망과 두려움이 동일한 공공장소에서 동시에 공존하는 현상—을 이해하려 한다.

[1.7] 한류를 연구해온 많은 학자들은 케이팝 팬덤이 한국 국가의 "소프트 파워 자원"으로서 정치적 자본으로 전환될 수 있으며, 이를 통해 한국의 대외정책 실현이 촉진될 수 있다고 주장해왔다(Nye and Kim 2013). 그러나 일본의 맥락에서 보면, 젊은 층 사이에서 케이팝이 상당한 인기를 끌고 있음에도 불구하고, 일본 사회 전체가 특별히 한국에 매력을 더 느끼게 된 것은 아니다(Chung 2015; Jung 2015; Kitahara 2013). 실제로 안지현과 윤이경(2020)은 일본 여성 케이팝 팬에 대한 연구에서, 일본 내 지속적인 반한 정서로부터 "거리두기"가 현대 팬 경험의 핵심임을 지적한다.

[1.8] 따라서 나는 일본이 한류에 참여하는 양상이 일종의 호황과 침체boom and bust 주기로 나타난다고 주장한다. 한류의 인기가 급증하고 주류로의 진입 가능성이 높아지면 언제나 보수적 반발과 역풍, 즉 민족주의 수사에 근거한 강

한 저항이 그 반응으로 나타나는 것이다. 한류가 일본에서 수용되는 현상은 팬들 스스로가 그 역사를 인식하지 못하더라도, 반드시 일본의 한반도 식민지배라는 역사적 맥락 속에서 이해되어야 한다. 또한 나는 한류 팬덤이 일본 젊은 여성의 소비문화에 뿌리내린 현상이라는 점이, 이타가키 류타板垣 竜太(2015)가 말한 일본 사회의 '혐한'에 대한 팬덤의 대응력을 약화시킬 수 있다고 본다. 이는 보수적이고 민족주의적인 목소리가 여성들의 팬덤 행동을 망상적이거나 현 체제에 위협적인 것으로 신속하게 치부해버릴 수 있기 때문인데, 이러한 경향은 일본 젊은 여성들의 다른 팬 문화에 있어서도 이미 나타난 바 있다.

[1.9] 이러한 주장을 전개하면서, 나는 팬 연구 분야에서 최근 논의되고 있는 '초문화적transcultural 접근법'을 중심으로, 일본 내 케이팝 팬덤에 대한 최근 연구가 이 분석적 패러다임과 어떻게 연결되는지에 대해 응답하고자 한다. 버르타진과 로리 모리모토Bertha Chin and Lori Morimoto(2013)는 매우 영향력 있는 논문에서, 동아시아 대중문화 팬덤의 지구적 성장을 이해하기 위해서는 애정과 매력의 공유된 문화를 이론적으로 이해해야 한다고 지적한다. 이들(2013: 99)은 동아시아 대중문화 팬덤을 이해하기 위해 개발된 초기 이론적 틀(특히, Iwabuchi 2002)에서 두드러졌던 국민국가와 '국가 문화'에 대한 이중적 특권 부여를 거부한다. 대신 그들은 전 세계 서로 다른 지역을 가로 지르는 팬 커뮤니티의 공유된 문화 경험에 주목할 것을 제안한다(Chin and Morimoto 2013, 95).

[1.10] 하지만 이러한 공유된 팬 문화적 정서들이 일본에서와 같이 국가 문화의 경계를 명확히 관리하려는 시도와 마주할 때는 어떤 일이 벌어질까? 이 글을 통해 나는 일본-한국 관계와 일본 내 케이팝 수용의 역사를 사례로 삼아 이보다 더 넓은 이론적 질문에 대한 답을 모색하고자 한다. 내가 주장하듯이, 일본 케이팝 팬덤의 중심에 있는 욕망과 두려움은, 팬들의 욕망이 보수적이고 배타적인 경계짓기와 팬덤의 병리화라는 더 넓은 구조에 의해 어떻게 좌절될 수 있는지를 보여주며, 범국가적 팬덤이 언제나 급진적으로 변혁적이고 사회적으로 진보적이라는 생각에 문제를 제기한다.

연구방법

[2.1] 2013년부터 2020년까지 나는 도쿄를 매년 방문하여 케이팝 팬덤이 이 도시의 소비 문화에서 어떻게 자리 잡고 있는지 관찰했다. 특히 젊은이들의 일상생활 맥락에서 이 팬덤의 젠더적 특성을 파악하는 데 중점을 두었다. 2013년부터 2017년까지 나는 케이팝 팬임을 밝힌 열 명의 게이 남성과 공식적으로 오디오 녹음 인터뷰를 진행했다. 이 열 명의 게이 남성은 성소수자 커뮤니티 내에서 상대적으로 조명받지 못했던 케이팝 팬 경험을 조사하는 프로젝트를 위해 처음 모집되었으나, 그들은 이 글의 논의와도 밀접하게 연관된 많은 통찰을 제공해 주었다. 2016년에는 〈신오쿠보 홍보위원회新大久保真宏会〉의 두 구성원과도 오디오 녹음 인터뷰를 진행했다. 2020년 1월에는 도쿄의 한 사립대학에 재학 중이며 케이팝을 가볍게 즐기는 소비자라고 밝힌 여섯 명의 젊은 여성들과 포커스 그룹을 진행했고, 신오쿠보의 〈문화센터 아리랑ブンカセンタアリラン〉에서 비서로 일하는 정선생과도 인터뷰를 했다(정선생의 실명 사용 요청에 따라, 이 이름은 가명이 아님을 밝힌다).

[2.2] "일반 소비자カジュアル消費者"라는 용어는 연구 참여자인 하나코의 표현을 빌린 것으로, 여기서는 케이팝을 음악 감상 습관의 일부로 즐기지만, 다른 팬 활동에는 참여하지 않거나, 혹은 케이팝 소비가 "자신의 정체성에서 중요한 부분을 차지하지 않는다"(하나코의 말처럼)고 생각하는 이들을 가리킨다. 그렇기는 하지만, 이 포커스 그룹의 구성원들은 케이팝을 듣는 것이 자신들에게 여러 면에서 의미가 있으며, 종종 자신의 음악 감상 방식에 대해 비판적으로 성찰하곤 했다는 점을 지적했다.

[2.3] 포커스 그룹과 정선생의 인터뷰 모두 참가자들의 요청에 따라 녹음되지 않았으며, 대신 분석을 위해 대화 중과 대화 후에 연구 노트에 상세한 기록을 남겼다. 이 열아홉 명의 참여자는 일본-한국 관계에 대한 내 조사의 주요 정보 제공자들로, 이들의 신상정보를 보장하기 위해 인구통계학적 정보와 내가 부여한 가명을 〈표 1〉에 제시했다. 특히 유나, 종호, 그리고 정선생은 모두 도쿄에 거주하는 재일 한국인이지만, 유나는 서울에서 이주한 신입자이고, 종호와

정선생은 일본에서 태어난 '올드커머'다.

[2.4] 내가 이 열아홉 명의 참가자들과 진행한 인터뷰는 개방형으로 이루어졌다. 이는 특정한 연구 문제에 대한 정답을 찾기보다는 탐구의 장을 열고자 하는 질적 연구에서 흔히 볼 수 있는 방식이다(Dörnyei 2007, 134). 근본적으로, 이 열아홉 명의 정보 제공자들과의 대화는 일본 내 한국 대중문화와 한류에 대한 그들의 폭넓은 이해에 초점을 두었다. 수년에 걸쳐 내가 진행한 모든 인터뷰는 일본어로 이루어졌다. 나는 모든 오디오 녹음된 인터뷰를 직접 전사하고, 결과물을 직접 번역했다. 인터뷰 자료를 분석 가능한 형태로 변환하는 과정을 직접 수행하는 것이 해석 과정에 필수적이라고 보았기 때문이다(Dörnyei 2007, 134).

표 1. 정보제공자 세부사항

가명	연령	성별	조사기간	케이팝 팬 또는 일반 소비자?	신오쿠보 방문 빈도
오사무	20	남성	2013	팬	매주
다이키	21	남성	2013	팬	2주에 한 번
마나토	21	남성	2013	팬	매주
가즈야	21	남성	2013	팬	매주
도모	20	남성	2015	팬	매달
히로키	20	남성	2015	팬	매주
신지	21	남성	2015	팬	매달
아키	22	남성	2015	팬	주2회
유나	20s	여성	2016	상점 점원 (팬)	매일(출근)
종호	30s	남성	2016	상점 점원	매일(출근)
요스케	20	남성	2017	팬	매달
류지	22	남성	2017	팬	매주
하나코	20	여성	2020	일반	매달

미아	20	여성	2020	일반	두 달에 한 번
치에	20	여성	2020	일반	일 년에 몇 번
나오미	20	여성	2020	일반	매달
구미	20	여성	2020	일반	매달
스미레	20	여성	2020	일반	석 달에 한 번
정선생	50대	남성	2020	무응답	매일(출근)

[2.5] 이 글의 논거는 신오쿠보의 물리적 환경에 초점을 맞춘 장기 민족지학적 조사에 기반한다. 특히, 나의 민족지학적 연구는 2015년부터 2020년까지 정기적으로 케이팝 관련 상품점, 한식당, 아이돌 연습생이 공연하는 라이브 하우스 방문을 포함했다. 민족지 관찰의 일환으로, 나는 신오쿠보의 소비자들을 대상으로 '거리 인터뷰vox pop' 스타일의 즉석 인터뷰를 정기적으로 진행하여, 그들에게 신오쿠보와 일본 사회에서 점점 커지는 케이팝의 가시성에 대한 의견을 물었다. 이러한 짧은 인터뷰(대부분 5분 미만)는 주로 젊은 여성들과 이루어졌으며, 이를 연구 일지에 기록했다. 2018년부터 2020년 사이, 신오쿠보에서 약 스무 명의 젊은 여성 케이팝 팬들과 즉석 인터뷰를 진행하였다. 민족지학적 연구 설계(Schein 2013, 205-6)에 따라, 나는 주요 정보제공자 19명과의 인터뷰 데이터를 분석할 때 현장에서의 내 경험을 참고하였고, 응답에 중요한 문화적 맥락을 논지 전개에 활용하였다.

호황과 침체의 주기: 일본 한류의 역사

[3.1] 학자들은 종종 2004년 일본의 국영방송 NHK에서 방영된 드라마 〈겨울연가〉를 일본 내 한류의 시작으로 평가한다(Tokita 2010, 3.2). 이는 내 정보제공자들 중 일부에게도 해당되었는데, 치에와 스미레 둘 다 2020년 포커스 그룹 인터뷰에서 이 기념비적인 드라마가 여전히 일본 미디어 환경에서 인기를

끌고 있다고 언급했다. 미아는 심지어 "일본 사람이라면 모두 '욘사마'를 안다"고 말했는데, 이는 〈겨울연가〉에서 카리스마 넘치는 스타 배용준에게 수많은 일본 팬들이 붙여준 애칭이다. 첫 방송 이후 〈겨울연가〉는 그 스토리의 감성으로 인해 일본에서 순식간에 선풍적인 인기를 끌었는데, 이는 당시 일본에서 주류였던 아이돌 중심의 '트렌디 드라마'와 현저하게 대조되는 특징이었다(Lee 2010, 7.01).

[3.2] 이 드라마는 특히 중년 여성들에게 큰 공감을 불러일으키며, 곧 '칸류 오바상韓流おばさん'이라는 사회적 현상으로 떠올랐다. '칸류 오바상'은 한국 드라마를 열정적으로 소비하는 '한류 이모들'을 일컫는 말이다(Lee 2010, 7.03). 기타하라(2013)는 이 연령층에서 드라마가 인기를 끈 이유 중 하나로, 팬들이 욘사마와 같은 한국 스타들의 표현력 있는 남성성을 일본 대중문화에서 흔히 칭송되는 딱딱하고 감정 없는 남성성과 대조시킨 점을 들었다. 이러한 한국 남성성에 대한 선망은 오늘날까지 소비자들 사이에서 영향력을 유지하고 있으며, 내가 신오쿠보에서 만난 여러 젊은 여성들 역시 케이팝 아이돌에 대해 이야기하면서 "한국 남자는 다정하고 배려심이 깊은 '멋진 남자イケメン'라서 '이상적인 남자친구'가 될 것 같다"고 반복해서 말하곤 했다.

[3.3] 수년간 나와 대화한 이들의 말에서 받은 인상은, 많은 사람들이 한류에 대한 일본 팬덤의 시작점으로 여기는 〈겨울연가〉가 일본 소비자들 사이에서 한국에 대한 매력을 형성하는 데 강력한 역할을 했다는 것이었다. 예를 들어, 종호는 "욘사마 열풍"이 드라마 팬들로 하여금 진짜 한국 음식을 찾아보고 한국 남성과 교류할 기회를 얻기 위해 신오쿠보를 방문하면서 이 지역이 다시 활기를 되찾는 데 크게 기여했다고 말했다. 마찬가지로 유나는 드라마 팬덤과 연계된 이 "첫 번째 한류"가 신오쿠보에 한류 상품을 판매하는 상점이 많이 들어서게 된 계기였으며, 일본 여성들이 그 동네 시장의 지형을 바꿨다고 밝혔다. 실제로, 2000년대 전반기에는 드라마의 인기가 매우 높아져, 〈겨울연가〉의 일본 팬들이 "콘텐츠 관광"의 일환으로 한국 내 드라마 촬영지를 찾아가는 현상까지 나타났다(Mōri 2008).

[3.4] 이러한 케이팝 팬덤을 기념하기 위해 한국을 방문하는 패턴은 소위

'욘사마 붐' 이후에도 계속되었으며, 2013년에서 2017년 사이에 내가 인터뷰한 열 명의 게이 남성 팬들 중 일곱 명이 콘서트에 참석하고 케이팝 굿즈를 구매하기 위해 한국을 방문한 경험이 있었다. 다이키는 대화 중에 "경제적으로 여유가 있는 케이팝 팬이라면 누구나 한국을 방문해야 한다"고 강조했는데, 이는 단지 "즐거움"을 주는 것뿐만 아니라 우리가 사랑하는 "한국을 더 깊이 이해할 수 있는 기회"도 제공하기 때문이라고 말했다. 다이키는 또한 팬들이 한국을 여행하는 것이 일본 전역에 퍼져 있는 한국인과 한국 사회, 한국 문화에 대한 부정적 고정관념에 맞서 싸울 수 있는 지식을 쌓는 데 중요한 역할을 한다고 덧붙였다.

[3.5] 〈겨울연가〉의 성공과 일본에서의 첫 번째 한류 열풍 이야기는 처음에는 소비자들(특히 여성들) 사이에서 한국에 대한 호감이 커지는 긍정적인 현상으로 보일 수 있지만, 이 열풍은 곧바로 보수적인 목소리(대부분 중년 남성들인 경우가 많음)의 격렬한 반발을 불러일으켰다. 이 첫 번째 반한 감정의 물결에서 가장 악명 높은 사례는 2005년에 출간된 야마노 샤린山野 車輪의 『만화 혐한류マンガ嫌韓流』(2005)였다. 이 만화는 원래 온라인에서 연재되었고, 2002년 한일 월드컵 공동 개최에 대한 반발로 쓰여졌다. 야마노의 만화는 일본 대중에게 한일관계의 "진짜 역사"를 "교육"하고자 했다(Sakamoto and Allen 2007, 4).

[3.6] 이 만화는 한류에 큰 관심을 기울이지 않았지만, 일본 텔레비전 네트워크에서 한국 드라마의 방영이 증가하는 현상을 비판하려는 보수 진영에게 중요한 전거로 자리 잡았다(Chung 2015, 196). 『만화 혐한류』는 수정주의적 텍스트로서, 소위 한국식 역사 해석의 신빙성을 떨어뜨리는 데 목적을 두었다. 여기서는 특히 영토 분쟁에 대한 비판과 더불어 제2차 세계대전 중 성노예의 존재를 부정하고 있다(Sakamoto and Allen 2007, 6). 또한, 이 만화 내의 담론은 남한과 북한을 명확히 구분하지 않고, 양국 모두가 일본 문화와 사회를 공격하는 데 있어 동등하게 책임이 있다는 입장을 취했다(Sakamoto and Allen 2007, 2).

[3.7] 이 만화는 베스트셀러가 되었고, 일본 시장에서 반한反韓 출판물의 급증을 불러일으켰다(Sakamoto and Allen 2007, 1). 내가 인터뷰한 팬들은 『만화 혐한류』를 공개적으로 조롱하며, 이 만화를 한류가 일반 대중에게 성공적으로 자리 잡는 것을 방해하는 주요 장애물 중 하나로 지목했다. 가즈야는

비판에 가장 목소리를 높였으며, 이 만화를 "한국 사회에 관해 대중을 오도할 목적으로 고안된 전형적 우익 혐오 발언"이라고 불렀다.

[3.8] 보수적인 반발이 『만화 혐한류』와 같은 출판물에 의해 촉발되었음에도 불구하고, 2000년대 후반 일본에서 한국 미디어의 인기는 계속해서 성장했다. 이 시기 팬덤의 중심은 텔레비전 드라마에서 케이팝 음악으로 옮겨갔다. 정은영에 따르면, 한류는 2002년 한국의 가수 보아가 일본에서 성공적으로 데뷔하면서 처음 시작되었으며(Jung, 2015), 그는 이로써 한류의 등장을 〈겨울연가〉 방영 이전으로 본다. 대중적으로 큰 성공을 거둔 보아 덕분에 그녀의 소속사 SM엔터테인먼트는 2005년 동방신기와 같은 다른 아티스트들을 일본에 데뷔시켰다. 나의 인터뷰 참가자들에 따르면, 바로 이 보이밴드의 엄청난 성공이 2000년대 후반 일본 내 케이팝 팬덤의 기하급수적인 성장을 가능하게 했으며, 이를 가리켜 "제2의 한류 붐"이라고 불렀다.

[3.9] 정은영은 SM 엔터테인먼트 소속 아티스트들이 일본 시장에서 성공할 수 있었던 이유로 그들의 "혼종화된" 퍼포먼스를 꼽는다. 보아와 동방신기는 일본 음악 산업과 소비자의 기대에 맞추어 전략적으로 이미지를 변화시켰다(2015, 118). 특히 보아는 일본 시장을 겨냥해 일본 여성 아이돌 문화의 규범에 부응하는 오리지널 앨범을 발표하는 데 집중했으며, 곡은 음악이나 가사나 분위기 면에서 아무로 나미에安室奈美恵, 코다 쿠미神田來未, 하마사키 아유미浜崎 あゆみ 등 인기 제이팝 여성 아티스트들과 유사한 특징을 보였다(Jung 2015, 119). 중요한 것은 동방신기도 이러한 움직임을 따랐으며, 한국에서 선보인 디스코그래피와는 차별화된 싱글과 앨범을 일본에서 발표해 젊은 일본 여성들에게 큰 성공을 거두었다(Ono 2015, 45). 곧 이처럼 일본 오리지널 음반을 바탕으로 케이팝 아티스트들은 일본의 오리콘 차트를 장악하였고, 대중적 인기가 높아지면서 NHK의 권위 있는 연말 가요제 〈홍백가합전〉에 초청받기에 이르렀다. 이러한 케이팝의 주류 대중성 확대는 한국과 일본에서 각각 최대 규모의 음악 제작사인 SM 엔터테인먼트와 에이벡스 트랙스Avex Trax 간의 공식적인 협력 관계를 통해 한층 더 배가되었다(Jung 2015, 119).

[3.10] 2013년부터 2017년 사이에 인터뷰한 열 명의 게이 남성 팬들은 이

시기에 일본의 한류 팬덤에 입문했으며, 모두가 대화 중 남자 케이팝 아이돌들의 뛰어난 퍼포먼스와 잘생긴 외모가 자신들을 한국 대중문화로 이끌었다고 설명했다. 드라마 중심에서 케이팝 중심의 팬덤으로 전환함에 따라, 일본에서 팬층의 인구 구성도 이른바 '한류 이모'들에서 10대와 20대 초반의 젊은 여성들로 이동했지만, 게이 남성들은 여전히 팬덤 내에서 상당한 소수 집단으로 존재를 유지했다.

[3.11] 한류 팬덤의 이러한 인구학적 변화는 일본에만 국한된 것이 아니라, 진달용(2016)이 "한류 2.0"으로 명명한 전 세계적 현상의 일부로 볼 수 있다. 여기서 한국의 엔터테인먼트 회사들은 전 세계의 기술에 능숙한 청년들을 전략적으로 겨냥하여 소셜미디어 서비스를 적극적으로 활용했다. 실제로 일본에서 케이팝 제작사들이 선보인 일부 홍보 전략은 북미 시장에서 케이팝의 인기가 급증하는 데 중요한 역할을 했다. 특히 미국 팝 음악의 규범에 부합하는 오리지널 영어 싱글을 전략적으로 발표하는 방식이 대표적이다. 그 예로, 방탄소년단의 글로벌 히트곡 "Dynamite"가 있다. 이 곡은 그들의 첫 영어 싱글이자 21세기 미국 팝 시장에서 일어난 "복고 음악" 붐에 전략적으로 편승한 작품이다(Choi & Haasch 2020).

[3.12] 이른바 제2의 한류 붐 기간 동안, 한국 대중문화 팬덤은 일본 젊은 여성들의 소비문화에 점점 더 깊이 스며들었으며, 쿠미는 2020년 포커스 그룹 인터뷰에서 케이팝 아이돌 팬덤이 일본의 보다 넓은 "소녀 문화"의 중요한 일부가 되었다고 언급했다. 케이팝 팬덤이 이 소녀 문화에 통합될 수 있었던 것은 SM엔터테인먼트와 에이벡스 트랙스가 일본에서 동방신기를 위해 마련한 공동 프로모션 전략에서 추동되었다(Ono 2015, 54-55). 동방신기는 아이돌 보이밴드로서 쟈니스ジャニーズ事務所와 같은 일본 국내 연예기획사가 관리하던 기존의 일본 남성 아이돌 팬덤을 타겟으로 마케팅되었고, 젊은 여성층 사이에서 케이팝 소비가 극적으로 증가하면서 일본 내 제2의 한류 붐이 공고히 자리잡게 되었다(Ono 2015, 45-47 참조). 실제로 오노 토시로는 동방신기의 일본 내 지속적 인기에 대한 연구에서 이 그룹이 2008년에서 2012년 사이 거둔 놀라운 성공은 한류 팬덤이 마침내 일본의 소비 시장 내에서 '공인된' 서브컬처로

성숙한 시점임을 보여주었다고 한다(2015: 72). 오노에게 있어 이 소비문화의 힘은 너무도 강해서 "반反한류 정서조차도" 일본 젊은 여성들 사이의 케이팝 아이돌 팬덤을 흔들 수 없었다고 한다(2015: 106).

[3.13] 2011년, 동일본 대지진이 초래한 참사는 일본 문화 전반에 걸쳐 눈에 띄게 보수적인 변화를 일으키며 사회 내 외국인 혐오적 요소들을 자극했다(Sakaki and Nishino 2018, 737). 케이팝은 이 때 다시 한 번 대중적으로 부상할 조짐을 보였으나, 한국을 문제적 존재로 위치짓는 우익 담론의 득세로 반한 감정이 다시금 일본 사회에 확산되었고(Itagaki, 2015: 50), 케이팝은 일본 방송에서 자취를 감추었다. 이른바 '제2의 한류' 붐에 대한 반발이 나타나던 시기, 중요한 사건 중 하나는 2011년 8월에 후지텔레비전(일본에서 한국 드라마를 가장 많이 방영하는 방송사) 앞에서 벌어진 대규모 시위였다. 이 시위는 방송국에 한국 프로그램 비중 축소를 요구한 것이었다(Itagaki 2015, 59). 또한 2012년부터 2017년 사이, 한국 아이돌 그룹들은 NHK의 연말 〈홍백가합전〉에 불참했으며, 도모는 이에 대해 "케이팝의 성공을 좌절시키려는 분명하게 의도적인 시도"라고 내게 설명했다. 2012년부터 대략 2016년까지 일본에서 반한 혐오 발언이 증가했는데, 재특회 같은 보수적이고 외국인 혐오 성향의 단체들이 도쿄 신오쿠보 등 주요 도시에서 공개적으로 반한 시위를 벌였다(Itagaki 2015, 50).

[3.14] 요스케와 류지는 2017년 공동 인터뷰에서, 이러한 반감의 증가에도 불구하고 케이팝 팬덤이 사라지지는 않았지만, 2012년부터 2016년까지의 시기는 "암흑기"였다고 표현했다. 이 시기에는 한류 팬들이 자신의 팬 활동을 숨겨야만 일본의 "반역자"로 간주되지 않을 수 있었다고 말했다. 요스케는 특히 2010년대 초반 일본 팬들 사이에서 트위터 등의 소셜 미디어 기반 팬덤이 점점 더 중요해진 이유 중 하나는, 한국에 대한 강한 관심을 표현하기에 가상공간이 더 안전해졌기 때문이라고 말했다. 하지만 류지는 소셜 미디어 팬덤이 항상 안전한 공간은 아니었다고 지적했다. 그는 자신이 "한국에 집착하는 변태 게이"라며 "우익 미치광이들"에게 트위터에서 괴롭힘을 당한 경험을 고백했다. 더불어 유나, 종호, 그리고 정선생과의 대화에서도 이 시기의 반한 감정 고조로 인해

신오쿠보의 케이팝 매장과 한식당을 찾는 손님의 수가 상당히 줄어들었음이 나타났다. 실제로 정선생은 2020년, 2012년부터 2016년까지의 반한 정서 심화로 인한 수입 감소 때문에 해당 지역 내 사업장의 약 30%가 문을 닫을 수밖에 없었다고 추정했다.

[3.15] 비록 이 시기가 처음에는 일본에서 케이팝의 종말을 알리는 듯 보였지만, 팬덤은 완전히 사라지지 않았으며, 이를 통해 오노(Ono, 2015, 106)가 제시한 '여성 중심 소비자 문화로서 한류의 회복력'에 대한 예측이 옳았음이 입증되었다. 이는 일본이 여전히 한국 연예기획사들에게 중요한 시장으로 남아 있었고, 이들은 일본 내 홍보 활동에 꾸준히 투자하여 일본의 오리콘 음악 차트에서 점점 더 큰 성공을 거둔 결과(Kim 2018, 183)로 보인다. 실제로 2015년에는 글로벌 'K-CON' 케이팝 팬 컨벤션이 일본으로 확대되었고, 2016년에는 보이그룹 빅뱅과 걸그룹 트와이스의 여러 성공적인(그리고 엄청난 수익을 거둔) 콘서트에 힘입어 새로운 케이팝 팬덤 붐이 일어났다. 이같이 성공적인 이벤트들은 2017년에는 케이팝 보이그룹 BTS의 전 세계적 인기 폭발과 트와이스의 역사적인 〈홍백가합전〉 출연(Kim 2018, 182)으로 이어졌다. 2016년에서 2017년 사이에는 일본 주류 언론에서 케이팝의 세계적 성공에 대한 긍정적 보도가 이어졌고, 특히 BTS가 미국에서 큰 인기를 얻고 있다는 뉴스가 한국 대중문화에 관한 대중의 관심을 다시 불러일으켰다(Kim 2018, 189–90).

[3.16] 최근 몇 년 사이, 일본 언론에서는 젊은 여성들이 다시 대거 신오쿠보를 찾아 한국과 관련된 모든 것을 소비하면서 "제3의 한류 열풍"이 일어나고 있다고 보도하기 시작했다(Suzuki 2019). 내가 시부야 109멘즈에서 많은 젊은 여성들이 TXT 기념품을 받기 위해 음료를 구매하려고 줄 서 있는 모습을 목격한 것도 이 제3의 한류 열풍이 절정에 달했을 때였다. 신난 팬에게서 "일본이 한국과 문제는 있을지 몰라도, 여기 여자애들은 정말 케이팝을 좋아해요"라는 이야기를 들을 수 있었다. 제3의 한류 열풍은 신오쿠보를 다시 활성화하는 데 중요한 역할을 했을 뿐만 아니라, 한류에 대한 두 번째 반감기 동안 입었던 손실을 만회하는 데 그치지 않고, 오히려 인근 상점과 음식점들의 수익이 증가하는 결과로 이어진 것으로 보인다. 2016년, 이 제3의 열풍이 본격적으로 시

작되기 직전, 유나와 종호는 신오쿠보 상가진흥위원회가 의도적으로 젊은 여성 시장을 겨냥해 상권을 재정비하기로 결정했다고 내게 알려주었다. 하지만 이 글의 서두에서도 밝혔듯, 이러한 제3의 한류 열풍의 장기적인 성공은 2019년 한일 관계 악화로 인해 위협을 받을 수 있다.

팬 욕망, 민족주의적 공포: 공한증과 한류

[4.1] 역사적 논의에서 분명히 드러나듯, 케이팝이 일본에서 성공할 때마다 거의 항상 반한 감정과 연관된 강한 반발의 시기로 이어졌다. 내가 인터뷰한 케이팝 팬들에게 이 반발의 불가피성은 늘 그들의 즐거움에 그늘을 드리우는 요인이었으며, 도모는 자신이 "소위 적국의 아이돌에 대한 관심을 끊임없이 옹호해야 해서 지쳤다"고 밝혔다. 마찬가지로, 2020년 나의 포커스 그룹에 참여한 여섯 명의 젊은 여성들 또한 케이팝의 최근 성공이 계속해서 탄력을 받을지는 확신할 수 없다는 생각을 표현했다. 나오미는 특히, 케이팝의 가시성이 결국에는 "북한을 두려워하는 분노한 사람들"을 불러올 수 있다고 경고했으며, 이 의견은 정선생도 지난 몇 년간 신오쿠보에서 열린 반한 시위에 대해 논의하던 중 표현한 바 있다.

[4.2] 바로 이러한 지속적 혐한 정서가 일본 내에서 한류의 소프트 파워 잠재력을 저해하고, 젊은 여성들이 대부분인 케이팝 팬들이 한일 관계에 대한 논의에 긍정적으로 개입할 수 있는 능력을 약화시킨다. 중요한 점은, 한류로 인해 촉발된 반한 반발이 종종 케이팝 자체와는 거의 관련이 없다는 것이다. 오히려 일본과 남북한 사이의 영토 분쟁이나 역사 해석 문제에 초점이 맞춰져 있는 경우가 많다. 이러한 맥락에서 정선생과 나오미가 "북한에 대한 두려움"이 일본 내 반한류 반발을 유발하는 근본적 이유라고 주장하는 것은 무리가 아니다.

[4.3] 이타가키는 "공한증"이라는 용어를 만들어, 일본의 우익 외국인 혐오주의자들뿐 아니라 일본 주류 사회 전반에서 지속적으로 남한과 북한을 "위협"으

로 규정하는 경향을 표현한다(2015: 50). 재특회를 비롯한 단체들의 혐오 발언이 증가하는 현상에 대해 이타가키는, 공한증이 특히 북한의 대對 일본 공격에 대한 두려움을 동원하여 일본이 독특하고 동질적인 문화라는 담론을 지지하는 역할을 한다고 주장한다(2015: 63). 다시 말해, 이타가키는 공한증이 일본 사회에서 만연한 이유가 "코리아"(광범위하게 정의됨)를 일본의 지역적 우위를 위협하는 존재로 규정함으로써 일본이 동아시아 이웃 국가들보다 문화적으로 우월하다는 믿음을 강화하기 때문이라고 본다(2015: 64). 이타가키는 공한증이 새로운 현상이 아니라 일본의 역사에서 비롯된 것임을 강조한다. 특히 남한과 북한을 뭉뚱그리는 공한증 담론은 한일 관계의 탈식민적 성격에서 비롯됐다고 한다. 이타가키는 그의 재특회 언어 분석을 통해, 우익 외국인 혐오 단체가 20세기 전반 일본의 한반도 식민지배 시기에 형성된 고정관념과 편견을 활용해 남북한의 중요한 차이점을 지우고 있다고 주장한다(2015: 50). 당시 일본의 문화적 발전과 우월성을 강조하는 담론적 위치 선점이 한반도 식민통치의 핵심이었기 때문에, 이타가키는 공한증을 일본 국내의 불안정성이 고조되는 가운데 소외된 일본인들이 식민지 시기의 언어를 되살려 이를 극복하려는 시도로 본다(2015: 54-55).

[4.4] 이러한 맥락에서, 보수 성향 사람들의 한류에 대한 반발은 일본-한국 관계의 포스트식민적 특성에서 비롯된 두려움과 일본 문화의 활력이 쇠퇴하고 있다는 인식에서 생겨난 불만의 표출구를 표시한다. 내가 인터뷰한 팬들은 자신들이 점점 더 불안정해지는 사회에서 소외감을 느끼며, 이를 해소하기 위해 한국 대중문화를 찾는다고 보고했지만(Allison 2013), 한류는 야마노 샤린이나 재특회 같은 외국인 혐오적 보수주의자들의 불만의 표적이 되고 있다. 내가 이 간략한 역사적 고찰을 통해 살펴본 한류에 대한 반복적 반발은, 보수주의자들 사이에서 사회의 이질적 요소를 제거함으로써 일본의 위신을 회복하고자 하는 열망에서 비롯된다. 여기서 "한국"은 외국인 혐오적 분노를 투사할 수 있는 공허한 기호로 쓰인다. 따라서 한류에 대한 반발은 한국 대중문화 그 자체보다는 젊은 층 사이에서 케이팝의 인기가 높아지는 현상을 일본 상황의 악화와 동일시하는 보수주의자들의 인식에 더 깊이 연관되어 있다.

[4.5] 정선생은 한류 비판자들이 일본 팬들 사이에 두려움과 피로감을 조성하려 한다고 믿었으며, 이는 일본 문화를 어떤 형태로든 외부의 간섭으로부터 '정화'하려는 더 넓은 전략의 일부라고 보았다. 중요한 점은 정선생이 재특회와 같은 보수 세력이 일본 내 거주 한인 공동체에 퍼붓는 지속적 혐오 발언을 한류 비판과 연결짓는 이유 중 하나로, 케이팝이 미디어의 유행어로 인식된다는 점을 들었다는 것이다. 즉, 정선생은 젊은 층 사이에서 온라인 상의 높은 참여를 유발하는 인기 있는 서브컬처에 자신들의 광범위한 외국인 혐오 비판을 결부시킴으로써, 반한 단체들이 온라인 트렌드를 냉소적으로 조작하고 메시지의 효과를 증폭시키고 있다고 주장한다. 이는 궁극적으로 한류가 현대 일본 사회에 미치는 영향에 대해 보다 긍정적이고 관대한 해석을 전하고자 하는 팬들과 재일 한인 공동체 모두의 논의를 강탈함으로써, 대중 사이에서 혐한적 반발을 더욱 조장하도록 한다..

[4.6] 나는 분명히 몇몇 대화자들, 특히 도모, 요스케, 류지에게서 피로감을 느끼는 모습을 발견할 수 있었다. 이 세 팬 모두는 인터뷰 중에 이런 반발에 지친다고 언급했으며, 특히 류지는 그 피로감이 현대 일본의 불안정한 사회 속에서 젊은이로 살아가는 어려움에 대한 더 넓은 논쟁과 맞물려 있다고 분명히 말했다. 류지는 또한 자신이 일본의 낙인찍힌 성소수자 커뮤니티의 일원이라는 지위 때문에 소외감이 두 배로 느껴진다고 밝혔는데, 그는 "잘생긴 한국 남성"이라는 환상을 통해 동성애 혐오로부터 "도피"하기 위해 부분적으로 케이팝을 찾게 되었다고 했다. 그러나 2020년 1월에 신오쿠보 거리에서 인터뷰했던 여러 젊은 여성들에게서 받은 인상은 점점 더 커지는 흥분과 열정적인 팬심이었다. 이 팬들은 반복해서 한국의 매력에 대한 확고한 믿음을 표현했고, 신오쿠보가 "케이팝 공간"으로 발전한 것이 일본이 케이팝을 음악 산업에 받아들일 준비가 되었다는 증거라고 지적했다.

[4.7] 캐트린 필립스Kathryn Phillips와 내가 신오쿠보의 민족지 연구에서 자세히 다뤘듯이, 이 지역은 "케이팝과 한국 패션을 광고하는 광고판과 대형 텔레스크린으로 넘쳐나고… 케이팝 밴드의 비공식 상품을 판매하는 상점들이 주류를 형성하는 곳"이다(2021: 14). 나의 길거리 인터뷰에 따르면, 아이돌 상품을

사기 위해 신오쿠보를 방문하고, 케이팝 라이브 하우스에 들르며, 이 지역의 수많은 한식당에서 식사하는 것은 도쿄의 케이팝 팬들에게 중요한 의례다. 신오쿠보에서 만난 젊은 여성들은 이 지역을 일관되게 "케이팝의 천국"이라 불렀는데, 이 소수민족 커뮤니티에 대한 그들의 태도는 이 곳이 자신들의 팬덤 대상과 얼마나 밀접하게 연결되어 있는지를 보여주었다. 우리는 또한, 신오쿠보 상인회가 젊은 여성을 위한 "케이팝 공간"으로 이 지역을 전략적으로 재정위함으로써 하라주쿠原宿, 시부야, 이케부쿠로池袋 등 도쿄의 기존 여성 소비자 공간에서 나타난 소비 행태와 홍보 전략을 반복했다고 강조했다(2021: 16). 이로써 신오쿠보는 젊은 여성의 소비 문화와 일반적 연관을 갖게 되었으며, 중요한 "성지"로서 케이팝 팬들에게 의미 있는 장소일 뿐 아니라, 지역 자체가 케이팝을 넘어서는 폭넓은 흡인력을 갖게 되었다(2021, 9). 실제로 2020년 포커스 그룹 인터뷰에서 하나코는, 최근 몇 년간 한식을 즐기기 위해 신오쿠보를 방문하는 것이 케이팝 팬이 아니더라도 일본 대학생들 사이에서 흔한 관행이 되었다고 말했다.

[4.8] 신오쿠보에서 젊은 여성들과 진행한 많은 길거리 인터뷰는 이들의 공통 정서가 팬심에 기초한 호감임을 뚜렷하게 느끼게 했다. 많은 이들이 한일 관계보다는 잘생긴 한국 남성 아이돌에 대해 이야기하는 것을 더 원했다. 하지만 케이팝 소비가 한국에 대한 그들의 인식에 긍정적 영향을 미쳤다는 점은 명백했다. 이 여성들은 케이팝 아이돌을 단순한 이상형 남자친구일 뿐 아니라 문화적 대사로 바라보는 시각이 있었고, 한국 사회에 대한 강한 동경이 형성되어 있었다. 2020년 한 젊은 여성은 신오쿠보에 대대적으로 걸린 인기 보이그룹 엑소의 '한국 방문' 광고에 대해, 케이팝 아이돌이 매력을 통해 일본과 한국을 연결한다고 말했다. 이런 매력이 팬들로 하여금 한국의 문화와 사회에 대해 더 알고 싶게 만든다는 것이다. 이 여성은 케이팝 팬들 사이에서 한국에 대한 동경이 매우 깊다고 말하며, 이런 감정은 단순하고 피상적인 환상이 아니라 두 나라 사이에 다리를 놓고자 하는 진정한 열망임을 역설했다. 특히, 엑소의 잘생긴 아이돌들에게 느끼는 공통된 매력을 통해, 이 팬은 일본과 한국 여성들이 케이팝 아이돌을 함께 응원하고 싶다는 열망으로 하나가 될 수 있음을 제안했

다. 이러한 주장 속에서, 이 팬은 진과 모리모토(2013: 99)가 말한 "초문화적 팬덤은 궁극적으로 공유된 정서의 문화에 기반한다"는 논의를 상기시켰다.

[4.9] 실제로 나의 포커스 그룹에 있었던 여섯 명의 젊은 여성 같은 일반 소비자들조차도 케이팝이 담론의 변화를 이끄는 역할에 대해 대체로 긍정적으로 평가했다. 그들은 보수층 사이의 반한 정서로 인해 반발심이 불가피하다고 생각했음에도 불구하고 이런 태도를 취했다. 하나코는 케이팝의 매력을 세대의 관점에서 이해하며, 비록 젊은 세대의 케이팝 참여가 "매우 깊어 보이지는 않을 수 있다" 하더라도, 케이팝 팬덤이 가시적이고 정상적인 문화로 자리 잡았다는 사실 자체가 예전보다 더 쉽게 한국이 즐겁고 혁신적인 대중문화를 만들어낸다는 생각을 받아들일 수 있게 한다고 했다. 치에는 북한에 대한 두려움과 관련한 나오미의 발언에 응답하며, 젊은 세대가 기성세대보다 남한과 북한을 구분하는 능력이 더 뛰어나다는 점을 지적했다. 그녀는 케이팝이 일본 내 한국인에 대한 '구시대적' 시각에 도전하는 데 유용한 자원이라고 높이 평가했다.

[4.10] 나는 일본 내 거주 한인 공동체를 대상으로 한 혐오 발언에 맞서 케이팝 팬덤은 어떤 역할을 할 수 있는가에 대해 물었는데, 스미레는 더 많은 젊은이들이 이 공동체에 대해 알게 되는 계기를 한류가 제공했다고 답했다. 특히 '제3차 한류 붐'이 젊은이들로 하여금 신오쿠보를 방문하고, 일본에 거주하는 한국인들과 직접 교류하게 만들었다는 점을 지적했다. 이런 교류의 개념은 일본에서 한류의 영향에 관한 이들 젊은 여성들의 이야기에서 핵심을 구성했다. 신오쿠보의 한 팬이 케이팝이 일본과 한국을 연결한다고 말한 것처럼, 이 여섯 명의 여성들은 한류가 더 많은 일본인들에게 한국 사회를 직접 경험할 기회를 제공하고, 이를 통해 혐한 담론에서 비롯된 부정적 고정관념에 도전할 수 있을 것이라고 믿었다.

[4.11] 팬 연구 문헌에서는 오랫동안 대중 사회가 팬들을 단순히 집착적이고 비판 없이 소비하는 사람들로 간주할 뿐 아니라, 비평가들이 종종 여성으로 프레이밍된 팬덤을 지식과 전문성이 결여된 집단으로 폄하하는 데 활용해 왔다(Asquith 2016). 제3차 한류 붐은 케이팝 팬덤을 일본 젊은 여성의 소비 문화와 관련된 문화적 공간과 견고하게 연결 지었고, 이로 인해 케이팝 팬덤 역시

"여성화된" 서브컬처로 자리매김하게 되었다(Phillips and Baudinette 2021). 이러한 이유로, 정선생은 보수적 비평가들이 팬들을 "멋진 남성 아이돌에 홀려 한국을 신봉하게 된 어리석은 젊은 여성"으로 프레이밍하여 쉽게 무시할 수 있다는 우려를 표했다. 정선생은 젊은 소비자들이 케이팝에 열정적으로 끌리는 점에는 박수를 보냈지만, 인터뷰의 말미에서는 이 서브컬처가 만들어내는 여성화된 욕망이 이러한 편견을 의미 있게 바꿀 가능성은 높지 않다고 시사했다. 정선생은 자신이 젊은이들이나 여성 자체를 비판하는 것이 아니라, 일본 사회에서 젊은이들의 목소리가 빠르게 무시되는 "슬픈 현실"을 언급했을 뿐이라고 했다. 정선생이 볼 때, 케이팝 팬덤은 한일 관계 현안을 해결하는 데 어느 정도까지만 기여할 수 있으며, 재일 한국인 커뮤니티의 지속적인 행동이 더 중요하다. 그는 〈문화센터 아리랑〉이 신오쿠보의 수많은 케이팝 굿즈 매장과 아이돌 라이브 하우스 인근이라는 지리적 이점을 활용해, 케이팝 팬들이 일본 내 재일 한인 커뮤니티에 대해 더 많이 알도록 유도하는 강연을 적극적으로 기획 중이라고 말했다.

[4.12] 내가 연구를 진행하는 동안 만난 매우 열정적인 팬들을 고려할 때, 나는 정선생의 입장을 완전히 지지할 수 있을지 확신이 없다. 정선생의 우려는 일본에서 젊은 여성들의 팬 문화를 깔보는 보수적인 남성들의 오랜 전통을 반영하며, 여성 대상 미디어 콘텐츠에 대한 더 넓은 가부장적 태도를 상기시킨다. 마크 맥레란드Mark McLelland (2015)는 호모에로틱한 BL 미디어의 여성 팬덤에 대한 성찰에서, 잠재적으로 논란이 되거나 규범에 도전하는 콘텐츠에 몰두하는 일본 여성들의 팬덤이 보통 중장년 남성이나 고위 남성 정치인 등 보수적 집단으로부터 쉽게 비난과 비판의 대상이 된다고 지적한다. 이러한 가부장적 반발의 사례로, 맥레란드는 특히 전 도쿄 지사이자 잘 알려진 민족주의자이며 외국인 혐오자인 이시하라 신타로石原 慎太郎가 젊은 여성들의 BL 팬덤이 도덕성과 건강에 "해악"을 끼친다고 비판한 점을 주목한다(McLelland, 2015: 264-65).

[4.13] 비록 나의 여성 정보제공자 중 누구도 보수적인 남성들로부터 가부장적 폄하를 직접적으로 경험했다고 보고하지는 않았으나(앞서 논의했듯이, 남자

동성애자 정보제공자 두 명은 그러한 경험을 고백한 바 있다), 안지현과 윤이경(2020)이 인터뷰한 일본의 케이팝 여성 팬들은 전혀 다른 이야기를 들려준다. 그들이 만난 15명의 여성 가운데, 한국 남성에 대한 "집착"에 대해 보수주의자(주로 온라인상)에게 여성혐오적 비난을 받는 일은 매우 흔한 일이었고, 이로 인해 많은 이들이 공개된 환경에서는 케이팝 팬임을 숨겨야 한다고 느꼈다 (Ahn and Yoon 2020: 188–92). 정선생과 이들 저자(2020) 모두 한류가 일본에서 여성 중심의 팬덤으로 형성됨에 따라 욕망과 두려움이 공존하며, 이는 잠재적으로 가부장적 반발을 불러일으킬 수 있음을 지적한다. 이를 통해 한류가 야기한 일본-한국 관계의 지속적인 복잡성이 드러나며, 앞으로의 학술 연구에서 더 많은 탐구가 필요함을 보여준다.

결론

[5.1] 케이팝 팬덤에 참여하고 있는 열 아홉 명의 일본인들의 반응을 분석한 결과, 일본 내 한류 현상은 항상 일본-한국 관계의 포스트식민적 이해 속에 위치 지워져야 함을 알 수 있다. 일본의 케이팝 수용 역사를 통해, 케이팝의 인기가 높아지고 있음에도 불구하고 일본 내 보수적 반발이 항상 존재하며, 이는 일본 내 혐한 감정을 가진 극우 인사들뿐만 아니라 주류 사회 전반에 뿌리내린 공한증에서 비롯된다는 사실을 발견할 수 있었다. 이런 이유로, 일본-한국 관계를 연구하는 이론가들은 한류의 압도적인 소프트파워 가능성 주장에 대해 회의적으로 접근해야 하며, 북한에 대한 지속적인 두려움이 일본 사회 내에서 한국 대중문화의 긍정적 영향을 저해할 수 있음을 인식해야 한다.

[5.2] 그럼에도 불구하고, 신오쿠보가 일본 최고의 케이팝 공간으로 변모하는 과정에 대한 나의 지속적인 민족지학적 조사는, 케이팝 아이돌에 대한 열망이 개인 팬들(주로 젊은 여성들이지만 이에 국한되지는 않음)로 하여금 일본 사회 전반에 퍼져 있는 한국인에 대한 부정적 고정관념을 재고하게 만든다는 사실을 명백히 보여준다. 가장 고무적인 것은, 팬들 및 일반 소비자들과의 대

화에서, 젊은 세대가 케이팝 소비를 통해 한국에 대한 혐오감을 받아들이거나 용인할 가능성이 더 낮다고 예상된다는 점이다.

[5.3] 팬 연구에서 초국적 접근법을 성찰할 때, 일본의 케이팝 팬덤에 대한 사례 연구는 비非팬들의 민족주의적 담론과 보수 이데올로그들의 외국인 혐오적 두려움이 어떻게 팬 경험에 직접적인 영향을 미칠 수 있는지 보여준다. 이 점에서 진과 모리모토(2013: 99)가 "국민국가를 넘어"서는 분석이 이루어져야 한다고 제안한 것은 중요한 논의다. 그러나 팬 연구에서는 여전히 국민국가에 근거한 분석의 필요성이 남아 있다. 실제로, 초국적 팬 정서가 실증적 사실이 아니라 구성된 이데올로기로서의 국가 문화와 어떻게 상호작용하는지 성찰하는 것은 진과 모리모토 스스로가 제시한 핵심적 개입—즉, 팬 경험이 복합적이고 교차적이라는 점(2013: 93)—을 받아들이는 것이다. 케이팝 팬덤이 한류의 북미 및 서유럽 음악 시장 진출로 인해 다양한 맥락에서 보수적이고 반아시아적 반발을 계속해서 마주하고 있는 가운데, 케이팝 팬덤과 한일 관계 사이의 관계에 대한 본 사례 연구는 이 새롭게 등장하는 초국적 현상을 이해하기 위한 하나의 잠재적 분석 틀을 제공한다.

[5.4] 그렇다면 일본 내 한류의 향방은 어떻게 될까? 지난 몇 년간 일본 팬들 사이에서 꾸준히 긍정적 태도를 접했음에도 불구하고, 일본 대중 여론에 여전히 남아있는 한국에 대한 반감은 케이팝 팬덤이 결국 한일 관계를 개선할 수 있을지에 대해 회의적인 시각을 갖게 한다. 특히 일본 우익 이데올로기 내에서 남북한을 하나로 묶어 보는 경향과, 심지어 팬들조차 북한에 대해 별다른 의견이 없었던 사실은, 일본에서 한류가 소프트파워로서 발휘할 수 있는 잠재력에 가장 큰 걸림돌로 보인다. 이처럼 한일 관계에서는 정치적 차원에서 한국에 대한 두려움이 지배적인 반면, 일본 팬들 사이에서는 한국에 대한 열망이 커지고 있다. 나 자신도 일본 내 한류에 대해 양가적인 태도를 갖게 되는데, 두려움과 열망이 모두 일본 내 케이팝 수용에 뚜렷한 영향을 미치고 있음을 인식하기 때문이다. 한류가 세계적으로 점점 더 큰 인지도와 매력을 쌓아가고 있는 만큼, 앞으로 몇 년간 일본에서 케이팝이 반복해온 호황과 침체의 주기가 어떻게 전개될지 지켜보는 것도 흥미로울 것이다.

참고문헌

Ahn, Ji-Hyun, and E Kyung Yoon. 2020. "Between Love and Hate: The New Korean Wave, Japanese Female Fans, and Anti-Korean Sentiment in Japan." *Journal of Contemporary Eastern Asia* 19 (2): 179–96. https://dx.doi.org/10.17477/jcea.2020.19.2.179.

Allison, Anne. 2013. *Precarious Japan*. Durham, NC: Duke University Press.

Asquith, Daisy. 2016. "Crazy about One Direction: Whose Shame Is it Anyway?" In *Seeing Fans: Representations of Fandom in Media and Popular Culture*, edited by Lucy Bennett, Lucy Booth, and Paul J. Booth, 79–88. London: Bloomsbury.

Bartlett, Duncan. 2019. "Japan and South Korea: Headaches and Headlines." *Diplomat*, November 20, 2019. https://thediplomat.com/2019/11/japan-and-south-korea-headaches-and-headlines/.

Chin, Bertha, and Lori Morimoto. 2013. "Towards a Theory of Transcultural Fandom." *Participations: Journal of Audience and Reception Studies* 10 (1): 92–108. https://hcommons.org/deposits/objects/hc:11776/datastreams/CONTENT/content.

Choi, Inyoung, and Palmer Haasch. 2020. "15 Details You May Have Missed in BTS's 'Dynamite' Music Video." *Insider*, August 22, 2020. https://www.insider.com/bts-dynamite-music-video-details-analysis-breakdown-2020-8.

Chung, Hye Seung. 2015. "Hating the Korean Wave in Japan: The Exclusivist Inclusion of Zainichi Koreans in Nerima Daikon Brothers." In *Hallyu 2.0: The Korean Wave in the Age of Social Media*, edited by Sangjoon Lee and Abé Mark Nornes, 195–211. Ann Arbor: University of Michigan Press.

Dörnyei, Zoltán. 2007. *Research Methods in Applied Linguistics*. Oxford: Oxford University Press.

Itagaki, Ryuta. 2015. "The Anatomy of Korea-Phobia in Japan." *Japanese Studies* 35 (1): 49–66. https://dx.doi.org/10.1080/10371397.2015.1007496.

Iwabuchi, Koichi. 2002. *Recentering Globalization: Popular Culture and Japanese Transnationalism*. Durham: Duke University Press.

Jin, Dal Yong. 2016. *New Korean Wave: Transnational Cultural Power in the Age of Social Media*. Urbana: University of Illinois Press.

Jung, Eun-Young. 2015. "Hallyu and the K-pop Boom in Japan: Patterns of Consumption and Reactionary Responses." In *K-pop: The International Rise of the*

Kim, Sungmin. 2018. *K-Pop: Shin-Kankaku No Media [K-Pop: A New Style of Media]*. Tokyo: Iwanami Shinsho.

Kitahara, Minori. 2013. *Sayonara Kanryū [Farewell to the Korean Wave]*. Tokyo: Kawade Shōbo Shinsha.

Lee, Hwangjin. 2010. "Buying Youth: Japanese Fandom of the Korean Wave." In *Complicated Currents: Media Flows, Soft Power and East Asia*, edited by Daniel Black, Stephen Epstein, and Alison Tokita, 7.01-16. Clayton, Australia: Monash University Publishing.

McLelland, Mark. 2015. "Regulation of Manga Content: What is the Future for BL?" In *Boys Love Manga and Beyond: History, Culture, and Community in Japan*, edited by Mark McLelland, Kazumi Nagaike, Katsuhiko Suganuma, and James Welker, 253-73. Jackson: University Press of Mississippi.

Mōri, Yoshitaka. 2008. "'Winter Sonata' and Cultural Practices of Active Fans in Japan: Considering Middle-aged Women as Cultural Agents." In *East Asian Pop Culture: Analysing the Korean Wave*, edited by Beng-Huat Chua and Koichi Iwabuchi, 127-42. Hong Kong: University of Hong Kong Press.

Nye, Joseph, and Youna Kim. 2013. "Soft Power and the Korean Wave." In *The Korean Wave: Korean Media Go Global*, edited by Youna Kim, 31-42. Abingdon, United Kingdom: Routledge.

Ono, Toshirō. 2015. *Sore demo Tōhōshinki wa yuru ga nai: Itande iku kanryū joshi to kenkan no nami [TVXQ Remain Unaffected: Korean Wave Fan Girls and the Anti-Korean Wave]*. Tokyo: CYZO.

Park, Jung-Wei. 2014. *Shin-Ōkubo Koriantaun no hitotachi [The People of Shin-Ōkubo Koreantown]*. Tokyo: Nashionaru Raiburī.

Phillips, Kathryn, and Thomas Baudinette. 2021. "Shin-Ōkubo as a Feminine 'K-Pop Space': Gendering the Geography of Consumption of K-Pop in Japan." *Gender, Place and Culture*. https://dx.doi.org/10.1080/0966369X.2020.1857341.

Sakaki, Alexandra, and Junya Nishino. 2018. "Japan's South Korea Predicament." *International Affairs* 94 (4): 735-54. https://dx.doi.org/10.1093/ia/iiy029.

Sakamoto, Rumi, and Matthew Allen. 2007. "'Hating the Korean Wave' Comic Books: A Sign of New Nationalism in Japan?" *Asia-Pacific Journal: Japan Focus* 5 (10): 1-16. https://apjjf.org/-Rumi-SAKAMOTO/2535/article.html.

Schein, Louisa. 2013. "Homeland Beauty: Transnational Longing and Hmong American Video." In *Media, Erotics, and Transnational Asia*, edited by Purnima Mankekar and Louisa Schein, 203-32. Durham, NC: Duke University Press.

Sugihara, Junichi. 2019. "Japan Officially Ousts South Korea from Export Whitelist." *Nikkei Asia Review*, August 28, 2019. https://asia.nikkei.com/Spotlight/Japan-South-Korea-rift/Japan-officially-ousts-South-Korea-from-export-whitelist.

Suzuki, Tomoko. 2019. "Joshi kōsei wa kankoku ni muchū!? Dasanji kanryū būmu [Female High Schoolers Are Obsessed with Korea!? The Third Korean Wave Boom]." Mai Nabi Nyūsu, March 12, 2019. https://news.mynavi.jp/article/womansns-5/.

Tokita, Alison. 2010. "Winter Sonata and the Politics of Memory." In *Complicated Currents: Media Flows, Soft Power and East Asia*, edited by Daniel Black, Stephen Epstein, and Alison Tokita, 3.01-12. Clayton, Australia: Monash University Publishing.

Yamano, Sharin. 2005. *Manga Kenkanryū [Hating the Korean Wave]*. Tokyo: Shin-yo-sha.

7장

한국 대중음악은 현대 필리핀 정체성에 대한 위협인가

지구화, 국민, 그리고 필리핀 문화와 정체성에 대한 탐구

루이스 주리엘 P. 도밍고 Luis Zuriel P. Domingo

서론

케이팝이 세계 문화의 주요 구성 요소로 인식되기 시작한 것은 1990년대 세계화가 시작되던 시절이었다. 서구 대중음악을 바탕으로 하면서도, 케이팝은 중독성 있는 멜로디와 군무, 그리고 고급스러운 뮤직비디오 등으로 한국만의 독특하고 '토착적인' 문화로 인식된다(Korean Culture and Information Service, 2011; Romano, 2018). 하지만 케이팝은 음악에만 국한되지 않고, 예술·패션·음식·영화·교육 등 대중문화의 다양한 영역을 아우르며 확장되고 있다. 불과 10여 년 만에 케이팝은 전 세계 팬들이 한국의 풍부한 역사와 문화를 공부하고, 한글을 배우며, 심지어 여가나 유학을 위해 한국을 방문하게 하는 계기를 만들었다(Shim, 2011b). 한국 대중문화의 열풍으로 인해, 한국에 대한 호기심이 많아진 세계 각국의 사람들은 현대 문화뿐만 아니라 전통 문화에도 깊은 관심을 갖게 되었다.

역사적으로 케이팝 음악 문화의 토대와 발전은 서구 문화 제국주의의 지대한 영향에서 기인한다. 이론적으로 말하자면, 심두보(2006, 2011b)는 서구, 특히 미국의 패권적 영향력이 한국과 같은 소국들을 미디어 소비에서 자본주의의 보편화에 이르기까지 예속시켰다고 주장하였다. 이는 냉전 맥락 속에서 더욱

잘 이해될 수 있다. 한국은 필리핀과 마찬가지로 미국의 정치적, 경제적, 문화적 영향권에 놓여 있었다. 그러나 필리핀과 달리, 한국은 이러한 억압을 자신들의 이점으로 삼아 그들만의 것을 만들어냈다. 다시 말해, "글로벌화, 특히 대중문화 영역에서, 지역 정체성을 세계적 맥락 속에서 유지하기 위한 창의적 혼종화의 형태"(Shim, 2011a)를 발명한 것이다.

케이팝은 정의, 시대 구분, 맥락의 측면에서 매우 포괄적인 개념이다. 본 연구에서는 케이팝을 "아이돌 문화"와 밀접하게 연관된 것으로 정의한다. 이는 한국 대중문화의 가장 오래된 형태인 "트로트"와는 완전히 다르다(Kim, 2020). 음악적으로 현대 케이팝은 1990년대 초, 보이 밴드 서태지와 아이들의 등장과 함께 시작되었다. 이 그룹은 대한민국 음악과 공연의 판도를 바꿨다. 이들은 한국 음악에서 지배적이던 "음악적 스타일, 노래 주제, 패션, 검열"에 도전하는 혁신을 불러왔다(Romano, 2018). 반면, 아이돌 문화는 케이팝이 신생 연예 기획사들에 의해 제도화되고 표준화되던 1990년대 후반에서 2000년대 초에 도입되었다(KCIS, 2011; Seabrook, 2012). 한국의 연예 기획사들은 잠재적 연예인, 즉 아이돌 연습생들을 모집하고 훈련시키기 시작했다. 이 연습생들은 개별적 혹은 집단적 특성에 따라 그룹을 이뤄 데뷔를 하게 된다. 이후 네 명에서 열세 명까지 다양한 멤버로 구성된 이 그룹들은 서태지와 아이들이 개척하고 대중화한 음악에 맞춰 노래와 함께 칼군무를 선보인다. 하지만 다른 팝 음악들처럼 오늘날의 케이팝은 이미 진화하여 유로팝, 미국 힙합, 일본의 시티팝 등 다양한 음악적 요소를 받아들였다(Seabrook, 2012). 아이돌 문화와 마찬가지로, 케이팝은 이미 음악 산업을 뛰어넘는 현상이 되었다. 일부 아이돌은 모델과 연기 활동에도 적극적으로 참여하고 있다. 또한, 기술은 현대 케이팝의 발전에 핵심적인 역할을 했다(Romano, 2018). 필리핀에서 영향력을 행사해온 아이돌 문화와 연관된 케이팝은 이후에 더 자세히 논의할 것이다.

케이팝의 세계적인 영향력은 놀라울 정도이다. 세계적인 인정을 받기 전, 케이팝은 한국의 인접 지역에서부터 인기를 얻기 시작하였다. 동아시아가 케이팝의 첫 번째 잠재적 시장이었다. 중국의 경제 성장률은 가속화되고 있었고, 일본은 1990년대 후반에서 2000년대 초반 사이 서구보다 더 빠른 경제 성장을 보였다(Jacobson, 2021). 이후 2010년대 초반부터 케이팝은 동남아시아 시장에 진출해 본격적으로 남쪽으로 확장되었고, 그 후 미주와 유럽에서 폭넓은 인정을 받게 되었다(KCIS 2011). 동남아시아에서는 지구화의 진전과 인터넷의 디지털 연결성이 강화되면서 한류, 특히 케이팝이 빠르게 유입되었다(Passaris, 2017). 이에 한국 정부는 다양한 산업이 전 세계 구석구석에 케이팝 문화를 수출할 수 있도록 지원하며 이 기회를 적극적으로 활용했다(Shim, 2006; KCIS, 2011; Oh, 2013). 하비Harvey(1990)와 제임슨Jameson(1996)의 정의를 빌리면, 지구화란 자본주의와 근대성이 가져온 신기술의 발전 결과로서 "새로운 역사적 시대"라고 설명할 수 있다.

그러나 지구화는 민족주의 담론에 중요한 영향을 미친다. 각 국가는 지구화의 영향을 유익하게 볼 수도 있지만, 반대로 회의감, "반발"(Ainslie 외, 2017), 그리고 외국인 혐오를 불러일으킬 수도 있다. 필리핀에서는 케이팝이 매우 인기가 있지만, 핵심적인 질문은 케이팝의 영향이 필리핀 민족주의 담론에서 어떻게 받아들여지고 있는가이다. 이그노와 세니도자Igno and Cenidoza(2016)에 따르면, 많은 필리핀 사람들은 필리핀에서 한국 문화가 놀라울 정도로 성장하는 것을 여전히 회의적으로 바라보고 있으며, 이는 필리핀 정체성에 위협이 된다고 여긴다. 이러한 질문을 명확히 하기 위해, 본 연구는 케이팝이 필리핀 문화와 정체성에 위협이 되는지, 아니면 그 반대인지에 대한 답을 모색하고자 한다. 배경 설명으로, 다음 부분에서는 최근 필리핀 역사에서 케이팝 음악의 동향을 살펴본다. 필리핀에서 케이팝 음악이나 한국 문화가 성공을 거두게 된 데에는 다양한 미디어의 접근성이 높아지고, 문화의 초국적 이동, 즉 지구화가 중요한 역할을 했다는 점을 강조하고 싶다. 그 후, 필리핀 정체성에 대한 비판적 검토와 그 함의, 그리고 케이팝과 같은 외국 문화의 영향에 얼마나 취약한지에 대해 논의해보고자 한다.

최근 필리핀 역사 속의 케이팝

첫 번째 질문은 케이팝이 어떻게 '아시아 시장'을 이렇게 쉽게 장악할 수 있었는가이다. 오늘날 케이팝의 목표가 '글로벌 현상'으로서 '미국 시장'을 정복하는 것이라면, 케이팝은 기존의 "현지화" 전략(Kyung, 2020)을 통해 '아시아 시장'을 성공적으로 지배해왔다. 현지화는 케이팝이 특정 타깃 시장의 수요에 유연하게 적응하고 친숙해지도록 아티스트(또는 아이돌)를 내세우는 전략이다(Kim and Park, 2018). 이는 한국 연예기획사들이 어떻게 자사의 아티스트를 브랜딩하고 포장하는지에서 뚜렷하게 드러난다. 예를 들어, 트와이스는 총 9명으로 구성된 케이팝 걸그룹으로, 그 중 3명은 일본인, 1명은 대만인 멤버다. 트와이스는 한국어 곡뿐만 아니라 정기적으로 일본어 가사로 된 곡도 발매한다. 그리고 2020년 미국 시장 진출을 위해, 트와이스는 두 곡의 컴백 싱글을 영어로 번역해 발매했으며, 이를 통해 미국의 유명 TV 프로그램에 출연할 수 있었다(Tan, 2020). 동일한 전략은 블랙핑크, 아이즈원, NCT 등 인기 케이팝 그룹들에 의해 채택되고 있다. 이들 그룹은 한·중·일 멤버로 구성되거나, 한국인 멤버와 더불어 일본인 혹은 중국인 멤버가 포함되어 있다. 게다가, 미국 시장을 공략하기 위해 이들 그룹 내에는 영어를 구사하는 멤버도 따로 지정되고 있다.

필리핀과 동남아시아의 다른 지역에서는 접근 방식이 꽤 다르다. 케이팝이 등장하기 전, 한국 텔레비전 드라마가 먼저 필리핀에 소개되었다. 필리핀의 현지 TV 채널들은 유명한 케이드라마를 구입해 필리핀의 공식 언어인 타갈로그어로 더빙했다. 이렇게 타갈로그어로 더빙된 케이드라마들은 오후 프라임타임 슬롯에 편성되었다. 케이드라마를 통해 한국 문화를 접한 덕분에, 필리핀 사람들은 케이팝에도 자연스럽게 익숙해졌다(Igno and Cenidoza, 2016). 이후 케이팝 곡들은 아이튠스, 유튜브와 같은 음악 및 비디오 스트리밍 플랫폼을 통해 필리핀 사람들에게 쉽게 소개되었다. 케이팝이 필리핀의 현지 라디오에서 방송되었다는 근거는 없지만, MYX라는 현지 TV 음악 채널에서는 정기적으로 케이팝 뮤직비디오를 소개했다(Villano, 2009). 인터넷 문화가 대중화되면서, 필리핀인들은 TV와 라디오 같은 전통 매체보다 인터넷에서 더 많은 시간을 보내며 미디어 콘텐츠를 소비하게 되었다 (Chua, 2021). 이와 더불어, 케이팝 그룹부터 케이드라마 배우까지 다양한 한국 아티스트들이 마닐라에서 콘서트와 팬미팅을 통해 주기적으로 소개되었다 (Capistrano, 2019). 카피스트라노Capistrano(2019)의 연구에서는 필리핀 사람들이 자신의 팬덤을 유지하기 위해 상당한 금액을 지출하고 있다는 결과도 나타났다. 이 돈은 음악 앨범, 추가 굿즈, 콘서트 티켓 구매에 사용되었다. 필리핀은 꾸준히 케이팝 콘서트의 주요 개최지였다. 케이드라마와 케이팝의 소프트파워(Nye, 2004) 전략에도 불구하고, 왜 한국 문화가 주변에서 접할 수 있는 다른 대중문화에 비해 더 문화적으로 수용성이 높은 것일까? 비교 분석을 통해 하주용(2017)은 한국이 경제적 성공 모델과 패권적 문화 또는 제국주의적 군사 성향(중국과 일본이 과거에 보여준 것과 같은)의 "원죄"가 없기 때문에 필리핀 등 다른 아시아 국가들에게 더 쉽게 인식되고 친숙하게 느껴질 수 있다고 말했다.1)

필리핀 현지 산업과의 경쟁 측면에서, 최근 자료에 따르면 케이팝은 OPM (Original Pilipino Music, 오리지널 필리핀 음악)과 치열한 경쟁을 벌이고 있다. 필리핀인들은 경쾌한 음악을 들을 때 케이팝을 선호하며, 어쿠스틱 등 느린 곡의 경우 OPM을 더 선호한다(Sinay, 2019). 이는 필리핀의 현지 대중음악이 다양한 케이팝 음악을 선호하는 필리핀인의 취향과 경쟁하기에는 상대적으로 약하다는 것을 보여준다. 케이팝 그룹이 더 역동적이고, 대중을 위해 제작하는 미디어 콘텐츠(음악 방송, 앨범 홍보, 예능 출연 등)의 양이 매우 다양하다는 점도 주목할 만한 요인이다. 반면, 필리핀의 팝 가수들은 온라인으로 곡을 발표하거나, 현지 TV의 낮 시간대 프로그램에만 출연하는 등 활동이 제한적이다(Kim, 2016; Capistrano, 2019). 언어 장벽에도 불구하고, 케이팝은 예술적 콘텐츠 면에서 '종합 패키지'라는 평가를 받는다. 음악 제작부터 퍼포먼스까지, 케이팝은 소비자에게 자신들이 제공하는 것을 효과적으로 전달하는 데 강점을 가지고 있다(Ryu et al., 2018). 또한, 신인 케이팝 아티스트들이 데뷔에서 성공 초기에 이르기까지 겪는 고난의 이야기도 빼놓을 수 없다. 즉, 케이팝은 단순히 음악만이 아니라 그를 둘러싼 다양한 요소들을 포함하고 있다. 그러나 주목해야 할 점은 케이팝과 OPM의 유일한 차이점은 팬들을 위해 만들어지는 콘텐츠의 양이라는 것이다. 또 다른 요인은 케이팝이 한국 정부와 다양한 관련 산업으로부터 현지 및 글로벌 목표 달성을 지원받고 있다는 사실이다. 그럼에도 불구하고 OPM은 디지털 플랫폼을 통해 필리핀 현지 음악 산업에서 여전히 도약을 모색하고 있다. 그러나 케이팝과 달리, OPM은 국가의 경계를 넘어 확산되기까지는 아직 갈 길이 멀어 보인다(Beltran, 2018; Rappler, 2020).

필리핀 민족 정체성과 문화의 취약성

2020년, 전 미스 필리핀 타이틀 보유자이자 자작곡을 발표하는 필리핀 가수 이멜다 슈바이하트Imelda Schweighart는 페이스북에 케이팝과 한국인에 대한 외국인 혐오성 발언을 올렸다. 그녀는 필리핀 사람들이 "한국인처럼 되려고 노력하다가 정체성을 잃고 있다"며, "유행에 휩쓸리기보다는 문화와 국가로서 우리만의 정체성을 가져야 한다"고 주장했다(Pyne, 2020). 슈바이하트는 여전히 "필리핀 정체성"에 대한 케이팝의 영향력을 의심하는 수천 명의 필리핀인 중 한 명일 뿐이다.

필리핀 문화와 정체성을 정의하거나 설명하는 것은 어렵거나 어쩌면 불가능할 수도 있다. 유럽인들이 도래하기 전, 필리핀 제도에 정착한 선주민들은 말레이, 중국, 인도 문화의 깊은 영향을 받았다. 경제, 언어, 정치, 종교적 요소들이 본토 동남아시아와 도서 지역 동남아시아 사이에서 공유되었다(Agoncillo, 2012; Scott, 2015; Abinales and Amoroso, 2017). 그 후 스페인, 미국, 일본의 식민 지배가 이어졌다. 여러 외국의 사회구조를 바탕으로 만들어졌음에도 불구하고, 필리핀의 문화와 정체성은 크게 발전하였다. 이 식민 지배의 경험과 투쟁의 전통은 필리핀 정체성과 국민 의식의 탄생에 중요한 역할을 했다고 평가받는다(Constantino, 1976, 1978; Mulder, 1997; Hau, 2017; Javellana, 2017).

필리핀 문화와 정체성이 취약하다고 말하는 것은 과장이다. 필리핀 역사는 이러한 문화와 정체성의 발전이 강요, 적응, 그리고 부정의 산물이었다는 것을 증명하고 있다. 인류학적으로 볼 때, 오늘날 현대 사회에서 "필리피노"를 구성하는 것은 바로 외래와 토착적 방식의 상호작용이다. 실제로, "국가를 하나의 전통, 하나의 '영혼'으로 여기는 것보다는, 상호작용하는 다양한 힘, 경향, 그리고 경쟁하는 전통들이 만나는 결합으로 보는 것이 더 정확하다"는 것이 사실이다(Zialcita, 1995). 이 주장은 필리피노들이 외래의 것이나 이질적인 것을 단순히 수동적으로 받아들인 존재가 아니라는 점을 보여준다. 수백 년 동안 외세의 강압적인 지배 아래에 있었던 필리핀 문화와 정체성은 달리 선택의 여지가 없었고, 이에 따라 다양한 상황 속에서 받아들이고 변화시킬 수밖에 없었다. 즉, 어제의 외래적 요소는 오늘의 토착적 요소가 된 것이다(Lynch, 1963; Hornedo, 1997). 그러나 전 세계가 빠른 속도와 거의 무제한의 정보를 접하는 이 지구화의 시대에 문화의 생존 역시 고려해 볼 만한 문제다.

멀더Mulder(2013)는 지구화가 시대에 뒤처진다는 두려움과 더불어 "자신의 문화가 살아남을 수 있을지에 대한 불안감"을 불러일으킬 수 있다고 우려했다. 그러나 역사는 오늘날의 글로벌한 도전들이 필리핀의 문화와 정체성에는 전혀 위협이 되지 않는다는 것을 보여주었다. 필리핀인들은 항상 수입된 무언가를 기꺼이 받아들이고, 자신들의 맥락에 맞게 잘 녹여내 왔다(Joaquin, 2004; Zialcita, 2005).

필리핀 문화의 복잡성과 유연성은 필리핀 팝(P-팝) 음악의 역사적 발전에서 분명하게 드러난다. 옛 P-팝은 1970년대에 서구 음악의 절대적 영향 하에서 탄생했다고 알려져 있다. 필리핀에는 유명 서구 아티스트들마다 대응되는 자국의 아티스트가 있었고, 사운드와 스타일 측면에서 서구 팝 음악의 완전한 복제판이었다(Baes, 1998). 그러나 P-팝은 최근 필리핀 현대사에서 큰 변화를 겪었다. 오늘날 P-팝은 케이팝과 거의 동의어로 여겨진다. 케이팝의 세계적 영향으로 필리핀은 서구적 뿌리를 버리고 새로운 방향으로 나아갔다. 2018년, 한국의 연예 기획사 쇼BTShow BT가 필리핀 보이 밴드 'SB19'을 결성했다. 이 회사는 필리핀 케이팝 팬들의 열정에서 음악을 현지화할 잠재력을 발견했다(Herman, 2020). SB19의 음악 제작과 안무는 완전히 케이팝의 틀을 따르고 있지만, 이들을 차별화시키는 점은 바로 토착어나 타갈로그어를 사용한다는 점이다. 최근에도 케이팝에 영감을 받은 또 다른 두 개의 보이 밴드가 데뷔했으며, 이들은 팀명과 이미지에 국가적 요소를 반영하고 있다. 예를 들어 9인조 그룹 ALAMAT는 노래에서 현지 혹은 토착 언어를 사용하며 "국가적 자긍심을 높이고자" 한다고 밝혔다(Salterio, 2021). 타갈로그어에서 'Alamat'은 '전설' 또는 '신화'를 의미한다. 또 다른 그룹 'BGYO'는 한국 트레이너들의 지도를 받았다고 말했으며(Basbas, 2021), 데뷔곡에서 타갈로그어와 영어 가사를 섞어서 사용했다.

예술적 요소 측면에서 P-팝은 케이팝과 뚜렷한 유사점을 가지면서도 차이점도 가지고 있다. P-팝은 상업적 매력과 관련해서 케이팝과 같은 공식을 따르지만(Iglesias, 2021), 일부 P-팝 콘셉트는 여전히 필리핀 특유의 색채를 지닌다. SB19, BGYO, ALAMAT 등 그룹들은 자신을 P-팝 아이돌보다는 여전히 OPM 아티스트로 인식하고 자각한다(Basbas, 2021; Marfori, 2021). 예를 들어, 보이그룹 ALAMAT는 식민지 이전의 문화적 콘셉트를 되살리고 이를 현대 대중문화와 접목하려는 시도를 한다. 즉, 이들은 최근 유행하는 문화적 트렌드를 따르기보다는 현지 필리핀 문화와 정체성을 보여주는 데 더욱 집중하고 있다. 이는 P-팝이 여전히 고유성을 유지하고 있으며, 아직은 자국의 정체성 뿌리를 버릴 준비가 되어 있지 않음을 보여준다. 반면, 케이팝에서는 전통 음악과 현대 음악 사이에 경계가 존재한다. 한국에서는 전통 음악이 여전히 국가 정체성의 매개체로 남아 있는 한편, 케이팝은 진보적이며 고유의 기준을 가지고 있다(Fullwood, 2018). 전통 음악은 오늘날에도 한국에서 여전히 살아 있고 실천되고 있다. 이와 달리 필리핀에서는 전통 음악을 거의 들을 수 없기 때문에 이에 대한 갈망이 존재하고, 이러한 갈망이 P-팝에서 전통적 요소의 부활로 이어진다. 연습 강도에 있어서도 차이가 있다. 거의 모든 케이팝 아이돌 그룹은 수년에 걸친 훈련을 거친다. 반면, P-팝 그룹들은 1년 미만의 짧은 연습 기간을 거쳐 데뷔하는 경우가 많다(Seabrook, 2013; Sunio, 2020; Iglesias, 2021).

이멜다 슈바이하트가 필리핀에서의 케이팝 영향에 대해 비판했던 것처럼, P-팝의 부상 또한 일부 필리핀인들로부터 빈축을 샀다. 유명한 필리핀 배우 야누스 델 프라도Janus Del Prado는 소셜 미디어 사이트 페이스북에서 P-팝이 케이팝을 모방하고 있다는 우려를 표명했다. 그는 P-팝 아티스트들이 노래 가사에 타갈로그어를 사용한다는 점만 다를 뿐, 유사한 사운드와 퍼포먼스를 통해 케이팝을 표절했다고 지적했다. 그는 BGYO와 ALAMAT가 2021년 초 필리핀 미디어를 강타한 이후 이같이 발언했다(Maramara, 2021). 그러나 케이팝에서 필리핀 음악 발전에 중요한 요소들을 차용하는 것이 과연 무슨 문제일까? 슈바이하트와 마찬가지로 델 프라도는 케이팝 공식이 국가 정체성에 해롭다고 시사한다. 슈바이하트, 델 프라도, 그리고 케이팝을 위협으로 여기는 이들의 시각은 문화가 역동적이지도, 영향력도 없다고 보는 단견과 다름없으므로 문제적이다.

비록 케이팝의 영향이 P-팝 그룹에서 널리 나타나지만, 그들만의 시각에서 사용하는 고유어와 지역적 요소들이 경계를 설정한다. 따라서 외국 문화를 현지화하는 것은 가능하며, 세계적 인정을 받기 위한 중요한 열쇠이자 미래지향적인 것으로 볼 수 있다. 이에 본 연구는 케이팝 음악이 현대 필리핀 음악 발전에 있어 필수적이고 실질적인 역할을 하고 있다고 주장한다.

거부보다 통합

심두보(2006)는 이와 유사한 논지를 주장한 바 있다. 지구화 시대에 케이팝은 필리핀 국가 정체성의 위기가 아니라 문화 민족주의의 한 갈래를 만들어내는 촉매제 역할을 했다. 필리핀인들은 케이팝 문화를 활용하여, 그로부터 새로운 것을 창조하고 이를 자신들의 것으로 만들었다. 마치 한국인들이 강력한 서구의 영향을 활용한 것과 같이, 필리핀인들은 지배적인 한국 문화를 모방하면서 그 안에 현지적 요소를 새겨 넣었다. 바바(Bhabha, 1994)에 따르면 이러한 모방은 '문화적 충돌'에서 비롯된 것으로, 그 결과 혼종성이 나타난다고 한다. 이는 필리핀에서 케이팝의 인기가 상승하는 것이 '필리핀 문화 정체성'에 도전이 된다고 주장하며 소프트 파워의 행사가 역효과를 낼 수 있다고 한 이그노와 세니도자Igno and Cenidoza(2016)의 주장과 대조된다. 그러나 오인규(Oh, 2013)

는 케이팝의 세계적 성공이 문화적 혼종성 때문이라는 견해를 부정한다. 그는 케이팝 문화가 독자적으로 발전하였고, 한국에서 고유하게 전개되었다고 주장한다. 이는 케이팝이 서구의 문화적 지배의 결과라는 주장(Shim 2011a, 2011b)과 의도적으로 대척점을 이룬다. 그럼에도 불구하고 필리핀에서 케이팝의 성공과 P-팝 같은 새로운 유형의 대중문화가 탄생한 것은 문화적 혼종성에 관한 논점을 뒷받침해준다(Shim, 2006, 2011a, 2011b).

지구화가 시작되면서 필리핀 내에서 패권적 형태의 민족주의에 대한 의식이 점차 약해지고 있다는 또 다른 주장은 고려할 만하다(Weekley, 2017). 1986년의 유명한 "피플 파워" 혁명과 1990년대의 필리핀 민주화 이후, 필리핀 사람들은 민족주의적인 어떤 것에도 조심스러워졌다. 필리핀인들에게 민족주의는 1972년부터 1986년까지 나라가 권위주의 통치 아래 놓이게 된 원인이다.2) 이는 1986년 이후 필리핀인들이 행동적으로나 정치적으로 더 자유롭고 공정하며, 국경을 넘는 사상과 영향에 대해 개방적인 시각을 추구해 왔다는 것을 의미한다. 그러나 필리핀에서 민족주의와 대중문화의 관계는 더 많은 연구가 필요하다. 주정숙(2011)이 제시한 바에 따르면, 한국에서는 대중문화의 초국적 인정과 가시성을 통해 "한국 대중문화에 대한 국민적 자긍심의 급격한 상승"이 감지된다.

따라서 지구화는 대중문화의 이동하는 요인 중 하나였다. 디지털 기술의 발전과 자본주의의 확장은 문화의 초국적화를 더욱 용이하게 만든다. 앞서 언급했듯이, 지구화가 국가 문화를 위협하는 측면이 있지만, 역사에서 보여주었듯이 지역 문화는 "계속해서 존재하고 서로 교류할 것"이다(Vanham, 2018). 유튜브가 공개한 최근 자료에 따르면, 필리핀 사람들은 여전히 OPM을 즐긴다. 자국 래퍼 'Flow G'는 2020년 유튜브 최고 인기 뮤직비디오 순위에서 히트 싱글 "Araw Araw Love"(매일의 사랑)로 1위를 차지했다. 케이팝 걸그룹 블랙핑크의 "How You Like That"과 "Ice Cream"이 각각 2위와 3위에 올랐으며, 전 세계적으로 유명한 케이팝 보이그룹 BTS의 "Dynamite"는 4위에 머물렀다(Rappler, 2020). 이 사실은 필리핀 사람들이 케이팝 음악에 큰 관심을 보임에도 불구하고, 대다수는 여전히 자국 음악을 자주 즐긴다는 것을 보여준다.

결론

케이팝의 궁극적인 목표는 지구적 차원에서 문화적 인정을 얻는 동시에 그 이면의 정치와 경제, 즉 소프트 파워를 강화하는 데 있다. 다른 나라에서는 케이팝이 자국의 문화와 시장에 위협이 된다고 인식할 수 있지만, 필리핀에서는 케이팝이 문화적·경제적으로 쇠퇴해가던 P-팝을 되살리는 데 활용된 것을 볼 수 있었다. 필리핀인과 한국인 모두는 지배적인 문화에서 비롯된 단점들을 오히려 이점으로 바꾸는 데 있어 기발하고 창의적이었다. 필리핀의 문화적 정체성은 언제나 적응력이 뛰어나고, 활기차며, 포괄적이었다. 이러한 점이 필리핀 문화가 수백 년간의 식민 지배를 견뎌낸 이유이기도 하다. 그리고 외부에서 밀려오는 압박 역시 끊임없이 받아들여 왔다. 케이팝이 거둔 세계적 성공을 고려할 때, 신흥이자 부흥하는 문화 현상인 P-팝 역시 같은 목표를 지향해야 할 것이다(Benjamin, 2020).

2021년 기준, 필리핀에는 최소 다섯 개의 자생 아이돌 그룹이 존재한다. 이들 그룹은 각자의 독특한 로컬 콘셉트를 가지고 있지만, 앞서 언급했듯이 여전히 스타일에서 케이팝의 요소를 담고 있다. 이들 그룹에 대한 긍정적이고 폭넓은 반응은 케이팝을 관습적으로 모방하는 요소가 있음에도 불구하고 P-팝이 발전하고 성장할 여지가 충분하다는 점을 확실히 보여준다. 결국 문화란 역동적이고 공유되는 것이기 때문이다. 하지만 지구화 시대는 여전히 문화의 생존과 장기적인 지속 가능성에 도전을 제기한다. 그러나 멀더(2013)는 "[문화적] 정체성의 상실에 대한 우려는 세대 차이만큼이나 오래된 현상"이라고 말한다. P-팝의 미래는 불확실하지 않다. 오히려 역내 및 세계적 센세이션으로 성장할 수 있는 가능성을 보여준다(Benjamin, 2020). 그리고 이러한 초기 성장 가능성은 필리핀에서의 케이팝 현지화 덕분이다. 앞서 언급했듯이 케이팝의 성공은 "아이돌 문화"라는 공식과, 한국 정부의 막대한 지원(KCIS, 2011; Seabrook, 2012; Gibson, 2020)에 힘입었다. P-팝 그룹들과 기획사들도 이 성공 공식을 도입할 수 있겠지만, 다른 한편으로 필리핀 사람들이 P-팝을 얼마나 지지할 지도 또 다른 불확실성으로 남아 있다.

전반적으로, 기존 문헌과 이에 대한 논의를 참고할 때, 최근 필리핀에서 케이팝 문화가 발전하는 것이 필리핀의 문화적 정체성을 위협하지 않는다고 할 수 있다. 오히려 케이팝에서 배울 수 있는 점을 흡수한 뒤, 이를 필리핀 사람들이 활용할 수 있도록 적합한 틀로 재구성하는 모습이 발견된다. 다만, 본 연구에서 제시된 논거들을 더욱 뒷받침하기 위해서는 필리핀에서 민족주의와 대중문화의 관계에 대한 질적, 양적 후속 연구가 필요하다. 앞으로 10년 안에 P-팝이 전 세계적인 현상으로 떠오를 가능성은 1990년대 케이팝이 시작된 모습만큼이나 흥미롭다. 종합하자면, 본 연구에서 이론화된 주장들은 케이팝이 다른 지역 문화를, 특히 필리핀의 문화와 정체성을 약화시킨다는 부정적 시각에 도전하고 있다고 결론지을 수 있다.

참고문헌

Abinales, P. and D. Amoroso. 2017. *State and Society in the Philippines*, second edition. Quezon City: Ateneo de Manila University Press.
Agoncillo, T. 2012. *History of the Filipino People*. Quezon City: C&E Publishing.
Ainslie, M. J., S. D. Lipura, and J. Lim. 2017. "Understanding the Potential for a Hallyu "Backlash" in Southeast Asia: A Case Study of Consumers in Thailand, Malaysia and Philippines." *Kritika Kultura* 28, 63-91.
Baes, J. and A. Baes. 1988. "East-West Synthesis or Cultural Hegemony? Questions on the use of Indigenous Elements in Philippine Popular Music." *Perfect Beat* 4(1), 47-55.
Basbas, F. 2021, Feb 09. "BGYO on Chasing Their Dreams, Empowering the Youth with Their Music, and Debut Single 'The Light'." *Bandwagon*.
Beltran, B. 2018, Dec 14. "The Fall and Rise of Philippine Music." *BusinessWorld*.
Benjamin, J. 2020, Feb 03. "Filipino Boy Band SB19 Is Becoming a Mainstay on the Social 50 Chart." *Billboard*. https://www.billboard.com/articles/ business/ chart-beat/8550040/sb19-social-50-next-big-sound-chart-filipino -boy-band- profile (Accessed: July 15, 2021).
Bhabha, H. 1994. *The Location of Culture*. New York: Routledge.
Capistrano, E. P. 2019. "Understanding Filipino Korean Pop Music Fans." *Asian Journal of Social Science* 47(1), 59-87. https://doi.org/10.1163/15685314 - 04701004 (Accessed: March 29, 2021).
Chua, K. 2021, Jan 28. "PH Remains Top in Social Media, Internet Usage World wide-Report." *Rappler*. https://www.rappler.com/technology/internet- culture/ hootsuite-we-are-social-2021-philippines-top-social-media- internet-usage (Accessed: February 15, 2021).
Constantino, R. 1976. "Identity and Consciousness: The Philippine Experience." *Journal of Contemporary Asia* 6(1), 5-28. https://doi.org/10.1080/00472 33 7685390031 (Accessed: March 29, 2021).
Constantino, R. 1978. *Neocolonial Identity and Counter Consciousness*. London: Merlin. Fullwood, B. 2018, Feb 21. "How Koreans Put the 'K' in K-pop." *The World*.
Gibson, J. 2020. "How South Korean Pop Culture Can Be a Source of Soft Power." *The Case for South Korean Soft Power (Carnegie Endowment for Inter national Peace)*, edited by C.M. Lee and K. Botto. https://carnegieendo

wment.org/2020/12/15/case-for-south-korean-soft-power-pub-83406 (Accessed: July 15, 2021).

Ha, Ju-Yong. 2017. "Hallyu in and for Asia." *Kritika Kultura* 20, 55-62.

Harvey, D. 1990. *The Condition of Postmodernity*. Oxford: Blackwell.

Hau, C. 2017. *Elites and Ilustrados in Philippine Culture*. Quezon City: Ateneo de Manila University Press.

Herman, T. 2020, Jun 29. "Boy Band SB19 Draws Inspiration From K-Pop To Bring Filipino Music To The World." *Forbes*.

Hornedo, F. 1997. *Pagmamahal and Pagmumura*. Quezon City: Office of Research and Publications, School of Arts and Sciences, Ateneo de Manila University.

Iglesias, I. 2021, Mar 06. "P-Pop Group Alamat Merges Modern Music, Cultural Heritage." *Manila Times*.

Igno, J. M. and M. C. Cenidoza. 2016. "Beyond the "Fad": Understanding Hallyu in the Philippines." *International Journal of Social Science and Humanity* 6(9), 723-727.

Jacobson, G. 2021. "The 1990s: An Age Without Qualities." *NewStatesman*. https://www.newstatesman.com/politics/uk/2021/03/1990s-age-without-qualities (Accessed: March 27, 2021).

Jameson, F. 1994. "Five Theses on Actually Existing Marxism." *Monthly Review* 47(11), 1-10.

Javellana, R. 2017. *Weaving Cultures: The Invention of Colonial Art and Culture in the Philippines, 1/6/-18/0*. Quezon City: Ateneo de Manila University Press.

Joaquin, N. 2004. *Culture and History*. Pasig City: Anvil Publishing Inc.

Joo, J. 2011. "Transnationalization of Korean Popular Culture and the Rise of "Pop Nationalism" in Korea." *The Journal of Popular Culture* 44(3). https://doi.org/10.1111/j.1540-5931.2011.00845.x (Accessed: January 12, 2021).

Kim, S. Y. 2016. "The Many Faces of K-pop Music Videos: Revues, Motown, and Broadway in "Twinkle"." *The Journal of Popular Culture* 49: 136-54. https://doi.org/10.1111/jpcu.12382 (Accessed: January 12, 2021).

Kim, Y. and T. K. Park. 2018, Aug 28. "What the Rise of Black Pink and BTS Says About the Future of K-pop." *Vulture*. https://www.vulture.com/2018/08/bts-black-pink-and-the-continued-success-of-k-pop.html (Accessed: March 29, 2021).

Kim, R. 2020, Dec 09. "K-Pop Is Only Half the Story of Korean Pop Music."

Rolling Stone.

Korean Culture and Information Service. 2011. *Korea Culture No. 2: K-Pop: A New Force in Pop Music*. South Korea: Ministry of Culture, Sports, and Tourism.

Kyung, Min-Bae. 2020, Oct 11. "What's next for K-Pop after 'Dynamite?'" *Rappler*.

Lynch, F. 1963. "Today's Native is Yesterday's Visitor." *Philippine Studies* 11(3), 431- 33.

Maramara, K. 2021, Feb 02. "Actor Janus del Prado Gets Flak after Saying That P-pop Is Just a 'Photocopy' of K-pop." *8List*. https://www.8list.ph/janus -del- prado-ppop-kpop/ (Accessed: July 15, 2021).

Marfori, M. 2021, Apr 28. "SB19 Set to Take OPM Worldwide." *The Manila Times*.

Mulder, N. 1997. *Inside Philippine Society: Interpretations of Everyday Life*. Quezon City: New Day Publishers.

Mulder, N. 2013. "Filipino Identity: The Haunting Question." *Journal of Current Southeast Asian Affairs* 32(1), 55-80. https://doi.org/10.1177/186810341 303200103 (Accessed: March 29, 2021).

Nye, J. 2004. *Soft Power: The Means to Success In World Politics*. New York, NY: Public Affairs.

Oh, Ingyu. 2013. "Globalization of K-pop: Korea's Place in the Global Music Industry." *Korea Observer* 44(3), 389-409.

Passaris, C. 2017, Dec 22. "Forget Globalization, Welcome to the Age of Interneti -zation." *World Economic Forum*. https://www.weforum.org/agenda/201 7/12/forget-globalization-internetization-sums-up-our-global-economy-b etter (Accessed: January 12, 2021).

Pyne, Irene. 2020, Nov 25. "I Hate K-pop – Meet Imelda Schweighart, the Former Miss Philippines Earth Who once Compared Rodrigo Duterte to Hitler." *South China Morning Post*. https://www.scmp.com/magazines/style/news -trends/article/3111289/i-hate-k-pop-meet-imelda-schweighart-former- miss (Accessed: March 29, 2021).

Rappler. 2020, Dec 03. "Flow G, BLACKPINK, BTS Top List of Trending Music Videos in PH for 2020." *Rappler*. https://www.rappler.com/entertainment/ music/ flow-g-blackpink-bts-top-list-of-trending-music-videos-in-ph-for-2020 (Accessed: March 29, 2021).

Romano, A. 2018, Feb 26. "How K-pop became a Global Phenomenon." *Vox*. https://www.vox.com/culture/2018/2/16/16915672/what-is-kpop-historyexplained (Accessed: January 12, 2021).

Ryu, J., E. Capistrano, and H. Lin. 2020. "Non-Korean Consumers' Preferences on Korean Popular Music: A Two-country Study." *International Journal of Market Research* 62(2), 234-252.

Salterio, L. 2021, Feb 18. "New Boy Group Alamat Launches Debut Single, Sings in Seven Local Languages." ABS-CBN News. https://news.abs-cbn.com/enter- tainment/02/18/21/new-boy-group-alamat-launches-debut-single-sings-in-seven-local-languages (Accessed: March 29, 2021).

Scott, W. H. 2015. *Barangay: Sixteenth-Century Philippine Culture and Society.* Quezon City: Ateneo de Manila University Press.

Seabrook, J. 2012, Oct 08. "Cultural Technology and the Making of K-pop." *The New Yorker.*

Sinay, A. 2019, Jul 11. "The 'bboom bboom' of K-pop in the Philippines." *Rappler.* https://www.rappler.com/brandrap/data-stories/boom-kpop-in-philippines (Accessed: January 12, 2021).

Shim, Doo Bo. 2006. "Hybridity and the rise of Korean popular culture in Asia." *Media, Culture and Society* 28(1), 25-44. https://doi.org/10.1177/01634437 06059278 (Accessed: January 12, 2021).

Shim, Doo Bo. 2011a. "Waxing the Korean Wave." *Asia Research Institute*, Working Paper Series No. 158. https://ari.nus.edu.sg/wp-content/uploads/2011/06/201106-WSP-158.pdf (Accessed: January 12, 2021).

Shim, Doo Bo. 2011b, March. "Korean Wave in Southeast Asia." *Kyoto Review of Southeast Asia* 11. https://kyotoreview.org/issue-11/korean-wave-in-southeast-asia/ (Accessed: January 12, 2021).

Sunio, P. 2020, Jan 30. "From BTS to Blackpink: What It Takes to become a K-pop Idol in South Korea." *South China Morning Post.* https://www.scmp.com/magazines/style/news-trends/article/3048154/bts-blackpink-what-it-takes-become-k-pop-idol-south (Accessed: January 12, 2021).

Tan, V. 2020, Nov 09. "TWICE Release English Version of Title Track 'I CAN'T STOP ME', Plus Performance Video on The Late Show with Stephen C olbert." *Bandwagon.*

Vanham, P. 2018, Dec 18. "Here's What a Korean Boy Band Can Teach Us about Globalization 4.0." *World Economic Forum.* https://www.weforum.org/agenda/2018/12/here-s-what-a-korean-boy-band-can-teach-us-about-global-ization/ (Accessed: January 12, 2021).

Villano, A. 2009, Nov 15. "The Korean Pop Invasion." *The Philippine Star.*
Weekley, K. 1998. "Whither Nationalism in the Philippines? The Political Chal-lenge of the Globalising Age." *Policy, Organisation and Society* 15(1), 1-22. https://doi.org/10.1080/10349952.1998.11876676 (Accessed: March 29, 2021). Zialcita, F. 1995. "State Formation, Colonialism, and National Identity in Vietnam and the Philippines." *Philippine Quarterly of Culture and Society* 23(2), 77-117.
Weekley, K. 2005. *Authentic though not Exotic: Essays on Filipino Identity.* Quezon City: Ateneo de Manila University Press.

---

1) 일본은 제2차 세계대전 동안 필리핀에서 전쟁 범죄와 잔혹 행위를 저질렀다. 하나의 예로, 필리핀의 '위안부' 문제는 여전히 남아 있다. 반면, 중국은 계속해서 서필리핀해의 필리핀 영해 내에서 필리핀 어부들에게 강압적 존재감을 드러내고 괴롭힘을 이어가고 있다.

2) 페르디난드 마르코스 전 대통령은 1972년에 필리핀 공산당이 주도한 좌익 민족주의의 확산을 통제하고 저지하기 위해 계엄령을 선포했다. 그러나 그는 이러한 비상대권을 이용해 "신사회"라고 불리는 자신의 우익 국가 건설 프로젝트를 추진했다.

8장

의미있게 재미있게

한국과 중국 팬덤 문화에서의 젠더, 섹슈얼리티, 시민적 상상력

김도온 Do Own (Donna) Kim

팡 우 Fang Wu

도온

> 희생자가 되어선 안돼…우리들을 희생자라고 부르도록 놔둬선 안돼.
>
> 무릎 꿇고 살기보다 서서 죽길 원한단다….먼저 가신 임들을 따라 끝까지 싸웁시다. 그러니까… 우리는 고귀하니까.
>
> —한강, 『소년이 온다』 중에서(2016: 173, 158)

팬덤은 오랫동안 초문화적(트랜스컬처럴) 성격을 지녀왔으며, 그 즐거움은 항상 정치적이기도 했다. 미국 드라마 〈달라스Dallas〉의 열성적인 네덜란드 시청자들을 분석한 이엔 앙(Ien Ang, 1985)은, 관객의 즐거움에 세심한 주의를 기울여야 하며, 그 안에 내포된 정치적 가능성도 주목해야 한다고 주장했다. "허구나 판타지는 … 현재 삶을 즐겁게, 또는 최소한 견딜 만하게 만들어 주는 역할을 하지만, 그렇다고 해서 급진적인 정치 활동이나 의식이 배제되는 것은 결코 아니다."(Ang, 1985: 135) 이미 여러 연구(예: 레이디 가가 팬덤의 LGBTQ+ 운동 [Click et al., 2017; Jang and Lee, 2014], BTS 팬덤의 2020년 미국 내 정치 행동 [Cho, 2022; Kanozia and Ganghariya, 2021]; Jenkins et al., 2020 참조)에서도 잘 드러나듯, 대중문화 팬과 관객의 정치적 실천은 특히 즐거움의 초문화성 및 기술적 혼종성이 증가함에 따라 우리를 계속해서 놀라게 한다. 최근 한국 대중문화(이하 한류), 예를 들어 케이팝과 케이드라마에서 비롯된 즐거움은 가장 뜨거운 관심사로 부상하여 호기심과 의구심을 동시에 불러일으키고 있다. "시민적 상상력civic imagination"의 관점(현실 조건에 대한 대안 모색 역량과, 공유된 비전 및 집단적 실천을 이끄는 사회적 과정, Jenkins et al., 2020; Kim et al., 2024a)에 따라, 나는 이러한 즐거움을 단순히 유희로만 보지 않고 '의미 있는 유희'로 접근해야 한다고 주장한다. 의미 구성 과정을 이해하려면, 문화가 국경 안팎에서 어떻게 번역되는지(Szulc, 2023), 그리고 우리 자신이 문화적 주체로서 그것을 어떻게 번역하는지 세심히 관찰해야 한다. 이번 대화에서 나는 팡Fang과 함께 한국과 중국의 팬덤 문화를 정치 시위, 연예인 스캔들, 팬 실천 등 최근 사례를 통해 논의하고, 젠더·섹슈얼리티 및 초문화적 역동성에 초점을 맞출 것이다.

(불)행히도, 최근의 여러 한국 사례들은 우리의 상상력을 자극할 수 있다. 2025년 3월, 이제는 물러난 윤석열 대통령에 맞선 "케이팝 응원봉" 시위가 한창인 가운데(J Park, 2025; Rashid, 2024), 한국은 글로벌 케이드라마 스타 김수현이 당시 미성년자이자 본인보다 열두 살 어린 배우 김새론을 그루밍했다는 충격적인 소식에 접하게 되었다(Wang, 2025). 이들은 각각 큰 "P"의 정치와 작은 "p"의 정치—특히 젠더와 성—를 상징하는 사례들이지만, 우리의 논의는 두 가지 'p'가 본질적으로 서로 연결되어 있음을 보여줄 것이다.

2024년 12월 3일, 윤 전 대통령의 돌연한 불법·위헌적 비상 계엄령 선포(S Park, 2025)는, 한강 작가가 아시아 여성이자 한국인 최초로 노벨문학상을 수상하며 크게 주목받은 역사적 사건 이후 두 달도 채 지나지 않은 시점에 일어났다. 어쩌면 풍자적으로 절묘한 타이밍에, 한강의 작품들은 케이팝 아이돌 그룹 소녀시대의 2007년 노래 "다시 만난 세계"가 시위의 대표적인 민중가요로 활용되고(Jo, 2017; Park, 2015), "반反페미니스트" 대통령에 맞선 젊은 여성들의 의미 있게 유쾌한 참여—케이팝, 밈, 비디오 게임 등에서 영감을 받은—로 기억되는 투쟁의 중요한 맥락을 제공한다(Jung, 2024; Lee, 2025).

첫째, 부당한 계엄령에 맞서는 시위를 포함한 민주주의적 저항은 한국 역사와 시민정신의 핵심적 부분으로 강조되어 왔다. 이 글의 서두에 인용된 한강의 소설 『소년이 온다』는 1980년 광주 5.18 민주화운동을 배경으로 하며, 당시 계엄령과 독재에 맞선 학생 시위대의 폭력적 진압과 학살이 대규모 시민 저항으로 확산된 사건을 그린다.

둘째, 한국 사회는 가부장적 젠더 불평등을 겪었으나, 여성들과 그 지지자들은 침묵하는 시민이 아니었다. 『소년이 온다』에서 인용한 대목은 여성 공장 노동자들의 노동조합 시위에 관한 것이다. 흔히 페미니즘 소설로 불리는 한강의 가장 국제적으로 널리 알려진 맨부커상 수상작 『채식주의자』(2015)는 "권력, 집착, 그리고 한 여성이 내면과 외부의 폭력에서 탈출하기 위해 고군분투하는 이야기"(표지)로 소개된다.

이 두 작품은, 2024~2025년 윤 대통령 시위에서 여성 팬덤의 정치적 참여가 공식적 인정을 획득하면서 팬 활동이 힘을 얻었던 것은 사실이지만, 결코 새로웠던 일은 아님을 시사한다. 케이팝 등 대중문화 상품은 통상적으로 규범적 상업 논리를 따르기에 본질적으로 전복적이지는 않을 수 있지만, 소녀들과 여성들은 그 안에서 전복적으로 관여했고, 자신들의 팬 경험을 대안적 미래와 관련된 시민활동으로 확장해왔음을 보여준다(Kim, 2021; Kim et al., 2024b; Lee et al., 2023; Y Lee, 2023).

이론적으로, 증가하는 팬덤 시위는 프레이저Fraser(1990)가 종속된 사회 집단에 의해 구성된 대안적 공중으로 정의한 서발턴 반공중subaltern counterpublics의 이중 정치적P/political 실천으로 접근할 수 있다. 팬 시위자들이 지위의 차이, 다원성, 사적인 문제, 그리고 국가 행동에 대한 요구에 기반을 두고 있다는 점은 "부르주아 남성 중심적" 하버마스 공론장 개념 또는 신화의 한계를 부각시킨다(Fraser, 1990: 62). 팬걸fangirl에 대한 성적이고 위계적인 비하어 "빠순이"에서 알 수 있듯, 케이팝 팬덤의 행위는 전통적으로 정치적, 사회적 감각이 부족한 맹목적인 여성적 향락으로 경시되어 왔다(Kim, 2021). 이는 2016년 박근혜 전 대통령에 반대한 촛불시위 당시에도 마찬가지였는데, 팬 시위자들의 집단행동에 기반한 팬덤 전문성이 강한 편견을 해소하기 시작하는 데 일조했음에도 그러했다(Kim, 2021). 이는 윤 대통령의 계엄령에 맞선 시위가 한국의 역사적 민주주의 비전(친윤 집회의 존재가 이러한 보편화를 반박한다 해도 아마 이것이 '한국 공중'의 비전일 것이다)과 일치하는 한편, 편견 어린 여성 팬덤 행위를 통한 해석은 특히 복수형 의미의 반공중과 같은 대안적 설명이 필요함을 시사한다(관련해 Y Lee, 2023 참고).

스콰이어스Squires(2002)는 프레이저의 개념을 은둔적 공중enclave publics(강한 억압에 대응해 숨겨진 집단), 반공중(억압이 완화되거나 자원이 늘어난 경우에 더 드러나는 참여), 위성 공중satellite publics(거리와 독립성을 추구함)으로 구체화하여 그 긴장 관계를 세밀하게 설명했다. 예를 들어, 오랜 기간 사용되어 온 한국 팬덤의 비非팬 지칭 은어인 "머글"muggles(해리 포터 시리즈에서 마법을 쓰지 못하는 인간으로, 마법사들은 자신의 정체를 그들에게 드러내지 않아야 한다는 의미)은, 팬덤이 만들어낸 대체로 반공중적인 시민적 '마법' 속에서, 한편으로는 은둔적 필요성을, 또 한편으로는 위성과 같은 독립적 욕구를 동시에 암시한다.

김수현의 경우는 명시적으로 '정치'적인 사건이라기보다는 일반적으로 연예인 스캔들로 분류될 수 있지만, 한국의 젠더 및 섹슈얼리티 문화와 같은 일상적 정치를 통해 더 깊은 맥락화가 요구된다. 그러나 특히 그의 글로벌한 명성, 그리고 인상적인 중국 팬덤까지 고려할 때, 우리는 초문화적 역동성 또한 논의해야 한다. 그는 〈눈물의 여왕〉(2024), 〈싸이코지만 괜찮아〉(2020), 〈별에서 온 그대〉(2013) 등 여러 화제의 케이드라마에서 주연을 맡은, 세계적으로 가장 인기 있는 한류 스타 중 한 사람이다. 매년 시행되는 한국 정부의 한류 조사에 따르면, 그는 비한국인 대상 인기 한국 배우 순위에서 4위, 아시아-태평양, 중동, 아프리카 지역에서는 2~3위를 기록했다(KOFICE, 2025). 실제로 해당 스캔들에 대한 한국 인터넷 담론에는 그의 글로벌 팬들의 반응도 포함됐으며, 많은 이들이 그의 자기합리적 허위 주장들을 밝혀낸 중국 (전) 팬들의 탐사 활동에 경외와 감탄을 표현하였다(예: Ma, 2025). 중국 팬덤 문화에 대한 당신의 의견을 듣고 싶다.

팡

상상력은 팬덤의 가장 매혹적인 측면 중 하나다. 상상력에 의해 움직이는 팬들은 창작, 상호작용, 즐거움에 적극적으로 참여하며, 이를 자신과 타인, 그리고 주변 세계와의 연결을 탐색하는 매개체로 사용한다. 팬 활동을 단순히 더 넓은 사회적 맥락에서 분리된 도피적 행위로만 보는 것은 옳지 않다는 도온의 주장에 나도 동의한다. 오히려, 팬 정체성과 시민적 정체성은 상호 구성적으로 작용하여 팬의 실천을 형성한다. 내 관점에서 초문화적 팬덤 연구에서는 개별 팬 정체성의 복합성이 집단적 이질성을 만들어내며, 이로 인해 그들의 실천에 내재된 정치성 또한 더욱 복잡해진다. 중국의 맥락에서 팬들의 시민적 참여 방식이 한국과 다를 수 있지만, 시민적 상상력은 팬 문화와 실천의 중요한 요소로 남아 있다.

한류와 그 국제 팬덤은 오랜 시간 동안 초국적 팬덤 연구의 중심이었으며, 한국 대중문화를 소비하는 중국 팬들 또한 문화연구 학자들로부터 상당한 주목을 받아왔다. 1996년, 1세대 한국 아이돌 그룹인 H.O.T.가 데뷔했으며, 1997년 중국중앙텔레비전CCTV에서 최초로 공식 수입된 한국 드라마 〈사랑이 뭐길래〉가 방영되었다. 밀레니엄 전후로 한국 대중문화의 물결이 중국을 휩쓸었다. 다른 대중문화와 마찬가지로, 중국 내 한류의 정당성은 한중 외교 관계의 변화와 이에 따라 형성되는 공적 담론에 따라 유동적으로 변화해왔다. 첸Chen(2017)은 중국 내 여러 차례의 반한류 움직임을 확인하고, 한중 간 외교적 긴장(정치적)과 전통적 성 역할에 대한 논란(정치적)이 주요 원인 중 하나라고 주장했다. 민주적 시위와 같은 대문자 P 정치에의 참여는 중국의 정치 환경에서는 거의 찾아보기 어렵다. 따라서, 본 글에서는 중국 맥락에서 팬덤의 소문자 p 정치 사례를 먼저 다루고자 한다.

국가의 광범위한 문화 통치와 인터넷 규제 체계 내에서 젠더는 여전히 매우 민감한 이슈로 남아 있다. 팬 활동에 내재된 젠더 수행성은 가부장적 젠더 규범에 대한 미묘하면서도 강력한 저항의 형태가 된다(Guo, 2024). 예를 들어, 세기 전환기 무렵 중국의 여성 팬들이 케이팝 아이돌의 '젠더 벤딩' 미학을 받아들이면서 젠더 감수성에 대한 광범위한 공개 토론이 촉발되었다. 남성적인 강인함과 여성적인 부드러움이 어우러진 이 미학은 중국 청년들의 호기심과 찬탄을 불러일으켰다. 그러나 중국 공론장에서의 1차 한류 반감 정서는 부모, 교육자, 문화 당국자들 사이의 도덕적 공황과 밀접하게 연관되어 있었으며, 이들은 이러한 미학을 전통적 젠더 규범에 대한 도전으로 인식했다.

2020년대까지 젠더 수행성은 중국 팬 활동의 중요한 한 축을 이루어 왔다. 한 예로는 니쑤泥塑 현상을 들 수 있는데, 여기서 여성 팬들은 남성 연예인의 성별을 상상 속에서 뒤바꾸어, 그들을 '여자친구'나 '아내'와 같은 관계적 역할로 그려낸다. 이러한 젠더 상상력을 통해 팬들은 '응시자'로서 주도적인 위치를 점하며, 남성 아이돌이 지닌 '논바이너리 젠더 매력'을 감상한다. 이는 기존의 젠더 규범에 암묵적으로 도전하는 행위이기도 하다(Guo, 2024: 1).

또 다른 널리 퍼진 관행은 커플링CP 문화, 특히 BL 미학에 뿌리를 둔 남성-남성 페어링이다. 팬들은 남성 캐릭터나 연예인 사이에 허구의 커플을 만들어, 상상 속의 친밀한 관계를 바탕으로 팬 텍스트를 제작한다. 서구의 팬들이 이러한 커플링의 허구성을 강조하는 반면, 중국의 CP 팬들은 실제 남성 연예인 간의 관계에 더욱 적극적으로 관여하거나 심지어 이를 지지하는 경향이 있다(Guo, 2023). 그 결과, 중국 CP 문화에서의 젠더 수행성은 젠더 체계 및 지배적 담론과 더 밀접하게 얽혀 있다. 기존 학계에서는 니쑤와 CP 문화의 정치적 잠재력에 대해 상반된 견해를 제시한다. 일부 연구는 이러한 실천을 가부장제 이데올로기에 대한 저항의 형태로 해석하는 반면(예: Guo, 2024; Zhang, 2022), 또 다른 연구들은 이를 이성애 규범성의 재생산 또는 변형으로 본다(예: Zhao and Madill, 2018). 그 외에 중국의 엄격하게 규제된 문화 환경에서의 전략적 협상으로 간주하는 견해도 있다(예: Guo, 2023; Ng and Li, 2020).

내 생각에는 이러한 해석의 다양성이 중국 팬과 팬덤을 이해하는 데 있어 매우 중요한 출발점이다. 팬 커뮤니티의 방대한 규모와 내적 다양성을 고려할 때 "중국 팬덤"을 무엇이라고 규정하기는 어렵다. 중국 팬덤 내에서 단일한 시민적 상상력의 특성을 정의하는 것은 거의 불가능하다. 어쩌면 다원성과 복잡성이야말로 이 시민적 상상력의 유일하게 일관된 특징일지 모른다.

중국 팬들의 젠더에 대한 시민적 상상력의 한 가지 형태는 디지털 환경 내에서 가시성 전쟁의 형태로 나타난다. 최근 몇 년간 중국 팬덤에 대한 학계 연구는 국가의 문화 통치와 디지털 플랫폼 인프라가 팬들의 실천을 형성하는 역할을 점점 더 강조하고 있다. 플랫폼화된 미디어 시스템에서는 대중문화 생산자들이 콘텐츠 제작 전략을 수립하기 위해 사용자 데이터에 점점 더 의존하게 된다(Nieborg and Poell, 2018). 한편, 중국의 인터넷 거버넌스 환경에서는 상이한 젠더 이데올로기를 가진 팬들 간의 갈등이 참여적 검열—동료 간 감시와 콘텐츠 조정—로 발전할 수 있으며, 궁극적으로 인터넷에 대한 정치적 통제의 일부가 된다(Luo and Li, 2024; Wang, 2024). 그 결과, 엔터테인먼트는 소비자들이 디지털 플랫폼에서 가시성을 둘러싼 경쟁을 통해 문화적 발언권을 다투는 집단적 '권리'의 현장이 된다.

대표적인 예로는 쥐바오举报(신고) 기능이 있다. 이 기능은 원래 인터넷 플랫폼에서 부적절한 콘텐츠나 커뮤니티 가이드라인 위반에 대해 이용자 피드백을 받기 위해 개발된 것이다. 그러나 이 기능은 팬들 사이에서 자신들이 반대하는 팬 발언을 단속하거나 공격하는 수단으로 널리 활용되고 있다. 이러한 신고 행위는 특히 CP 문화 내에서 두드러진다. 예를 들어 웨이펜唯粉(연예인 커플의 한 멤버만을 지지하는 팬들)은 가끔 CP 팬들의 게시물을 신고하기도 한다(Wang and Ge, 2023; Wang and Tan, 2023). 마찬가지로, 특정 CP 팬들도 자신이 지지하는 연예인이 다른 캐릭터나 아이돌과 페어링된 콘텐츠를 신고할 수 있다. 가장 유명한 사례는 이른바 "227 사태"(Tan and Li, 2025)이다. 이 논란에서 남자 아이돌 샤오잔肖战의 팬들은 그를 젠더 비순응 성노동자로 그린 팬픽션에 불쾌감을 느낀 나머지, 해당 작품을 외설적 포르노그래피로 규정하여 중국 국가인터넷정보판공실에 신고했다. 그 결과, 세계 최대 팬픽션 저장소인 "아카이브 오브 아워 오운Archive of Our Own(AO3)"에 대한 접속이 중국의 방화벽에 의해 차단되었다.

플랫폼화된 중국에서, 자신들의 취향에 맞는 더 많은 문화 상품을 확보하기 위해 팬들은 플랫폼의 데이터화된 논리에 적극적으로 참여한다(Yin, 2020). 즉, 자신의 취향에 부합하는 콘텐츠에는 '좋아요'를 누르거나 공유하고, 그렇지 않은 콘텐츠는 신고하는 식이다. 이러한 일상의, 플랫폼을 매개로 한 팬 행위는 전통적인 팬 커뮤니티의 경계를 넘어, 안티팬과 비팬에서부터 우연한 방관자, 그리고 열렬한 팬에 이르는 참여 스펙트럼을 만들어낸다(Cui and Wu, 2024b). 이 스펙트럼은 다양한 시민적 상상력을 포용하며, 이는 서로 다르고, 복잡하며, 공존하는 동시에 종종 경쟁적이기도 하다.

도온

이예나(2023)의 트위터 기반 한국 페미니스트 케이팝 팬들—때때로 "트위터 페미니스트"라고 폄하되기도 함—에 관한 연구는 당신이 말한 다원성 및 디지털 팬 문화에 대한 관찰에 맞닿아 있다. 그에 따르면, 이들이 2016년에 네트워크를 기반으로 등장해, 비판적이고 자기반성적인 "덕질"을 통해 기존 주류 팬덤의 젠더 및 교차성적으로 규범화된 "팬"과 "덕"의 관계, 즉 아이돌에게 한결같이 충성스럽고 지지로 일관하는 "덕"으로서의 존재 방식을 재구성했다고 논의한다. 예시로는 아이돌의 문제적 행동에 대해 공식 "피드백"(아이돌의 응답, 주로 사과나 약속—팬덤 용어)을 집단적으로 요구하는 캠페인(예: #WeWantBTSFeedback), 그리고 교육적인(예: 페미니스트 도서 지원 프로젝트) 또는 놀이적인(예: 팬들이 가장 심한 혐오 발언을 한 아이돌에게 투표하는 파티 게임) 팬 공간을 조성하는 것이 있다.

이 팬 동원은 당시에 한국에서 일어났던 더 큰 이중 정치적 움직임, 즉 박근혜 전 대통령을 대상으로 했던 2016년 촛불시위(Kim, 2021; Lee, 2017; Y-I Lee, 2023)와 2015년 이후의 디지털 페미니스트 운동(Kim, 2017; Kim, 2020; Koo, 2020; Yang and Lee, 2022)에 맞물려 일어났다. 이는 팬 실천이 한국 사회 내에서 젠더 정치에 관한 시민적 상상력의 형성과 상호작용했음을 시사한다. 우선 박 전 대통령을 둘러싼 저항 운동은 한국의 민주주의 역사와 뿌리를 공유하면서도 젠더 담론과도 얽혀 있었다. 한국 최초의 여성 대통령이었던 박근혜의 집권은, 그가 고 박정희 전 대통령의 딸이라는 특권적 배경과, 결국 부패 스캔들로 탄핵된 과정이 기존 젠더 편견과 장벽을 강화할 수 있음을 시사했기에, 여성들에게 상징적인 쾌거로 받아들여지지 않았다(Y-I Lee, 2023). 많은 케이팝 팬들 역시 "무지한 빠순이"라는 낙인에도 불구하고 팬클럽의 응원봉과 노래 "다시 만난 세계"와 함께 촛불운동에 적극적으로 참여했으며(Kim, 2021), 이는 2024-2025년 윤석열 대통령 반대 시위의 선례를 만들었다는 점에서 맥락상 중요하다. 한편, 앞선 사이버 페미니스트 운동들은 팝 문화 영역 안팎에서 젠더 정의에 관한 시민적 상상력이 얼마나 현실로 이어질 수 있는지, 또한 그 실현에 집단적으로 기여할 수 있는 유희적 방식을 보여주었다(Kim, 2020). 예를 들어, 웹 커뮤니티 "메갈리아" 주도의 2015년 운동은 여성혐오 연예인 용어집을 만드는 등 팝 문화적 개입과 여성혐오적 온라인 및 미디어 문화를 "미러링"(미러링; 모방적 젠더 전복)하는 놀이 등을 포함했다(Kim, 2020). 네트워크 연대를 통한 전복적 가능성과, 젠더 정의를 어떻게 해석하고 실천해야 할지에 대한 반공중의 다양성에서 비롯된 긴장감 모두가 이전 운동들에서 관찰되었다(Koo, 2020; Yang and Lee, 2022).

이러한 배경은 팡이 논의한 더 사적이고 간접적인 형태를 포함한 팬의 즐거움이 이중적 정치의식에서 배제되지 않으며, 반드시 그러한 맥락에서 이해되어야 함을 시사한다. 케이컬처의 팬 및 관객의 실천은 한국의 가부장적 구조와 규범(OECD, n.d.; UNDP, 2023 참조), 그리고 이에 대한 점점 더 거세지는 반발(Kim et al., 2024b 참조) 속에서 조율된다. 2024-2025년 "케이팝 응원봉" 정치 시위(Jung, 2024)의 바탕에는 일상 정치가 깔려 있었다: 윤 정부는 젊은 남성과 보수성향 유권자들에게 어필하기 위해 반페미니즘 전략에 의존했다는 평가를 받았다(Chakma, 2024; Lee, 2024). 마찬가지로, 정치적인 것과 정치Political가 (겉보기에 순수하게 대중문화적인) 김수현 논란에서 교차했다: 문제 제기는 한국의 여성혐오적 문화 양상과 이에 연관된 법적, 사회적, 업계 시스템에 대한 비판적 성찰을 포함했다(예: Ryu, 2025; SCMP's Asia desk, 2025; Shin, 2025). 두 사례를 둘러싼 실천들은 한국(의 가부장제)에서 여러 상호연결된 수준을 아우르는 미묘한 시민적 참여이자, 팬과 관객의 즐거움이 촉진하는 것임을 반드시 고려해서 읽어야 한다.

따라서 나는 한국 대중문화의 의미 있는 즐거움을 이해하고 번역하는 데 있어 젠더와 섹슈얼리티를 중요한 맥락으로 강조하지만, 이는 오로지 청중이나 특정 소문자 "정치", 그리고 한국이라는 경계를 넘어서 역동적인 초문화적 과정으로 접근해야 한다고 본다. 윤 대통령에 대한 시위 기간 동안, 정치적 문제에서 연예인들의 사회적 책임은 다시 한 번 주목을 받았다. 일부 연예인들은 전통적인 "비정치적 연예인"의 입장을 고수한다는 이유로 비판 받았으며(KTimes, 2024), 일부는 시위에 간접적으로 참여하여, 예를 들어 팬들에게 음료와 손난로를 제공해 "어느 곳에서 응원봉을 흔들던 손이 얼지 않도록" 한 사례도 있었다(Chae, 2024). 더 나아가, 젊은 여성들의 참여가 응원봉 시위의 중심에 있었지만, 젠더와 섹슈얼리티 담론이 하나의 틀에만 국한된 것은 아니었다. 이 담론들은 퀴어 페스티벌의 유쾌하고 음악이 가득한 전통, 퀴어 팬덤의 실천(팡이 설명했듯이), 그리고 퀴어 권리 옹호와도 교차하며, 이 점 역시 간과되어서는 안 된다(S Kim, 2025).

마지막으로, 이중적 정치의 가능성은 한국에만 국한되어서는 안 된다. 김수현 스캔들, 2019년 버닝썬 사건(수사 대상에는 성범죄, 마약, 경찰 부패 등 다양한 이슈가 포함됨; BBC World Service, 2024 참조)과 같은 연예인 관련 스캔들에서부터, 결혼, 출산, 연애, 이성애적 성관계의 네 가지 구조를 거부하는 4B 운동(즉, 비非 혹은 네 가지 구조에 대한 '노no') 및 이후 6B4T 운동(즉, 4B에 '노 소비no consumption'와 '노 헬프스 노no helps no'[즉, 연대], 그리고 네 가지 지정 영역에서 탈脫 또는 '탈출'을 의미; J Kim, 2025 참조)과 같은 페미니스트 디지털 사회 운동에 이르기까지, 한국 대중 및 디지털 문화가 촉발한 시민적 (재)상상과 이에 따른 책임성 요구들은 초국적 현상이 되어 왔다. 한국의 사례들처럼, 이러한 현상은 시스Cis-이성애적 젠더 정치에만 한정되지 않는다. 예를 들어, 류카이키운Liew Kai Khiun(2023)은 케이팝 그룹 소녀시대의 공연과 노래 "다시 만난 세계"를 통해 태국 청년들의 퀴어 및 정치적 시민 상상을 논의했는데, 이는 시위가抗歌로도 사용되었다. 이는 한국 대중문화로 촉진된 시민적 상상력이 꼭 한국에 관한 것일 필요가 없으며, 마찬가지로 서구(대중) 문화로 촉진된 상상력이 꼭 서구에 관한 것일 필요도 없음을 잘 보여준다. 진달용(2023)이 '초국적 근접성transnational proximity'을 통해 이론화했듯, 한국 대중문화의 의미 있는 유희성의 핵심은 규범적이고 획일적인 '한국성'에 있지 않다. 오히려, 다양한 초문화적 관객들이 공유하는 투쟁(예: 여성혐오, 권위주의)의 '보편적 고유성'과, 그들이 공동으로 쌓아온 희망 및 상호 지지의 기반에 있다. 따라서, 관객과 팬들의 즐거움이 어떻게 번역되는지 이해하는 것이 중요하다. 나는 지금 미국에 거주하는 조심스럽게 희망적인 한국인 여성 '아카팬'(학자이자 팬)으로서의 나의 지식과 경험을 통해 이를 번역해왔다.

팡

도온이 제안했듯이, 팬 활동의 정치적 잠재력은 국경을 초월하며, 이는 초문화적 팬덤의 중요한 차원을 이룬다. 도온이 언급한 김수현을 둘러싼 스캔들은 중국 인터넷에서도 큰 파문을 일으켰다. 특히 팬들을 중심으로 한 중국 네티즌들은 이 사건의 여성혐오적 뉘앙스를 '동아시아 증후군'이라 명명하며, 한국과 중국의 여성들이 함께 투쟁하고 있음을 강조했다(Le, 2025). 논란이 지속되는 동안 양국의 팬들은 소셜 미디어에서 토론, 비판, 밈을 공유했고, 이들은 반복적으로 캡처·번역되어 국경을 넘어 퍼졌다. 이 스캔들에 대한 공동의 참여는 국경을 초월한, 젠더 특화 이슈 공중—즉, 특정 이슈에 대해 공유된 가치와 매우 중요한 태도를 가진 집단(Krosnick, 1990)—을 형성하게 했고, 이들은 실시간으로 사건의 전개를 추적하고 참여했다.

도온은 팬들이 한국의 민주화 시위에 참여한 다양한 사례를 소개하며 그들의 대문자 P 정치적 의식을 강조했다. 중국 팬들의 정치적 참여는 복잡한 문제를 수반할 수 있으며, 그 형태와 강도는 주로 정치적 통제의 범위와 온라인 여론 환경에 의해 크게 좌우된다.

중국에서 팬들의 눈에 띄는 집단적 사회 참여는 대체로 국가 이데올로기와 일치하는 긍정적인 형태로 나타난다. 중화인민공화국 건국 이래로, 대중문화는 이데올로기 교육과 선전의 중요한 도구로 활용되어 왔다. 정부는 "정正에너지 아이돌(긍정 에너지의 아이돌)"을 장려하며, 연예인들이 단순히 대중을 즐겁게 하는 데에 그치지 않고 미디어 산업에서 도덕적 모범 역할을 할 것을 기대한다(Xu and Yang, 2021). 튀는 패션이나 사치스러운 라이프스타일을 보이는 이들은 종종 대중의 비판을 받으며, 범죄에 연루되었거나 혼외관계 또는 비애국적 행위로 의심받는 스타들은 "부정적 모범"으로 간주되어 국가 주도의 블랙리스트에 오르기도 한다. 이는 때로 공식적인 명령 없이 이루어지기도 한다(Cui and Wu, 2024a). 팬 규율 역시 중국의 광범위한 문화 거버넌스의 중요한 일부를 형성한다. 예를 들어, 2021년 "온라인정화캠페인淸朗行動"은 중국 국가인터넷정보판공실이 주도한 일련의 인터넷 규제 캠페인으로, "유해한" 팬덤 문화를 단속하는 것이 주요 목표 중 하나였다. 이는 소셜미디어 플랫폼의 수많은 팬 커뮤니티에 직접적인 영향을 미쳤다.

이 담론적 틀 안에서, 팬들은 교육과 보호가 필요한 집단으로 간주된다. 도온이 설명한 '빠순이'와 유사하게, 중국의 여성 팬들은 비하적으로 '팬쿼안 누아이饭圈女孩(팬덤 소녀)'라고 불리며, 쾌락을 추구하는 디지털 활동으로 인터넷의 공적 영역을 훼손하고 "공공 자원을 점유한다占用公共资源"고 묘사되었다. 그 결과, 중국 팬들의 사회적 참여는 종종 낙인을 해소하는 데에 초점을 맞추게 되었다. 이의 일환으로, 팬 커뮤니티는 단체 명의로 자선 기부나 사회공헌 캠페인을 조직한다. 팬 자선 활동은 다른 문화권에서도 드문 일이 아니며—예를 들어, 레이디 가가 팬들이 소셜 미디어에서 자선과 사회 운동을 위해 연대하는 경우(Bennett, 2014)—중국 팬들은 능동적이고 집단적인 사회적 참여를 통해 자신의 아이돌이 도덕적으로 정당함을 증명하고, 팬 커뮤니티의 문화적 정당성을 강화한다. 이는 그들의 대문자 'P' 정치성Politicalness의 핵심 목표이기도 하다(Yang et al., 2024).

초국적, 권역 간 맥락에서 이러한 적극적 정치 참여는 종종 팬덤 민족주의로 나타난다. 팬 커뮤니티는 소셜 미디어에서 조직력을 발휘하고, 디지털 문해력과 문화적 실천 경험을 활용하여 국가주의적 온라인 캠페인에 참여한다—마치 자신이 좋아하는 아이돌을 위해 쏟는 열정만큼이나 국가를 옹호하는 것이다(Liu, 2019). 예를 들어, 2019년에는 중국 팬 그룹들이 페이스북 등 여러 플랫폼에서 '원정' 캠페인을 주도해 홍콩 독립을 지지하는 목소리에 맞서 반대 시위를 벌였다. 이들은 집단적 동원을 통해 페이스북과 인스타그램의 특정 페이지 및 해시태그에 중국 입장을 지지하는 메시지를 대량으로 게시했다(Liao et al., 2022; Zhuang et al., 2023).

국가주의는 또한 중국에서 여러 차례 발생한 반反한류 물결의 주요 원인이기도 했다(Chen, 2017). 2016년, 한국이 사드 미사일 방어 체계를 배치하고 양국 관계가 긴장 상태에 접어들자, 중국 내 한국 아티스트들의 투어와 한국 드라마 방송이 대폭 축소되었다. 일부 케이팝 팬들은 "국가보다 앞서는 아이돌은 없다"고 하며, 소셜 미디어에서 공개적으로 팬덤을 탈퇴하기도 했다(BBC News China, 2016). 이러한 국가주의적 참여와 감정적 표현은 국영 언론으로부터 찬사를 받았고, 한때 경멸적으로 사용되던 "팬덤 소녀"라는 꼬리표도 애국적 의미로 재해석되었다(Liao et al., 2022).

일부 학자들이 팬덤 민족주의를 중국 디지털 민족주의의 제3의 물결로 규정하기도 했지만(예: Liu, 2019), 이것이 중국 팬들의 정치적 참여가 단일한 형태를 띤다는 의미는 아니다. 팬들 사이에서 나타나는 정치적 표현의 또 다른 방식들은 대개 개인화된 행위, 네트워크를 통한 공유, 소셜 미디어 상의 협업적 창작 등으로 드러난다. 2019년 "원정" 캠페인 이후, 중국 팬덤 민족주의는 광범위한 관심을 끌었다. 중국 청년을 이끄는 공산주의청년단 중앙위원회—중국공산당 산하 조직—는 팬덤 문화를 통치 전략의 일부로 흡수하고자, 마오쩌둥의 시에서 이름을 따 의인화한 "아이돌"인 지앙샨쟈오江山娇와 홍치만红旗漫 두 캐릭터를 선보였다. 그러나 2020년 초 COVID-19 팬데믹이 확산되고, 소셜 미디어 담론에서 정부의 위기 대응 방식에 대한 의문이 제기되자, 지앙샨쟈오와 홍치만은 기대했던 팬덤을 확보하지 못했다. 오히려 일부 팬들은 이 캐릭터들을 성인 대상의 예술 작품에 등장시켜, 국가가 팬 문화를 흡수하려는 시도에 대한 불편함을 표출했다. 또 어떤 소셜 미디어 이용자들은 "'지앙샨쟈오, 생리하니?"와 같은 페미니즘적 질문으로 캠페인을 가로채기도 했고, 댓글에서는 "'지앙샨쵸, 혹시 처녀니?'", "'가정폭력 겪어본 적 있어?'"와 같은 질문이 이어져 중국 여성들의 실제 삶의 경험을 부각시켰다. 이 일화는 정부를 직접적으로 비판하는 것이 온라인상에서 여전히 거의 넘을 수 없는 정치적 금기선으로 남아 있지만, 여전히 팬들 중에는 창의적이고 간접적인 방식으로 저항을 표현하는 은둔적 공중(Squires, 2002)이 존재함을 보여준다.

    이 대화에서 도온과 나는 여러 사례를 통해 중국과 한국의 팬 문화가 어떻게 시민 참여와 얽히게 되는지, 이 과정에서 젠더와 섹슈얼리티가 어떤 역할을 하는지, 그리고 이러한 시민적 상상력이 국내외에서 어떻게 나타나는지를 보여주었다. 우리는 중국과 한국의 팬덤 문화 모두 의미 있게 유희적인 특성을 공유하고, 젠더와 섹슈얼리티를 핵심적인 요소로 인식한다는 점에서 공통점이 있지만, 정치적 의식의 표현 방식과 시민적 상상력의 형태에서는 차이가 있을 수 있음을 발견했다. 이러한 차이는 개인 차원에서 나타나며, 각각의 고유한 정치적·문화적 맥락에 의해서도 영향을 받는다. 따라서 이러한 문제를 이해하고 논의하기 위해서는 초문화적 팬덤 관점을 채택하는 것이 매우 중요하다.

참고문헌

Ang I (1985) *Watching Dallas: Soap Opera and the Melodramatic Imagination*. Tran. Couling D. London, New York: Methuen.

BBC News China (2016) 国家面前无偶像' 韩星在华活动面临限制 [*There are no idols before the state* Korean stars face restrictions on their activities in China]. *BBC News China*, 2 August. Available at: https://www.bbc.com/zhongwen/simp/china/2016/08/160802_guangdian_korea (accessed 9 May 2025).

BBC World Service (2024) Burning Sun: Exposing the secret K-pop chat groups - BBC World Service Documentaries. Available at: https://www.youtube.com/watch?v=9EEp1q_iMYc (accessed 28 April 2025).

Bennett L (2014) If we stick together we can do anything: Lady Gaga fandom, philanthropy and activism through social media. *Celebrity Studies* 5 (1-2): 138-152.

Chae H (2024) 아이유 '응원봉 흔들 팬 위해'⋯윤 탄핵집회서 통 큰 선결제 [IU 'for fans waving lightsticks'⋯generous pre-payments at Yoon impeachment protest]. 중앙일보, 13 December. Available at: https://www.joongang.co.kr/article/25299811 (accessed 13 May 2025).

Chakma T (2024) Where are feminism and gender studies in Asia headed? *WSQ: Women's Studies Quarterly* 52(1): 123-128.

Chen L (2017) The emergence of the anti-hallyu movement in China. *Media, Culture & Society* 39(3): 374-390.

Cho M (2022) BTS For BLM: K-pop, race, and transcultural fandom. *Celebrity Studies* 13(2): 270- 279.

Click MA, Lee H and Holladay HW (2017) You're born to be brave: Lady Gaga's use of social media to inspire fans' political awareness. *International Journal of Cultural Studies* 20(6): 603-619.

Cui D and Wu F (2024a) The discursive construction of celebrity governance with popular consent: Zheng Shuang's surrogacy scandal. *Celebrity Studies* 15(4): 614-622.

Cui D and Wu F (2024b) Toward an operationality perspective on fandom: Exploring Chinese fans'emerging practices in platform-mediated environments. *New Media & Society*: 1-21. https://journals.sagepub.com/doi/

abs/10.1177/14614448241249134

Fraser N (1990) Rethinking the public sphere: A contribution to the critique of actually existing democracy. *Social Text* 25/26: 56–80.

Guo Q (2023) Fiction and reality entangled: Chinese 'coupling' (CP) fans pairing male celebrities for pleasure, comfort, and responsibility. *Celebrity Studies* 14(4): 485–503.

Guo Q (2024) Nisu reconfiguration: Establishing gender-reversed fan-celebrity fantasies in Chinese society. *Feminist Media Studies*: 1–16. https://www.tandfonline.com/doi/full/10.1080/ 14680777.2024.2320687

Han K (2015) *The Vegetarian*. Tran. Smith D. New York: Hogarth. Han K (2016) *Human Acts*. Tran. Smith D. New York: Hogarth.

Jang SM and Lee H (2014) When pop music meets a political issue: Examining how "born this way" influences attitudes toward gays and gay rights policies. *Journal of Broadcasting & Electronic Media* 58(1): 114–130.

Jenkins H, Peters-Lazaro G and Shresthova S (2020) Popular culture and the civic imagination: Foundations. In: Jenkins H, Peters-Lazaro G and Shresthova S (eds) *Popular Culture and the Civic Imagination: Case Studies of Creative Social Change*. New York: NYU Press, 1–30.

Jin DY (2023) Transnational proximity of the Korean wave in the global cultural sphere. *International Journal of Communication* 17: 9–28.

Jo T (2017) 연대의 노래, 공감장의 형성: 1970년대 이후 민중가요를 중심으로 [Songs of soli-darity, formation of sympathetic field: Focusing on post-1970s min junggayo]. 인간·환경·미래 19: 29–51.

Jung H (2024) *Young Women Are Leading the "Light Stick Revolution" to Oust South Korea's Antifeminist President.* The Nation, 27 December. Available at: https://www.thenation.com/ article/world/south-korea-feminist-movement-light-stick-revolution-yoon-suk-yeol/ (accessed 15 April 2025).

Kanozia R and Ganghariya G (2021) More than K-pop fans: BTS fandom and activism amid COVID-19 outbreak. *Media Asia* 48(4): 338–345.

Kim DD (2020) Mirroring the misogynistic wor(l)d: Civic imagination and speech mirroring strat- egy in Korea's online feminist activism. In: Jenkins H, Peters-Lazaro G and Shresthova S (eds) *Popular Culture and the Civic Imagination: Case Studies of Creative Social Change*. New York: NYU Press, 152–161.

Kim DO (Donna), Shresthova S and Lanz P (2024a) Introduction – Feeding the civic imagination. *Lateral* 13(1). Available at: https://doi.org/10.25158/L13.1.9 (accessed 28 April 2025).

Kim DO (Donna), Wang L and Jenkins H (2024b) Girl Crush" K-pop Idols: A Conversation between Korean, Chinese, and US Aca-fans. In: *Pop Junctions: Reflections on Entertainment, Pop Culture, Activism, Media Literacy, Fandom and More*. Available at: http://henryjenkins.org/blog/2024/3/18/girl-crush-k-pop-idols-part-i (accessed 15 April 2025).

Kim J (2017) #Iamafeminist as the 'mother tag': Feminist identification and activism against mis-ogyny on twitter in South Korea. *Feminist Media Studies* 17(5): 804–820.

Kim J (2021) With the brightest light we have": K-pop fandom in candlelight movement and diversi- fication of Korean protest culture. In: Lee J, Oh C and Kim Y-C (eds) *The Candlelight Movement, Democracy, and Communication in Korea*. Abingdon; New York: Routledge, 51–68.

Kim J (2025) The Return of Global Sisterhood? The Transnational Journey of the 4B Movement on TikTok. *Flow: A Critical Forum on Media and Culture*. Available at: https://www.flowjournal.org/2025/02/return-of-global-sisterhood-kim/ (accessed 28 April 2025).

Kim S (2025) 탄핵 시위에 왜 이렇게 무지개 깃발이 많냐구요? [Why are there so many rainbow flags in impeachment protests?]. 오마이뉴스, 30 January. Available at: https://www.ohmynews.com/NWS_Web/View/at_pg.aspx?CNTN_CD=A0003099710 (accessed 28 April 2025).

KOFICE (2025) *2025 해외한류실태조사 결과보고서 [2025 Overseas Hallyu Survey]*. Korean Foundation for International Cultural Exchange. Available at: https://hallyuresearch.kofice.or.kr (accessed 15 April 2025).

Koo J (2020) South Korean Cyberfeminism and trolling: The limitation of online feminist commu- nity Womad as counterpublic. *Feminist Media Studies* 20(6): 831–846.

Krosnick JA (1990) Government policy and citizen passion: A study of issue publics in contempor- ary America. *Political Behavior* 12(1): 59–92.

KTimes (2024) *Why should I speak up? singer Lim Young-woong's comment sparks controversy - The Korea Times. The Korea Times.*, 9 December. Available at: https://www.koreatimes.co.kr/southkorea/society/20241209/why-should-i-speak-up-singer-lim-young-woongs-comment-sparks-controversy (accessed 28 April 2025).

Le L (2025) *Chinese netizens challenge Kim Soo Hyun's dating timeline with Kim Sae Ron.* Vietnam, VNexpress. 17 March. Available at:https://e.vnexpress.net/news/life/ celebrities/chinese-netizens-challenge-kim-soo-hyun-s-dating-timeline-with-kim-sae-ron-4862337.html.

Lee J (2025) *K-pop anthems of democracy.* The Korea Herald. 12 April. Available at: https://www. koreaherald.com/article/10462171 (accessed 15 April 2025).

Lee S, Korroch K and Liew KK (eds) (2023) *Women We Love: Femininities and the Korean Wave.* Hong Kong: Hong Kong University Press.

Lee SC (2024) Anti-Gender politics, economic insecurity, and right-wing populism: The rise of modern sexism among young men in South Korea. *Social Politics: International Studies in Gender, State & Society*: 1-28.

Lee Y-I (2017) From first daughter to first lady to first woman president: Park Geun-hye's path to
the South Korean presidency. *Feminist Media Studies* 17(3): 377-391.

Lee Y-I (2023) A trailblazer or a barrier? Dynastic politics and symbolic representation of the first female president of South Korea, park Geun-hye. *Politics & Gender* 19(3): 756-780.

Lee Y (2023) Toward productive coexistence: A relational analysis of a feminist counterpublic in twitter K-pop fandom. *International Journal of Communication* 17: 5972-5992.

Liao X, Koo AZ-X and Rojas H (2022) Fandom nationalism in China: The effects of idol adoration and online fan community engagement. *Chinese Journal of Communication* 15(4): 558-581.

Liew KK (2023) *Thailand's Performers and Protesters. Nusasonic.* Available at: https://www.goethe.de/prj/nus/en/mag/24860260.html (accessed 28 April 2025).

Liu H (2019) Love your nation the way you love an idol: New media and the emergence of fandom nationalism. In: Liu H (ed.) *From Cyber-Nationalism to Fandom Nationalism: The Case of Diba Expedition in China.* Abingdon, New York: Routledge, 125-147.

Luo Z and Li M (2024) Participatory censorship: How online fandom community facilitates authoritarian rule. *New Media & Society* 26(7): 4236-4254.

Ma A (2025) 뽀뽀 사진 속 김수현 안경테, 교제 증거?…중국팬들 '2015년 쓰던 것' [The glasses worn in kissing picture, proof of relationship?…Chinese fans 'worn in 2015']. 머니투데이, 14 March. Available at: https: /news.mt.co.

kr/mtview.php?no=2025031414230280951 (accessed 23 April 2025).

Ng E and Li X (2020) A queer "socialist brotherhood": The Guardian web series, boys' love fandom, and the Chinese state. *Feminist Media Studies* 20 (4): 479–495.

Nieborg DB and Poell T (2018) The platformization of cultural production: Theorizing the contin- gent cultural commodity. *New Media & Society* 20(11): 4275 –4292.OECD (n.d.) OECD Dashboard on Gender Gaps. Available at: https:// www.oecd.org/en/data/ dashboards/gender-dashboard.html (accessed 25 April 2025).

Park B-J (2015) 대중가요로 읽어내는 정치와 시대상 [Politics and the phases of the times Reading with popular songs]. 동북아 문화연구 1(45): 169–186.

Park J (2025) *South Koreans turn funeral wreaths and K-pop light sticks into political protest tools*. AP News. 25 January. Available at: https://apnews. com/article/south-korea-protest-kpop- culture-374acbd5c0e65f1f949910 54605f6a58 (accessed 15 April 2025).

Park S (2025) 윤석열 대통령 파면⋯ '"경고성 계엄" 주장 자체가 위헌' *[President Yoon Suk Yeol Removed⋯ '"Warning martial law" argument itself is unconstitutional]*. *Journalist Association of Korea*. 4 April. Available at: https://www.journalist. or.kr/news/article.html? no=58236 (accessed 13 May 2025).

Rashid R (2024) *South Korea deploys K-pop light sticks and dance in protests against president*. The Guardian. 11 December. Available at: https://www. theguardian.com/world/2024/dec/12/ south-korea-martial-law-protests-k-pop-and-glow-sticks (accessed 15 April 2025).

Ryu Y (2025) 2016년 정준영·2019년 박유천·2025년 김수현, '질문 NO' 기자회견 개최한 ★[TEN피플] [2016 Jung Joon-young·2019 Park Yoo-cheon·2025 Kim Soo -hyun, 'NO Question' Press Conference ★s [TENPeople]]. 텐시아, 31 March. Available at: https:// tenasia.hankyung.com/article/2025033199464 (accessed 25 April 2025).

SCMP's Asia desk (2025) *South Korea's 'Kim Soo-hyun' petition urges tougher statutory rape law*. South China Morning Post, 3 April. Available at: https:// www.scmp.com/week-asia/lifestyle-culture/article/3305098/south-koreas-kim-soo-hyun-petition-urges-higher-age- ceiling-statutory-rape-law (accessed 28 April 2025).

Shin D (2025) '그루밍 범죄' 느는데⋯ 미성년-성인의 '연애' 라고요? [Increasing 'Grooming Crime'⋯Underage-adult "romance"?]. 여성신문, 18 March. Available at:

https://www. womennews.co.kr/news/articleView.html?idxno=259507 (accessed 25 April 2025).

Squires CR (2002) Rethinking the black public sphere: An alternative vocabulary for multiple public spheres. *Communication Theory* 12(4): 446–468.

Szulc Ł (2023) Culture is transnational. *International Journal of Cultural Studies* 26(1): 3–15. Tan CKK and Li M (2025) Digital fandoms and the 227 in cident: A case of "cancel culture with Chinese characteristics". *The China Quarterly*. 1–16. https://resolve.cambridge.org/core/jour-nals/china-quarterly/article/abs/digital-fandoms-and-the-227-incident-a-case-of-cancel-culture-with-chinese-characteristics/FF693132F14275D3516B27B5E2CE1D5F

UNDP (2023) *Breaking Down Gender Biases: Shifting Social Norms Towards Gender Equality: 2023 Gender Social Norms Index*. 12 June. United Nations. Available at: https://www.un- ilibrary.org/content/books/9789210028028 (accessed 25 April 2025).

Wang EN (2024) Participatory censorship with illusory empowerment: Algorithmic folklore and interpretive labor beyond fandom. *Social Media + Society* 10(4): 1–16.

Wang EN and Ge L (2023) Fan conflicts and state power in China: Internalised heteronormativity, censorship sensibilities, and fandom police. *Asian Studies Review* 47(2): 355–373.

Wang F (2025) Kim Soo-hyun: Actor denies allegations by Kim Sae-ron's family. *BBC*, 31 March. Available at: https://www.bbc.com/news/articles/cx278d4702xo (accessed 21 April 2025).

Wang Y and Tan J (2023) Participatory censorship and digital queer fandom: The commercializa-tion of Boys' love culture in China. *International Journal of Communication* 17: 2554–2572.

Xu J and Yang L (2021) Governing entertainment celebrities in China: Practices, policies and pol- itics (2005–2020). *Celebrity Studies* 12(2): 202–218.

Yang S and Lee K (2022) The intertextuality and interdiscursivity of "mirroring" in South Korean cyberfeminist posts. *Discourse & Society* 33(5): 671–689.

Yang T, Zhu G and Wu F (2024) Participate in philanthropy for idols or society? Fans' social Media practices, dual identity, and civic engagement in Chinese online fandom. *Social Media + Society* 10(2): 1–14.

Yin Y (2020) An emergent algorithmic culture: The data-ization of online fandom in China. *International Journal of Cultural Studies* 23(4): 475–492.

Zhang M (2022) *Slash Fan Fiction in China: Negotiating Gender and Sexuality in Chinese Female Fan Communities and Their Fan Texts. Doctoral Dissertation.* Bournemouth University, UK.

Zhao Y and Madill A (2018) The heteronormative frame in Chinese Yaoi: Integrating female Chinese fan interviews with Sinophone and Anglophone survey data. *Journal of Graphic Novels and Comics* 9(5): 435–457.

Zhuang Y, Huang S and Chen C (2023) Idolizing the nation: Chinese fandom nationalism through the fangirl expedition. *Chinese Journal of Communication* 16(1): 53–72.

저자 약력

이기웅은 성공회대학교 동아시아연구소 HK연구교수로 재직 중이다. 런던 정경대학London School of Economics and Political Science에서 사회학 박사를 취득했다. 현재 한국대중음악학회 회장을 역임 중이다. 대중문화, 대중음악, 문화산업, 한류 등의 분야에서 연구와 교육을 진행하고 있고, 저서 및 논문으로는 『대중문화와 문화산업』(공저), 『뉴 노멀을 넘어: 팬데믹에 대한 인도네시아의 대응과 정동』(공저), "포스트지구화와 한류 어셈블리지" 등이 있다.

메이청 쑨 Meicheng Sun은 북경어언대학교北京语言大学 국제정치와 커뮤니케이션 스쿨에서 조교수로 재직 중이다. 싱가포르의 난양공과대학Nanyang Technological University에서 커뮤니케이션 연구 분야 박사학위를 취득했다. 그녀의 연구 관심은 대중문화의 초국적 흐름과 아시아 문화산업이며, 중국에서의 케이팝과 스트리트 댄스에 관한 연구 프로젝트를 진행해 왔다. 주요 저작으로 "K-pop fan labor and an alternative creative industry: A case study of GOT7 Chinese fans", "Analog Hallyu: Historicizing K-pop formations in China" 등이 있다.

웨이시엔 판 Weixian Pan은 캐나다 퀸즈대학교Queen's University에서 영화 및 미디어학과의 조교수로 재직하고 있다. 그녀는 몬트리올의 콩코르디아 대학교 Concordia University에서 영화 및 영상 연구 박사 학위를 취득했다. 그녀의 연구 관심사는 시각성의 정치, 비판적 미디어 인프라, 환경 미디어에 초점을 맞추고 있다. 그녀의 현재 저서 프로젝트인 *Frontier Vision: The Geopolitics of Seeing China's Borderlands*는 20세기 중반부터 현재까지 중국의 지정학적 열망이 국경 형성의 논리와 어떻게 과매개되고 얽혀왔는지 고찰한다.

누룰 아크미 바드룰 히샴 Nurul Akqmie Badrul Hisham은 말레이시아 국립대학교 민족연구소Institut Kajian Etnik, Universiti Kebangsaan Malaysia의 연구원이다. 그녀는 말레이시아 국립대학교에서 커뮤니케이션 박사 학위를 취득했으며, 학문적 성취를 인정받아 권위 있는 하디아 삼수딘 A. 라힘Hadiah Samsudin A. Rahim 상을 수상한 이력이 있다. 그녀는 다문화 커뮤니케이션, 미디어화와 디지털 문화, 스크린 연구, 그리고 청년 문화에 이르기까지 다양한 분야에서 연구하고 있다.

압둘 라티프 아흐마드 Abdul Latiff Ahmad는 말레이시아 국립대학교 사회과학 및 인문학부의 미디어와 커뮤니케이션 연구 센터에서 부교수로 재직 중이다. 그는 호주 퀸즐랜드대학교University of Queensland에서 커뮤니케이션학 박사 학위를 취득하였다. 2019년부터 2024년까지 말레이시아 국립대학교 국제교류센터 소장, 2023년부터 2024년까지 말레이시아 국립대학교 국제교류처장 및 네트워크 의장을 역임하였다. 그는 다문화 커뮤니케이션, 고등교육 기관의 국제화, 지속가능발전목표SDGs, Sustainable Development Goals, 온라인 국제 공동학습 등 다양한 연구 및 컨설팅 과제의 팀장 또는 팀원으로 활동해왔다.

푸 기옥 훈 Pue Giok Hun은 말레이시아 국립대학교 민족연구소의 연구원이다. 인류학과 사회학을 전공한 그녀는 말레이시아 내 소수 민족 공동체의 민족 정체성 형성과 협상 과정을 연구하며, 혼종성과 변화하는 정체성의 역동성에 특히 주목하고 있다. 그녀의 연구는 고전적 소수 집단과 새롭게 등장한 소수 집단 모두를 다루는데, 오랜 문화적 융합의 역사를 가진 켈란탄Kelantan과 테렝가누Terengganu의 페라나칸 중국인Peranakan Chinese 공동체와, 최근 한류의 영향으로 그 존재가 형성되고 있는 말레이시아 내 한인 디아스포라에 초점을 맞추고 있다.

나즈라 알리프 나즈리 Nazra Aliff Bin Nazri는 말레이시아 술탄 자이날 아비딘 대학교Universiti Sultan Zainal Abidin 언어 및 커뮤니케이션 학부의 현대언어와 커뮤니케이션 센터 부교수로 재직 중이다. 그는 2021년 말레이시아 국립대학교에서 커뮤니케이션 박사 학위를 취득했다. 커뮤니케이션 및 문화연구 분야에서 훈련을 받은 그는 디지털 미디어, 청년 문화, 말레이시아의 대중문화가 교차하는 지점에 대해 연구하며, 특히 게임, 소셜 미디어, 한류의 커뮤니케이션적 측면에 주목하고 있다.

파테마 바이스헤브 Fatema Bhaisaheb는 인도의 마하라자 사이야지라오 대학교 The Maharaja Sayajirao University에서 저널리즘과 커뮤니케이션 학사와 석사를 취득했다. 그녀는 현재 린데 엔지니어링Linde Engineering의 기업 커뮤니케이션 이사로 일하고 있다.

니디 셴두르니카르 Nidhi Shendurnikar는 인도의 독립연구자이다. 그녀는 마하라자 사이야지라오 대학에서 정치과학 박사를 취득했고, 이후 10여 년 동안 미디어 커뮤니케이션 분야에서 연구하고 가르쳐 왔다. 그녀의 연구 관심은 정치 커뮤니케이션, 인권, 인도 종교의 재현 등이다.

시쥔 셴 Sijun Shen은 호주 커틴대학Curtin University의 인플루언서민족지연구랩 the Influencer Ethnography Research Lab에서 연구원으로 재직 중이다. 그녀는 호주 모나시 대학Monash University에서 미디어 커뮤니케이션 박사학위를 취득했다. 그녀는 디지털 미디어와 민족지 연구에 전문성을 지녔고, (정신분석학적) 페미니즘과 인터넷 산업에 대한 중국의 통치성, 하이퍼소비주의, 횡적 감시 등에 관심을 두고 연구하고 있다. 주요 저작으로 "Mukbang Streamers in China: Wanghong as Industry, Laborer, and Exemplar of Social Transformation," "Banning "braingasm": an investigation of misogynistic politics in 8Chan's, U.S. platforms' and CCP's regulation of ASMR"(공저) 등이 있다.

토마스 보디네트 Thomas Baudinette는 호주 매쿼리대학교Macquarie University 국제학대학에서 부교수로 재직 중이다. 그는 호주 모나시대학교Monash University에서 일본학 박사학위를 취득했다. 그는 문화인류학자로서, 일본, 중국 본토, 태국, 필리핀의 퀴어 커뮤니티 내에서 대중문화의 소비를 연구해왔다. 그는 최근 동아시아와 동남아시아 대중문화의 교차점, 특히 범아시아적 "아이돌" 셀러브리티와 관련한 팬 문화의 발전에 관심을 갖고 있다. 주요 저작으로는 "Towards a queer theory of the Korean Wave: potentiality and paradox," "Mobilizing idol celebrity in queer affective advertising: exploring the impacts of 'Boys Love' media and fandom in Thailand" 등이 있다.

루이스 주리엘 P. 도밍고 Luis Zuriel P. Domingo는 필리핀대학 바기오University of the Philippines Baguio 역사학 및 철학과에서 조교수로 재직하고 있다. 그는 필리핀 산토토마스대학University of Santo Tomas에서 역사학 학사와 석사를 취득했다. 그의 연구 관심은 동남아시아 민족주의의 역사, 혁명운동, 냉전 등이다. 최근 저작으로 "'They Shall Not Prevail': Claro M. Recto's Nationalist Crusade, 1952-1960"가 있다.

김도온(Donna) Do Own (Donna) Kim은 일리노이 대학 시카고University of Illinois Chicago 커뮤니케이션 학과에서 조교수로 재직 중이다. 그녀는 남가주대학University of Southern California의 애넌버그 커뮤니케이션 및 저널리즘 스쿨Annenberg School for Communication and Journalism에서 커뮤니케이션 전공으로 박사 학위를 취득했다. 그녀의 연구 관심은 기술연구, 문화연구, 그리고 컴퓨터 매개 커뮤니케이션CMC, computer-mediated communication/인간-기계 커뮤니케이션HMC, human-machine comunication이 교차하는 지점에 있다. 그녀의 주요 저작으로는 "Remapping visibility: Layerability of gay dating apps and hybrid placemaking in Seoul, Korea," ""Pay for your choices": Deconstructing neoliberal choice through free-to-play mobile interactive fiction games" 등이 있다.

팡우Fang Wu는 상하이교통대학上海交通大學 미디어 커뮤니케이션 스쿨의 부교수다. 그녀는 홍콩중문대학香港中文大學대학 저널리즘과 커뮤니케이션 스쿨에서 석사와 박사학위를 받았다. 그녀의 연구 관심은 뉴미디어, 디지털 문화, 기업 커뮤니케이션의 기술적 함의 등에 걸쳐 있다. 그녀의 주요 저작으로는 "Participate in Philanthropy for Idols or Society? Fans' Social Media Practices, Dual Identity, and Civic Engagement in Chinese Online Fandom," "Internet-Based Media as Information Sources in Risk Communication: Comparing Three Media Sources During COVID-19 Pandemic" 등이 있다.